David Hollenstein

Das Kilimanjaro-Prinzip der Ehe

4 Grundpfeiler einer stabilen und glücklichen Ehe

Adonia

Die Zitate aus der Bibel stammen aus der
revidierten Guten Nachricht Übersetzung.

Lektorat: Annette Hottiger, Rebecca Hottiger
Satz: Simon Ritschard
Coverbilder: istockphoto

ISBN 978-3-905011-99-9

Inhaltsverzeichnis

Vorwort

Ich stand vor dem Einkaufszentrum und wartete geduldig auf meine Frau. Sie wollte ein Brot holen. Wir hatten einen Eheabend mit Käsefondue geplant. Während ich in Vorfreude über unseren gemeinsamen Abend ohne die Kinder nachdachte, erblickte ich einen ehemaligen Schulkollegen. Ich hatte Roger bestimmt schon drei oder vier Jahre nicht mehr gesehen. Doch ich traute meinen Augen kaum. War das bei ihm tatsächlich Anja? Als wir uns zum letzten Mal gesehen hatten, ging es ihm gar nicht gut. Er und seine Frau waren damals knapp drei Jahre verheiratet gewesen und der Haussegen hing ziemlich schief. Eine Trennung schien für Roger unumgänglich. Ja, die Frau bei ihm musste seine Anja sein. War er also tatsächlich immer noch mit ihr zusammen? Und wie es schien, waren die beiden glücklich. Als ich sie sah, scherzten sie gerade über den überdimensionalen Osterhasen, der vor dem Einkaufszentrum stand. Wie war das nur möglich? Wie hatten die beiden ihre Eheprobleme überwinden können? Was hatten sie getan, dass sie nun erst noch so glücklich waren? Das musste ich unbedingt herausfinden.

Erfreut ging ich auf die beiden zu. Es war ein fröhliches Wiedersehen. Wir waren uns sofort einig, dass wir im Einkaufszentrum gemeinsam einen Kaffee trinken gehen. Unterwegs zum Selbstbedienungsrestaurant stieß auch meine Frau dazu. Wir erzählten uns, wo wir nun wohnten und was jeder von uns machte. Erst nachdem ich den Kaffee ausgetrunken hatte, wagte ich die Frage zu stellen, die mich brennend interessierte. Dazu beugte ich mich ein wenig vor und fragte: «Ihr seid so glücklich zusammen! Wie habt ihr das geschafft?» Für Roger und Anja schien es keine zu persönliche Frage zu sein. Sie begannen sofort zu erzählen. Bereits vor der Hochzeit hatten die beiden den Wunsch, gemeinsam den Kilimanjaro, den höchsten Berg Afrikas, zu besteigen. Sie hatten zusammen den IMAX Film über diesen Berg gesehen. Voller Begeisterung berichtete Anja: «Ein Kamerateam begleitete eine Reisegruppe auf den Kilimanjaro. Wir waren vom ersten Augenblick an fasziniert von diesem Vulkan. Mit dabei waren auch eine über 60-jährige Frau und ein Knabe. Beide haben es bis zum Gipfel geschafft. So haben wir gedacht, dass wir das vielleicht auch schaffen könnten.» Sie beschlossen, sich diese Reise zu gönnen, sobald Roger sein Studium beendet hatte. Er erklärte: «Die Reise war schon gebucht, als die Probleme zwischen uns ernster wurden. Zuerst dachte ich daran, anstatt mit Anja mit einem Kollegen zu verreisen. Dieser legte mir jedoch sehr ans Herz, dass ich mit meiner Frau fliegen sollte. Er ermutigte mich, unserer Ehe mit dieser Reise nochmals eine Chance zu geben. Er beteuerte, bei Problemen sei es manchmal gut, gemeinsam aus dem Alltag auszubrechen. Dies überzeugte mich und ich überredete Anja, doch mit mir dieses Abenteuer zu wagen. – Und ich kann euch versichern, die Besteigung des Kilimanjaro hat unsere Ehe verändert!» Anja warf ein: «Nicht nur die Besteigung an sich – das auch. Aber wir trafen dort ein Ehepaar, das schon einige Jahre länger verheiratet war als wir. Sie erklärten uns während der Besteigung die vier Kilimanjaro-Prinzipien der Ehe. Diese vier Prinzipien haben unsere Ehe von Grund auf verändert. – Unsere Ehe war zwar noch nicht geheilt, als wir nach einer Woche in der wilden Natur zurück im Basishotel ankamen. Aber wir hatten ein Werkzeug in die Hand bekommen, das unsere Ehe in den kommenden Monate in der Tiefe verändert hat.» – «Was sind denn das für Prinzipien?», fragte ich neugierig. «Sie sind ganz einfach. Es geht um die ‹Entscheidung bei Marangu›, die ‹Einstellung von Mandara›, drittens ‹der Einsatz ab Horombo› und ‹die Führung am Kibo›», erklärte Roger. Die Frage meiner Frau war auch mir zuvorderst auf den Lippen, aber sie kam mir zuvor: «Was soll das sein? Ist das etwas Fernöstliches?» Anja winkte ab: «Nein, nein. Diese Namen sind die Stationen auf der Marangu-Route bei der Besteigung des Kilimanjaro. An diesen Orten haben wir jeweils übernachtet.» Ich war interessiert: «Na los, erzählt mehr! Um was geht's genau?» Sie winkten ab: «Das ginge zu lange. Wir haben leider noch einen Termin. Aber wisst ihr was? Wir laden euch gerne mal zum Essen ein. Wenn ihr wollt, zeigen wir euch Fotos von der Kilimanjaro-Besteigung und erklären dann das Kilimanjaro-Prinzip der Ehe ausführlich.» Meine Frau und ich empfanden es als merkwürdig, dass sie uns nicht zumindest stichwortartig mehr zu diesen vier Prinzipien sagen wollten. Aber nun wissen wir warum. Die Stichworte zu diesen Prinzipien lösen keine Eheprobleme. Man muss die Prinzipien in ihrer Tiefe verstehen – und dies geht nur, wenn sie etwas länger ausgeführt werden.

Wir nahmen die Einladung gerne an. Kürzlich waren wir nun bei ihnen zu Hause. Was sie erzählt haben, hat uns fasziniert! Wir haben beschlossen, die vier Kilimanjaro-Prinzipien auch in unserer Ehe umzusetzen. Es sind simple Prinzipien, aber die Scheidungsrate zeigt, dass viele Menschen sie wohl doch nicht kennen.

In diesem Buch ist aufgeschrieben, was Roger und Anja über die Kilimanjaro-Besteigung erzählt haben. Ich wünsche mir, dass viele Ehepaare durch die vier Kilimanjaro-Prinzipien der Ehe verändert und glücklich werden.

David Hollenstein

Die Reise

Roger und Anja standen um 16:00 Uhr am Bahnhof. In wenigen Minuten sollte der Zug eintreffe, der sie zum Flughafen bringen wird. Sie traten die Reise mit gemischten Gefühlen an. Einerseits war es das, worauf sich die beiden seit Jahren gefreut haben. Andererseits lag eine tiefe Kluft zwischen ihnen. Sie haben sich auseinander gelebt. Eigentlich haben sie sich nicht mehr viel zu sagen – außer Vorwürfen, Rechtfertigungen und Schuldzuweisungen. Anja überlegte sich, was sie wohl auf dieser langen Reise nach Arusha in Tansania zusammen bereden würden. Wäre es am besten, sich die ganze Zeit einfach anzuschweigen?

Der Zug traf ein und nahm die beiden mit auf eine eindrückliche Reise. Eine Reise, die ihre Ehe und damit auch ihr Leben verändern wird. Im Flughafen Zürich Kloten bestiegen sie das Flugzeug, das sie zum *Moi International Airport* in Mombasa, Kenia brachte. Nach einer Wartezeit führte sie ein uniformierter Mann zusammen mit einem französischen Paar vom Wartesaal hinunter auf das Flugfeld. Es standen mehrere Flugzeuge bereit. Aber der Mann führte sie an den großen Flugzeugen vorbei zu einem kleinen Zwölfplätzer. Dort stellte ihnen der Flughafenbeamte ihren Piloten vor. Roger und Anja hatten nicht damit gerechnet, dass sie zu viert von einem Piloten – einen Co-Piloten gab es nicht – von Kenia nach Tansania in einem Lufttaxi chauffiert würden. Das Reisebüro hatte alles für sie arrangiert. Dann startete der Flieger und hob ab.

Leider war es sehr bewölkt. Vom Land sahen sie nur beim Start und bei der Landung etwas. Plötzlich erblickten sie das Ziel ihrer Reise. Der Gipfel des Kilimanjaro ragte über das Wolkenmeer hinaus. Das war er also, der mit 5895 Meter über Meer höchste Punkt Afrikas und der höchste freistehende Berg der Welt. Dort oben würden sie in einer Woche stehen – wenn alles gut ging. Sie planten, sechs Tage auf dem Kilimanjaro zu verbringen. Vier Tage würden sie brauchen, um hinaufzuwandern. Am fünften Tag wollten sie den Gipfel erreichen und dann gleich wieder in die zweitoberste Hütte zurückgelangen. Der sechste Tag war für den Abstieg bis zum Eingang des Nationalparks bestimmt. Roger lehnte sich mit dem Fotoapparat an Anja vorbei zum Fenster. Sie fragte nachdenklich: «Glaubst du wirklich, dass wir das schaffen werden?» Roger brummte, ganz auf den Fotoapparat konzentriert: «Wir haben trainiert. Zwar nicht übermäßig viel, aber es wird schon gut gehen.» Er zog sich zurück auf seinen Sitz und schnallte den Gurt wieder enger. Anja blickte zu ihm hinüber: «Ich kann es kaum glauben, dass wir das wirklich machen.» Er schwieg.

Nach einer Stunde landete das Flugzeug auf dem Kilimanjaro International Airport. Sie waren froh, als sie sich in einem Hotel in Arusha ausruhen konnten. Am nächsten Tag fuhr sie ein Chauffeur ins Basishotel nach Moshi. Das Hotel lag etwas außerhalb der Stadt. Unterwegs bewunderten sie das Land und die Leute. Zum ersten Mal sahen die beiden Menschen, die vor einer Lehmhütte ihr Essen auf dem offenen Feuer zubereiteten. Nicht weit von diesen Hütten fuhren sie einer Mauer entlang, die mit Stacheldraht gesichert war. Anja wandte ihren Blick nicht von der Umzäunung, als sie zu Roger sagte: «Da wohnen vermutlich ziemlich reiche Leute.» Kaum hatte sie das gesagt, bog der Chauffeur durch ein Tor in den Hof hinter der Mauer. Roger antwortete etwas beschämt: «Wir sind diese reichen Leute.»

Das Springlands Basishotel machte einen gemütlichen und persönlichen Eindruck. Vom Tor des Hotels aus konnte man den Kilimanjaro sehen. Nach dem Zimmerbezug hatten sie einen Termin bei einer Frau der lokalen Firma, die die Besteigung organisiert hatte. Mit Erstaunen stellten sie fest, dass sie nicht wie angenommen mit einer Reisegruppe den Berg besteigen würden. Sie waren die einzigen Touristen. Für sie beide kamen noch sieben Einheimische mit auf den Berg: Ein Führer, ein Hilfsführer, ein Koch und vier Träger. Sie hatten keine Ahnung, dass extra für sie sieben Personen eine Woche lang den Berg erklimmen würden. Sie kamen sich wie VIPs vor. In der Schweiz waren Walthers nicht reich. Da Roger kurz zuvor sein Studium abgeschlossen hatte, war gerade genug Geld da, um diese Reise anzutreten. Aber hier wurden sie wie Könige behandelt. So fühlten sie sich jedenfalls.

Das Abendessen fand nicht wie in anderen Hotels an separaten Tischen statt. Alle Gäste aßen an einer langen Tafel. Während des Essens wurde viel diskutiert. Jeder erzählte, über welche Route und in wie vielen Tagen er den Kilimanjaro zu besteigen gedachte. Es fanden sich auch zwei amerikanische Teenager mit ihrem Vater ein, die alle sehr sportlich waren. Sie waren zuversichtlich, dass sie es bis zum höchsten Punkt schaffen würden. Roger unterhielt sich mit einer Männergruppe aus Deutschland. Diese hatte eine Route gewählt, auf der man in Zelten übernachten musste. Das meist diskutierte Thema war eindeutig das, was die Leute am Abend vor der Besteigung am stärksten beschäftigte: Werden sie es bis zum Gipfel schaffen oder nicht? Wer den Kraterrand erreicht, erhält das grüne Zertifikat. Auf der Marangu Route, die Walthers gewählt haben, ist dies der Gillman's Point auf 5685 Meter über Meer. Wer es aber bis zum obersten Punkt des Berges, dem Uhuru Peak auf 5895 Meter über dem Meer schafft, erhält das goldene Zertifikat. Am Tisch saßen auch einige, die am selben Tag von ihrer Besteigung zurückgekommen waren. Einige nach Zeitplan und andere zu früh, weil sie vor dem Gipfel umkehren mussten. Sie machten den Neuankömmlingen jedoch mehrheitlich Mut für ihre Besteigung.

Am Abend packten Anja und Roger ihr Gepäck um. Alles, was sie tagsüber benötigten, packten sie in den Tagesrucksack. Diesen würden sie selbst tragen. Schlafutensilien und die Reservekleider wurden in einem großen Seesack aus strapazierfähigem Material verstaut. Alles, was sie nicht auf dem Berg benötigten, deponierten sie in einem Schließfach des Hotels. Dann legten sich Walters schlafen. Sie wollten für den nächsten Tag fit sein. Der Lärm zirpender Grillen und einiger Gäste, die ihre Gipfelbesteigung feierten, ließ sie lange nicht einschlafen. Oder war es vielleicht die Aufregung über das kommende Abenteuer, das sie noch wach hielt?

Am nächsten Morgen wurden sie nach dem Frühstück zu einem Kleinbus gebracht. Ihr Führer stellte sich mit dem Namen Saidi vor. Er erklärte in gebrochenem Englisch: «Ich habe mich mit dem Führer einer anderen Reisegruppe zusammen getan. Bis auf den Gipfelsturm wird noch ein älteres Ehepaar aus Kanada mit uns wandern. Dadurch können wir unterwegs bessere Plätze zum Essen und Schlafen für euch ergattern.» Roger und Anja waren darüber nicht unglücklich. Beide waren froh, dass sie als Ehepaar nicht alleine in der einsamen Wildnis unterwegs sein mussten. Was würden sie auch die ganze Zeit miteinander reden? Im Stadtzentrum von Moshi hielt der Fahrer den Bus an. Kochtöpfe, Esswaren, Geschirr und viel anderes Material wurde eingeladen. Saidi stellte ihnen nun auch ihren Hilfsführer, den Koch, die vier Träger und die gleiche Anzahl Personal für ihre kanadischen

Mitstreiter vor. Anschließend fuhren sie über Land in Richtung Marangu Gate. Dies war der Eingang zum Nationalpark, wo ihre Wanderroute beginnen würde. Im Dorf Himo, nicht weit vom Gate entfernt, kaufte der Koch frisches Obst. Beim Marangu Headquarter angekommen, wurden Roger und Anja sofort von einem Materialvermieter bestürmt. Die beiden waren mit den Verkaufsstrategien der Einheimischen nicht vertraut, deshalb dachten sie, dieser Mann gehöre auch zur Reisegruppe und würde ihnen wichtiges Material geben. Doch schon streckte ihnen der Mann seine Hand entgegen und sagte: «Zehn Dollar pro Stück!»

Soldaten mit Gewehren bewachten die Gebäude. In einem musste sich jeder in ein Register eintragen. Sie mussten genau angeben, über welche Route sie aufsteigen und wann sie zurück sein würden. Saidi hatte noch einiges zu organisieren. Nach einer Weile kam er auf seine abenteuerlustigen Ausländer zu und sagte: «Okay, let's go.»

Von Marangu nach Mandara

Das Marangu Gate befindet sich auf 1826 Meter über Meer. Von hier führt ein gut ausgebauter Weg durch den Regenwald hinauf in Richtung Uhuru Peak – ihrem Ziel, das 4069 Meter höher liegt. Roger und Anja lernten ihre neuen kanadischen Freunde schnell kennen und schätzen. Eileen und John waren gesprächige und aufgestellte Menschen. Sie stellten sofort einen geselligen Kontakt zwischen dem Führer und Walthers her. Ihre lockere und fröhliche Art übertrug sich bald auch auf Roger und Anja. Saidi erklärte, dass es selten so schönes und trockenes Wetter sei wie an diesem Tag. Walthers war es aber gerade recht. Mit Sonnenschein war es einfacher, sich auf all das Neue einzustellen. Saidi zeigte ihnen allerlei Pflanzen und verriet, dass er schon einmal eine Leopardenmutter mit ihrem Jungen gesehen habe. «Aber ihr braucht keine Angst zu haben. Es ist noch nie etwas passiert. Die Höhenkrankheit ist viel gefährlicher als die Leoparden», fügte er schnell an. Die vier Touristen waren überwältigt von der Vielfalt des Regenwaldes. Farne in unzähligen Variationen und Größen wuchsen überall empor. Die Baumstämme wirkten mystisch. Sie waren mit Flechten und Moosen bewachsen.

Auf halbem Weg erwartete sie der Hilfsführer mit dem Koch und den Trägern. Sie hatten für die Touristen am Picknick-Platz

Kisambyoni einen Tisch gedeckt. Walthers waren überrascht, wie gut das Essen schmeckte. Der Koch hatte für sie Hühnerbeinchen, Eier, Blätterteigrollen mit Gemüsefüllung, Brötchen und kleine Bananen zubereitet. Der Geschmack der gebratenen Speisen war ihnen zwar fremd, aber es schmeckte gut. Anja vermutete, dass das Essen mit einem anderen Öl als in der Schweiz zubereitet wurde: «Ich denke, dass es daher diese fremde Geschmacksnote hat. Ich bin erleichtert, dass wir nicht exotisches Essen serviert bekommen.» Reichliche Nahrungsaufnahme ist für die erfolgreiche Besteigung des Kilimanjaro äußerst wichtig. Die geht wesentlich einfacher, wenn einem das Essen schmeckt.

Wegen einer Kleinigkeit gerieten Anja und Roger in einen Streit. Es fielen nicht viele Worte, aber die Kälte, die sich zwischen den beiden ausbreitete, war auch für John und Eileen spürbar. Als John nach einer Weile neben Roger wanderte, begann er ihn über dessen Ehe auszufragen. Roger empfand diese Neugierde zwar als frech. Doch er spürte, dass John aufrichtiges Interesse an ihm zeigte. Roger erzählte und schüttete schließlich sein Herz immer mehr aus. Er war nicht mehr glücklich in dieser Beziehung. Oft habe es keinen Sinn mehr die Meinungsverschiedenheiten durchzusprechen. «Ich versuche die Probleme nun auf meine Art zu lösen», meinte Roger resigniert. Lange hörte John einfach zu. Roger gab zu: «Wir haben uns auseinander gelebt. Dies ist sicher auch meine Schuld. Aber was hätte ich tun können? Ich weiß wirklich nicht, was ich hätte besser machen können.»

Sie gingen ein paar Schritte nebeneinander her, ohne etwas zu sagen. Dann ergriff John das Wort: «Weißt du, Eileen und ich hatten auch unsere Schwierigkeiten. Doch wir hatten das Glück, in unserer kleinen Kirchgemeinde in Kanada einen wundervollen Pastor zu haben. Er hat uns die vier wichtigen Regeln für das Gelingen einer Ehe erklärt. Er nannte diese *das Kilimanjaro-Prinzip der Ehe*. Er hat sie immer und immer wieder aufgesagt. So haben wir sie im Laufe der Zeit besser verstanden und gelernt, sie auf unsere Ehe anzuwenden. Das hat unsere Ehe stark gemacht.» Roger: «Was hat das mit dem Kilimanjaro zu tun?» – «Unser Pastor ist ein großer Fan von Afrika und besonders vom Kilimanjaro. Er war selbst mehrere Male hier oben. Da er während all der Jahre von diesem Ort erzählt hatte, haben wir uns entschieden, diesen Berg selbst zu erleben.» Roger blickte John fragend an: «Was sind das für Ehe-Regeln?» – «Ganz einfach: Es ist die *Entscheidung bei Marangu*, die *Einstellung von Mandara*, der *Einsatz ab Horombo* und die *Führung am Kibo*.» Roger verstand nicht viel: «Um was geht's da?» – «Das erkläre ich dir gerne. Aber am liebsten erklären meine Frau und ich es euch beiden gemeinsam. Das bringt am meisten. Frage doch mal Anja, ob sie einverstanden wäre.» Für Roger war diese Aufforderung unangenehm. Doch er willigte ein und suchte auf der weiteren Wanderung eine Möglichkeit mit Anja zu sprechen.

Anja war von dieser Idee nicht sonderlich begeistert. Sie meinte, sie seien doch hergekommen, um die Ferien zu genießen. Warum sollten sie sich nun mit unangenehmen Dingen beschäftigen? Eileen half bei der Überzeugungsarbeit. Sie erzählte aus ihren ersten Ehejahren und wie ihnen das Kilimanjaro-Prinzip der Ehe geholfen hatte. Eileen kam richtig ins Schwärmen: «Es lohnt sich auf jeden Fall, sich mit den Faktoren für das Gelingen einer Ehe auseinanderzusetzen! Es wäre so schade, wenn unsere Ehe irgendeinmal in diesen 36 Jahren auseinandergefallen wäre. Was wir alles zusammen erlebt haben! Wir schwelgen oft gemeinsam in den Erinnerungen. Wir zwei haben viele Insiderwitze und Aussprüche, die nur wir kennen. Wir haben uns in dieser Zeit richtig schätzen und lieben gelernt. Wir können jetzt gemeinsam unsere erwachsenen Kinder und unsere Großkinder genießen. Dies hätten wir alles nicht, wenn wir uns früher einmal aufgegeben hätten. Wir haben einander und das ist für uns jetzt im Alter das Wichtigste.» Eileen erzählte verschiedene Anekdoten, bis Anja endgültig von der Neugierde gepackt wurde. Wenn es einen Weg geben sollte, wie eine Ehe gelingen kann, dann wollte sie diesen unbedingt kennenlernen. Dass eine Ehe nicht automatisch gelingt, hatte sie ja bereits erfahren.

Der Regenwald wurde nun immer wieder von kleinen Grasflächen unterbrochen. Der Guide Saidi deutete darauf und verriet: «Dies sind die Anzeichen, dass unser Tagesziel nicht mehr weit entfernt ist: die Mandara Hütten.» Dies gab der Reisegruppe neuen Mut zum Weitergehen. Plötzlich hörten sie einen Lärm. Eine Gruppe Einheimischer kam in schnellem Tempo den Berg hinuntergerannt. Zwei von ihnen hielten eine Bahre an den Griffen hinten und vorne. In der Mitte war ein Rad befestigt, so dass die Bahre nicht getragen, sondern gefahren werden konnte. Ziemlich schnell ließen die Träger die Bahre über Steine und Wurzeln springen. Als sie näher kamen, sahen die Wanderer, dass tatsächlich jemand darauf lag. Er wurde heftig durchgeschüttelt. Eileen fragte Saidi, was mit dem Patienten los sei. Saidi antwortete nur: «Er ist krank. Vermutlich Höhenkrankheit.» Sie wanderten weiter. Erst beim Abstieg erzählte Saidi seiner Reisegruppe die Wahrheit über den Mann auf der Bahre.

Keine perfekte Ehe

Eileen hing in Gedanken dem Mann auf der Bahre nach, als John begann: «Wenn ihr einverstanden seid, erklären wir euch jeden Tag ein Prinzip. Das Wissen der Prinzipien alleine nützt nämlich nichts. Man muss die Zeit haben, um darüber nachzudenken. Erst wenn du verstanden hast, was sie für dich persönlich und konkret für eure Ehe bedeuten, kann sich das Geheimnis des Kilimanjaro-Prinzips entfalten.

Jeder von uns sieht täglich gute und schlechte Vorbilder von Ehen. Daraus entwickelst du dein eigenes Bild von Ehe und denkst, so muss eine Ehe sein. Prägend sind die Vorbilder der Eltern und anderer Ehepaare, die wir kennen. Wir lassen uns von den Meinungen unserer Freunde und Kollegen beeinflussen. Ebenso prägen uns die Beispiele aus Filmen, Romanen und die Meinungen von prominenten Personen und Politikern. Ein Blick in unsere Gesellschaft genügt aber, um zu sehen, dass die landläufigen Ansichten über die Ehe nicht viel versprechend sind: Während zwei Hochzeitspaare sich in der Kirche ihr Ja-Wort geben, steht gleichzeitig immer ein Ehepaar vor dem Scheidungsrichter. Das Kilimanjaro-Prinzip hinterfragt daher ganz bewusst die gängige Meinung über die Ehe. Schließlich will das Kilimanjaro-Prinzip glückliche Ehen mit glücklichen Menschen bis ins hohe Alter – und nicht Scheidungen. Um die Kraft des Kilimanjaro-Prinzips erleben zu können, muss jeder Ehepartner bereit sein, seine bisherigen Vorstellungen von Ehe zu hinterfragen und neue Denkweisen anzunehmen.»

Anja schloss zu Eileen auf und fragte: «Wenn im Kilimanjaro-Prinzip eine so spezielle Kraft liegt, warum ist es nicht bekannter? Ich habe noch nie davon gehört.» Eileen antwortete: «Sehr viele Ehepaare leben nach diesen Prinzipien – nur geben sie ihnen zum Teil andere Namen.» Anja war noch nicht überzeugt: «Aber dann müsste es doch viele perfekte Ehen geben. Ich kenne keine einzige.» Eileen schaute Anja an und sagte: «Das Kilimanjaro-Prinzip verspricht keine makellose Ehe, in der nie gestritten wird und in der es keine Meinungsverschiedenheiten gibt! Kein Mensch ist perfekt, daher ist auch keine Ehe perfekt. Aber wir kennen in der Tat viele Ehen, in denen beide glücklich sind und die Ehe bis heute gehalten hat.» Anja überlegte und erwiderte dann: «Wenn es keine perfekte Ehe geben kann, warum soll man sich überhaupt mit dem Kilimanjaro-Prinzip auseinandersetzen?» Eileen: «Weil wir die Wahl haben: Wir können aus unserer Situation das Beste machen oder aber, wir können uns beklagen, nichts unternehmen und am Ende davonlaufen. Schon rein statistisch gesehen wird es nach einer Scheidung nicht besser. Denn auch eine Zweit-Ehe wird niemals perfekt sein. Auch dort musst du dich wieder aktiv dafür entscheiden, das Beste aus der Situation zu machen. Es gibt in jeder Ehe Positives und Negatives. Warum also nicht bereits in der ersten Ehe das Beste geben?» John blickte über seine Schulter zurück und sagte: «Es gibt eine gute Nachricht: Die unperfekte Ehe zu akzeptieren ist nicht die Endstation, mit der wir uns abfinden müssen. Wir können die Ehe verbessern und sogar zu einem ziemlich angenehmen Ort machen! Jedoch geht das nicht, wenn man sich beklagt, nörgelt oder beleidigt ist. Das Beste aus einer unperfekten Ehe macht man mit Respekt, Liebe und Freundschaft.» Eileen blickte mit wissender Miene zu ihrem Mann: «Wir können bestätigen, dass unsere Ehe mit all ihren Höhen und Tiefen übers Ganze gesehen immer schöner wurde. Wir sind jetzt viel mehr ein Herz und eine Seele als früher. Wir haben uns aneinander gewöhnt. Wir haben gelernt mit den Fehlern des anderen gnädig umzugehen. Schließlich bin ich selbst auch nicht perfekt.»

John: «Ich glaube, dass die vier Prinzipien auch in eurer Ehe dazu beitragen können, dass ihr glücklich werdet!» Anja warf ein: «Du kennst unsere Situation doch gar nicht. Wie kannst du so etwas behaupten?» John antwortete in freundlichem Ton: «Wir kennen Beispiele von Ehepaaren, deren Situation noch viel komplizierter war als eure. Da waren Kinder, Nebenpartner und gleichzeitig mehrere Süchte im Spiel. Aber als sie sich auf die vier Kilimanjaro-Prinzipien eingelassen haben, hat sich ihre Ehe Schritt für Schritt verbessert. Heute sagen sie übereinstimmend, sie seien glücklich verheiratet. Daher bin ich überzeugt, dass es auch für deine Ehe Hoffnung gibt! Klar sind dazu beide Ehepartner gefragt. Aber selbst wenn du alleine die Kilimanjaro-

Prinzipien umzusetzen beginnst, kannst du hoffen, dass auch dein Ehepartner, angeregt durch dein positives Beispiel, irgendwann einmal aufspringen wird.»

Eileen: «Es gibt Leute, die negativ übers Heiraten reden und die Ehe als schlechte Erfindung sehen. Wenn man sie fragt, wie sie sich eine Ehe vorstellen, merkt man schnell, dass sie die Ehe als Gefängnis betrachten, in dem niemand glücklich wird. Irgendwo haben sie eine solche Ehe gesehen und denken, alle Ehen seien so. Unglückliche Ehen rauben tatsächlich ziemlich viel Kreativität, Lebensfreude, Lebensmut, Glücklichkeit und mehr. Das Ziel des Kilimanjaro-Prinzips ist, glücklich verheiratet zu sein. Und dies ist durchaus im Bereich des Möglichen. Leider werden diese Paare nur selten in der Klatschpresse porträtiert.»

In diesem Moment trat die Gruppe auf eine große Waldlichtung. Zu ihrem Erstaunen standen dort mehrere moderne Hütten. Die Dächer reichten fast bis an den Boden, so dass die Hütten wie Dreiecke aussahen. Saidi gratulierte den Wanderern: «Willkommen bei den Mandara Hütten auf 2720 Meter über Meer.» Nach einer vierstündigen Wanderung hatten sie ihr Tagesziel erreicht. Sie wurden einer Hütte zugeteilt, in der sie ihr Nachtlager einrichten konnten. Danach gab es einen Erfrischungskaffee und Popcorn. Da bis zum Nachtessen etwas Zeit übrig blieb, schlug Saidi vor, ganz in der Nähe den Maundi Krater aufzusuchen. Begeistert von der Vielfalt der Natur willigten die beiden Ehepaare sofort ein. Sie wollten gerne noch mehr vom Regenwald sehen. Bis zum Krater wanderten sie rund eine Viertelstunde. Hier konnten sie zum ersten Mal über die Bäume hinwegsehen. Die Aussicht über den Regenwald war atemberaubend: Bäume so weit das Auge reichte. Weit zog sich der Wald hinunter in die tansanische Ebene. John fragte: «Und? Darf ich euch nun vom ersten Geheimnis des Kilimanjaro-Prinzips der Ehe erzählen?» Da Roger und Anja nicht so recht wussten, was sie erwarten würde, stimmten sie vorsichtig zu.

Die Entscheidung bei Marangu

John begann: «Das Fundament einer Ehe besteht darin, dass man sich ganz bewusst für und gleichzeitig auch gegen vieles entscheidet. Viele Heiratswillige denken, dass sie an ihrem Hochzeitsfest eine einzige Entscheidung treffen werden: ‹Ja, ich will.› Aber: Was will ich genau? Wie stark will ich das? Wo entstehen durch diese Entscheidung allenfalls Zielkonflikte mit anderen Dingen, die ich auch haben will? Damit eine Ehe gelingt, muss ein Heiratswilliger eine viel größere Anzahl von Entscheidungen treffen, als dies vielen bewusst ist. Sie denken, mit ‹Ja, ich will› sei die Sache erledigt. Aber nach ein oder zwei Jahren Ehe – oder vielleicht erst später – kommt der Verheiratete in Situationen, in denen er merkt, dass sein ‹Ja, ich will› Konsequenzen hat. Beim Kilimanjaro-Prinzip *Die Entscheidung bei Marangu* geht es darum, die weitreichenden Auswirkungen dieser Entscheidung zu verstehen und diese Entscheidung umso bewusster und entschlossener zu fällen. Das Resultat wird sein, dass eure Ehe ein stabileres Fundament hat. Sie wird sicher stehen und gegen viele Zerreißproben gewappnet sein.»

Er schaute Anja direkt an und fragte: «Willst du den Gipfel des Kilimanjaro erreichen?» Etwas verdutzt antwortete sie: «Ja, klar.» – «Nein, du hast mich nicht richtig verstanden: Willst du wirklich den Gipfel des Kilimanjaro erreichen?», hakte John nach. Sie begriff nicht, was er wollte, aber antwortete: «Ja, natürlich. Sonst wäre ich nicht hier.» John ließ nicht locker: «Ich weiß, dass es dein Wunsch ist. Ich möchte aber etwas anderes von dir wissen: Willst du den Uhuru Peak – den höchsten Punkt des Kilimanjaro – *wirklich* erreichen?» Anja schaute John fragend an: «Ich verstehe nicht, was du wissen willst. Ich habe doch schon gesagt, dass ich den Gipfel erreichen möchte, sonst wäre ich doch nicht hier.» – «Ich weiß, dass du diesen Wunsch hast. Aber … bist du bereit, alles dir Mögliche zu tun, um diesen Gipfel zu erreichen?» Roger fuhr dazwischen: «Meinst du, ob es einfach ihr Wunsch ist und es schön wäre, wenn dieser wahr würde – oder ob sie wirklich um jeden Preis den Gipfel erreichen möchte?» – «Genau, darum geht es mir. Wie stark ist deine Entscheidung, den Uhuru Peak zu erreichen? Wäre es lediglich nett, wenn du es schaffen würdest oder willst du unbedingt dort hinauf und bist bereit, hart daran zu arbeiten?

Es gibt viele Verliebte, die sich das Ja-Wort geben und geloben, sich zu lieben in guten wie in schlechten Zeiten, bis dass der Tod sie scheidet. Aber der Tod hat plötzlich ganz unerwartete Namen: Auf einmal heißt er *unüberwindbare Differenzen, fehlende Liebe* oder *wir haben uns nichts mehr zu sagen*.

Wenn man sich am Eingang zum Kilimanjaro, dem Marangu Headquarter, entscheidet, dem Guide auf den Berg zu folgen, dann kann diese Entscheidung zwei ganz unterschiedliche Qualitäten haben. Entweder heißt die Entscheidung: ‹Es wäre schön, so weit zu kommen wie möglich›. Oder aber man entscheidet sich, den Gipfel um jeden Preis zu erreichen: ‹Ich will unbedingt den Gipfel erreichen. Ich werde nicht wegen Schwierigkeiten aufgeben oder umkehren.› Ich habe zu Eileen gesagt: ‹Wenn ich da hochgehe, dann will ich auch den Gipfel erreichen. Ich kehre nicht um, außer der Führer sagt mir, dass ich umkehren muss.› Unser Pastor zu Hause in Kanada sagte oft, dass man auf den letzten 1000 Höhenmeter vor dem Gipfel ganz schön an seine körperlichen Grenzen kommen könne. Dann braucht man einen festen Willen und die Unterstützung des Führers. Wer dort nicht hundertprozentig überzeugt ist, dass er es schaffen und das goldene Zertifikat erhalten will, der wird aufgeben und umkehren.

Genau so ist es auch mit der Ehe. Die Entscheidung füreinander kann ganz unterschiedliche Qualitäten haben. Einige wünschen sich, das Leben miteinander teilen zu können. Aber andere sind entschlossen, eine glückliche und gelingende Ehe zu führen und sind bereit, einiges dafür in Kauf zu nehmen. Der Lohn, der sie erwartet, wird ihre Investition mehr als nur ausgleichen. Wir wissen aus unserem eigenen Ehealltag, dass es schwierige Zeiten geben kann. Wer nicht hundertprozentig davon überzeugt ist, dass er seine Ehe gelingen lassen will, der wird innerlich aufgeben. Die äußere Trennung ist dann nur noch eine Frage der Zeit.» Eileen holte Luft für eine Ergänzung: «Diese Entscheidung muss ich immer wieder neu fällen. Manchmal vergisst man dies. Das Auseinanderleben in der Ehe kommt oft schleichend. Es wird langweilig und man hat sich nicht mehr viel zu sagen. Das sind Alarmglocken! Wenn diese erklingen, sollte man sich schnell an die Entscheidung erinnern: Ich habe mich entschieden, egal was kommt, mit dir durch dick und dünn zu gehen. Ich lasse es nicht zu, dass wir uns auseinander leben. Die Entscheidung beim Marangu Gate für die

Besteigung des Kilimanjaro steht sinnbildlich für die Entscheidung zu Beginn der Ehe. Bei jeder Etappe auf dem Kilimanjaro muss man die Entscheidung neu treffen: ‹Doch, ich will den Uhuru Peak erreichen.› Genauso muss man sich auch in der Ehe immer wieder neu für die gemeinsame Ehe entscheiden.»

Eileen hielt inne und fragte: «Wie war das bei euch? An welchem Punkt kam der Gedanke, dass die Ehe vielleicht nicht ewig halten könnte?» Roger und Anja blickten etwas verlegen über die Baumgipfel in die Weite. Nach einer Weile antwortete Anja: «Um ganz ehrlich zu sein, habe ich mich schon vor der Hochzeit gefragt, wie lange sie wohl halten würde. Es war zwar alles richtig und ich war auch verliebt. Aber meine Eltern hatten sich schon scheiden lassen und einige Freundinnen streuten Zweifel. Sie fragten, warum ich schon heiraten wolle, wir könnten doch auch so zusammen wohnen und mal abwarten. Dies hat bei mir Fragen geweckt: Was ist, wenn es nicht klappt? Was, wenn wir nicht genug seelenverwandt sind?» Roger, der zu Boden geblickt hatte, schaute nun auf und sagte: «Bei mir kamen die Fragen erst später. Ich realisierte, dass Anja und ich uns immer häufiger wegen Kleinigkeiten in die Haare gerieten. Gemeinsame Dinner in Restaurants wurden langweilig und … und auch die sexuelle Leidenschaft nahm ab. Da begann ich mich zu fragen, ob wir wohl doch nicht zusammenpassen.»

John blickte mit seinen treuen Augen vom einen zum anderen: «Seht ihr, so geht es vielen Ehepaaren, die das erste Kilimanjaro-Prinzip nicht kennen. Noch mehr: Ihnen wird sogar genau das Gegenteil vom Prinzip die *Entscheidung bei Marangu* geraten. In den Medien sagen gescheite Leute: Das Modell der Ehe habe in unserer modernen Welt ausgedient. Jetzt müssten neue Lebensentwürfe her, wie zum Beispiel Lebensabschnittspartner. Du müssest dich nicht fürs ganze Leben entscheiden. So ein Quatsch! Von wegen, die lebenslange Ehe sei ein Auslaufmodell! Die Menschen wissen nur nicht mehr, was eine echte und glückliche Ehe ausmacht!

Die lebenslange Ehe ist keine Erfindung des 20. Jahrhunderts, die nun im 21. Jahrhundert veraltet ist. Das klobige Satelliten-Telefon wurde im letzten Jahrhundert erfunden. Von ihm kann man sagen, es sei nun veraltet, schließlich gibt es jetzt Mobiltelefone. Nur noch einige Exoten auf den Weltmeeren und in der Wüste benützen Satelliten-Telefone. Aber bei der Ehe ist dies anders. Wäre die Ehe im Mittelalter von den Spaniern erfunden worden, dann könnte man heute sagen, dieses Modell sei veraltet oder sie passe nicht in unsere Kultur. Aber das Modell der lebenslangen Ehe ist mehrere tausend Jahre alt! In den unterschiedlichsten Gesellschaften und Kulturen hat sich die Ehe über viele Jahrtausende bewährt. Die Geschichte zeigt, dass die Ehe für das Fortbestehen einer Gesellschaft ein zentraler Faktor ist. Zwar wurde die Ehe oft missverstanden oder zur Unterdrückung missbraucht. Auch das kam und kommt leider in vielen unterschiedlichen Kulturen vor. Trotzdem waren die Ehen und die Familien über Jahrtausende die Grundlage für das Überleben der Menschheit. Ist es nicht arrogant zu sagen, die Jahrtausende alte Ehe sei heute ein Auslaufmodell? Warum sollten genau wir, dies nicht mehr nötig haben? Gibt uns der rasante Fortschritt der Technik oder vielleicht der größere Wohlstand das Recht, überheblich zu sein? – Kaum. Ich habe schon viele Ehen beobachtet und ich denke, dass dies in der Schweiz nicht viel anders ist: Der Individualismus macht nicht glücklich. Vielmehr bringt er Leid für beide Partner, die Kinder, aber auch für die involvierten Freunde und Verwandten. Zudem belasten die vielen Scheidungen und neuen Lebensformen den Sozialstaat erheblich.

Die Ehe ist kein Auslaufmodell. Es zwingt dich keiner, eine antike oder konservative Ehe zu führen. Es geht nicht um die jeweiligen Besonderheiten der Ehen in bestimmten Zeitepochen. Die Aufgabe besteht darin, die Elemente der Ehe herauszusuchen, die unabhängig von der Kultur und unabhängig vom Wohlstand ihre Gültigkeit haben. Der Stolz gegenüber den Menschen, die vor uns gelebt haben, nur weil wir technisch weiter und wirtschaftlich unabhängiger sind, sagt, die Ehe sei *veraltet*. Stolz ist einer der großen Beziehungskiller. Wer mit einer individualistischen und stolzen Haltung eine Ehe eingeht, legt ein wackliges Fundament. Kein Wunder also, wenn Leute mit dem Individualismus als Lebensmotto sagen, die Ehe habe ausgedient. Wir haben aber die vier Kilimanjaro-Prinzipien in unserer Ehe erlebt und sagen mit Überzeugung: Die Ehe lebt und ist das Beste, was uns passieren konnte!»

Eileen zupfte John am Arm: «Jetzt bist du etwas vom Thema abgewichen.» Entschuldigend antwortete er: «Ja, genau. Wo waren wir?» Anja versuchte, den Faden wieder aufzunehmen: «Du hast gesagt, dass es vielen Menschen so ergehe wie uns. Viele wüssten nicht, ob ihre Ehe halten wird.» Johns Augen blitzen auf: «Ja, genau. Wir sind beim Prinzip der *Entscheidung von Marangu*. Die Gesellschaft sagt uns immer wieder genau das Gegenteil von diesem Prinzip. Das Prinzip heißt: ‹Entscheide dich bewusst dafür, um jeden Preis mit deinem Ehepartner eine lebenslange Ehe zu führen.› Dies ist das Fundament der Ehe. Das Fundament eines Hauses ist dazu da, dass es sicher steht. Genauso ist diese Entscheidung ausschlaggebend für die Stabilität deiner Ehe.»

In Gedanken versunken machten sie sich wieder auf den Rückweg zu den Hütten. Plötzlich zeigte Anja in die Baumgipfeln vor ihnen: «Schaut! Da oben sind Affen!» Tatsächlich schwangen sich fünf schwarz-weiße Colobus Affen halsbrecherisch von Baum zu Baum. Die fünf Wanderer schauten ihnen einige Zeit ehrfürchtig zu, bis Saidi sie zum Weitergehen animierte.

Eileen ergriff wieder das Wort: «In unserer Kultur ist der Ehering das Zeichen dieser Entscheidung. Bei der Hochzeit schließen Mann und Frau einen Bund: Wir gehören zusammen, wir helfen und unterstützen einander in guten wie in schlechten Zeiten. Es ist gut, wenn man dem Ehering diese Bedeutung immer wieder neu gibt. Dieser Ring ist ein klar sichtbares Zeichen dafür, dass ich mich für die Ehe mit dir entschieden habe und dass ich mich dafür entschieden habe, alles daran zu setzen, dass unsere Ehe gelingt.» John erinnerte sich: «In einigen Filmen zieht der Mann seinen Ehering aus, bevor er mit der Frau telefoniert, mit der er eine Affäre hat. Das müsste er nicht tun, denn sie kann den Ring durchs Telefon hindurch nicht sehen. Er tut es trotzdem, weil der Ring ihn an seine einmal gefällte Entscheidung, treu zu sein, und an das damit verbundene Versprechen erinnert.»

Roger hörte bisher schweigend zu. Er nutzte Johns Pause, um eine Frage zu stellen: «Ich habe verstanden, dass eine Ehe nur dann stabil sein kann, wenn man sich dazu entschließt, alles daran zu setzen, dass sie gelingt. Aber was kann ich tun, damit die Ehe gelingt?» John antworte: «Gute Frage. Darauf kommen wir in den nächsten Tagen zu sprechen. Die Prinzipien *Einstellung von Mandara*, *Einsatz bei Horombo* und *die Führung am Kibo* werden dir Antworten geben. Jetzt geht es zuerst darum, was diese Entscheidung alles umfasst. Bevor ich mich für etwas entscheiden kann, muss ich wissen, was zur Auswahl steht. Für welche Art von Ehe entscheide ich mich überhaupt?»

Für welche Art von Ehe entscheide ich mich?

John fragte Eileen: «Willst du erklären, warum es die Ehe überhaupt gibt?» Eileen untersuchte gerade zwei verschiedene Sorten Farn. Ohne aufzusehen antwortete sie: «Meinst du das, was unser Pastor jeweils dazu sagte?» – «Ja, genau.» – «Hmm. Ich weiß nicht, ob dies Roger und Anja interessiert.» – «Würde es euch interessieren, was die Bibel zur Ehe sagt?» – «Kann ja nicht schaden», meinte Roger. John versicherte: «Nein, schaden tut's sicher nicht. Im Gegenteil. Uns haben die Jahrtausende alten Weisheiten aus dem erfolgreichsten Buch aller Zeiten viel geholfen. Gerade auch in unserer Ehe.» Anja: «Ja, mich würde das interessieren.» Eileen wandte sich den anderen zu und begann: «Es ist schon eigenartig, dass die Ehe eines der ersten Themen ist, worüber die Bibel ausführlich berichtet. Zuerst liest man, wie Gott die Welt und den Menschen erschaffen hat. Unmittelbar danach erfindet Gott die Ehe! Dies zeigt mir, dass für Gott die Ehe und die Familie grundlegende Einrichtungen für den Menschen sind. Auch heute ist es noch so: Für ein neugeborenes Baby ist die Familie das Wichtigste. Alles andere interessiert es überhaupt noch nicht.

Der Gott der Bibel hat die Ehe erfunden, indem er die Frau erschaffen hat. Unser Pastor sagte jeweils: ‹Es ist am besten, wenn man ein Gerät so gebraucht, wie es der Erfinder empfiehlt.› Der Hersteller des Mikrowellenherds sagt, man solle keine Tiere darin trocknen. Dies sagt er nicht, weil er den Besitzern dies nicht gönnen möchte. Nein, er sagt es, weil die Tiere von den Mikrowellen getötet werden. Genau so sollten auch wir dem Erfinder der Ehe, also Gott, vertrauen. Aber heute machen viele Menschen das genaue Gegenteil.» Anja fragte: «Was sagt er denn?» Eileen dachte kurz nach. Dann antwortete sie: «Schauen wir uns zu Beginn doch einmal an, was er sagte, als er sich die Ehe ausgedacht hat: Gott schuf den Adam. Dann sagte er: **‹Es ist nicht gut, dass der Mensch so allein ist. Ich will ein Wesen schaffen, das ihm hilft und das zu ihm passt›** (1. Mose 2,18). Danach schuf er die Frau und damit gleichzeitig auch die Ehe. Hier erfahren wir drei Dinge darüber, warum Gott auf die Idee kam, die Ehe zu erfinden:

Erstens ist es nicht gut, wenn ein Mensch alleine ist. Wir sind so geschaffen, dass wir Gemeinschaft mit anderen Menschen nötig haben. Die Ehe ist also nicht zufällig entstanden. Nein, sie hat einen bestimmten Grund: Du sollst nicht alleine sein. Beziehungen sind für die Erfüllung des Menschen sehr wichtig. In einer Ehe kann dies ganzheitlich und nachhaltig gefunden werden. Für Singles bedeutet dies, dass sie Freundschaften brauchen, in denen sie getragen sind.

Zweitens hat Gott Mann und Frau absichtlich unterschiedlich geschaffen. Nämlich so, dass sie zueinander *passen* und sich gegenseitig ergänzen. Er schuf Männer und Frauen mit unterschiedlichen Fähigkeiten und Eigenarten. Frauen sind gefühlsbetonter und entscheiden intuitiver. Männer hingegen überlegen eher logisch und rationell. Diese Ergänzung gibt eine gute Balance. Gerade in der Kindererziehung sieht man den Wert dieser Unterschiedlichkeit gut. Im Garten Eden war diese Ergänzung perfekt. Dann aber haben sich Adam und Eva gegen Gott entschieden. Dieses Ereignis ist heute bekannt als *der Sündenfall.* Dadurch ging das Perfekte, das Gott geschaffen hatte, kaputt. Unrecht, Fehler und Scham sind in die Welt gekommen. Auch die Ergänzung zwischen Mann und Frau ist seither nicht mehr perfekt. Die Unterschiede von Mann und Frau führen in jeder Ehe immer wieder zu Missverständnissen. Der Mann versteht die Frau nicht und reagiert falsch und umgekehrt. Aber trotzdem sind Mann und Frau von Gott so geschaffen worden, dass sie sich entsprechen und ergänzen. Mit Gottes Hilfe ist dies auch heute noch möglich.» John unterbrach sie: «Unser Pastor sagte dazu, dass wir uns Gott meistens als männliches Wesen vorstellen. Dies sei aber falsch. Gott beinhalte sowohl die männlichen, wie auch die weiblichen Stärken. Er kann seinen geistlichen Kindern – also den Menschen, die das sein wollen – sowohl das geben, was ein Vater und auch eine Mutter ausmachen. Er sagte selbst, bevor er den Menschen schuf: ‹Nun wollen wir Menschen machen, ein Abbild von uns, das uns ähnlich ist!› Dann heißt es: ‹So schuf Gott die Menschen nach seinem Bild, als Gottes Ebenbild schuf er sie und schuf sie als Mann und als Frau› (1. Mose 1,26-27). Mann und Frau zusammen entsprechen dem Ebenbild Gottes. Die Unterschiedlichkeit der Ehefrau und des Ehemannes ergeben zusammen ein Ganzes. Das bedeutet aber nicht, dass der einzelne Partner oder ein Single als Person nicht ganz wäre. Hier geht es vielmehr darum, dass die Unterschiedlichkeit von Mann und Frau von Gott gewollt ist.» Eileen fasste zusammen, was dies für Ehepaare heute bedeutet: «Wir müssen uns entscheiden, demütig zu sein: ‹Ich brauche deine Ergänzung, John.› Dies hat mich von ungesundem Ehrgeiz befreit. Ich hatte den Drang, überall besser als John zu sein. Immer wieder musste ich mich ihm beweisen. Ich provozierte Argumentationen darüber, wer da oder dort besser sei. Aber als ich erkannt habe, dass Gott Mann und Frau absichtlich unterschiedlich geschaffen hat, damit sie einander ergänzen, konnte ich immer mehr Johns Qualitäten als Mann bewundern und zur Geltung kommen lassen.

Drittens hat Gott Mann und Frau einander geschenkt, damit sie einander eine Hilfe sind. Dieses Wort *Hilfe* wurde oft missverstanden. Männer wurden überheblich und haben ihre Frauen wie Dienstmägde behandelt. So ist das aber nicht zu verstehen. Erstens legt der Text nahe, dass der Mann derjenige ist, der die Hilfe braucht. Er sollte also nicht überheblich sein. Zweitens wird dieses Wort *Hilfe* in der hebräischen Sprache auch an anderen Orten in der Bibel verwendet, mehrere Male für Gott selbst (z. B. Psalm 146,5). Wenn sich also Gott nicht zu schade ist, dem Menschen eine Hilfe zu sein, warum sollten wir uns zu schade dafür sein? – Nun ergibt sich daraus eine der wichtigsten Entscheidungen in der Ehe: ‹Ich entscheide mich dafür, dir zu helfen und dich zu unterstützen, wo ich nur kann.› Diese gegenseitige Unterstützung im Alltag, aber auch bei der Erfüllung der Lebensträume, ist sehr grundlegend für eine glückliche Ehe. Zudem kann ich als Frau sagen, dass ein hilfsbereiter Mann sehr erotisch wirken kann. Er hat wesentlich mehr Ausstrahlung auf eine Frau als ein Macho. Ein solcher Mann ist ein Gentleman. Dies kommt bei Frauen sehr gut an.» John stichelte: «Eileen, mein Schatz, soll ich dir deinen Fotoapparat tragen?» Eileen schubste ihn mit einem breiten Lächeln beiseite: «Spar dir deine Erotik für später.»

Roger war erstaunt über die Art, wie die beiden miteinander umgingen. Sogar die Zurückweisung von Eileen hatte eine freundliche und liebevolle Art. Sie hatten in der Tat mehr an ihrer Ehe als Anja und Roger. Er fragte: «Für welche Art von Ehe sollen wir uns nun entscheiden?» John fuhr fort: «**Für eine, in der sich jeder bewusst ist, dass er den anderen braucht. Auf den anderen angewiesen zu sein, ist die eine Seite. Selbst für den anderen da zu sein, die andere. Wenn ich gebraucht werde, dann helfe ich.** Gott hat sich die Ehe als eine Balance gedacht: Es ist ein Geben und Nehmen. Hilfe benötigen und Hilfe geben. Eine Ehe soll keine Eltern-Kind Beziehung sein. In

Sachen Hilfe sind gerade bei Kleinkindern die Eltern vorwiegend die Gebenden und die Kinder die Empfangenden. Eine glückliche Ehe braucht aber Gegenseitigkeit.»

John hielt einen warnenden Finger auf: «Diese Balance wurde aber oft missverstanden. In unserer Gesellschaft regeln Verträge das Geben und Nehmen. Ein Mietvertrag sieht vor, dass ich die Wohnung mieten darf und dass ich *dafür* monatlich einen Mietzins überweisen muss. Ein Arbeitsvertrag sieht vor, dass ich Arbeiten verrichte und dass ich *dafür* einen Lohn erhalte. Praktisch unser ganzes Leben ist auf Verträgen aufgebaut. Alles, was wir einkaufen, ist ein Vertrag: Ich zahle dir Geld, *dafür* erhalte ich diese Ware. Ich zahle der Telefongesellschaft Geld, *dafür* darf ich die Internet- und Telefonleitung benützen. Wir sind uns gewohnt: Wer etwas gibt, der hat ein Recht darauf, etwas zurückzuerhalten. Viele Menschen bringen dieses Denken mit in die Ehe. Wenn ich dir etwas zuliebe tue, dann musst du mir auch etwas zuliebe tun. Wenn du mir etwas geschenkt hast, dann muss ich mich bemühen, um auch dir so bald als möglich etwas schenken zu können. Wenn er mir dies angetan hat, dann muss er nicht meinen, ich tue nun absichtlich jenes. Eine Ehe funktioniert auf Dauer nicht, wenn sie wie ein Vertrag gelebt wird. Es entsteht keine tiefe Vertrautheit, wenn andauernd verglichen wird, wer wie viel zur Beziehung und zum Haushalt beigetragen hat. Die Liebe erkaltet, wenn man sich entweder oft in der Schuld des anderen sieht oder aber sich dauernd ausgenützt vorkommt. Natürlich besteht eine Grundlage für das Zusammenleben darin, dass alle ihren Beitrag leisten, aber nicht nach dem genau berechnenden Vertragsprinzip.

Führe nicht Buch, wer wem wie viel zuliebe getan hat. Lass dich lieber übervorteilen, als die Liebe zu deinem Ehepartner zu gefährden. Wer ständig rechnet, der bekommt entweder Schuldgefühle, weil er weniger tut als der andere oder aber – was wohl häufiger vorkommt – er lässt eine Wurzel der Bitterkeit oder Verachtung wachsen, weil der andere zu wenig für ihn tut. Es ist offensichtlich, dass Schuldgefühle, Bitterkeit und Verachtung für eine Ehe nicht förderlich sind. Deine Grundhaltung soll vielmehr sein, es dem anderen bei dir so schön wie nur möglich zu machen. Deinem Ehepartner soll es bei dir rundum wohl sein. In der Bibel heißt es: ‹Wir sollen uns immer an das erinnern, was Jesus, der Herr, darüber gesagt hat. Von ihm stammt das Wort: Auf dem Geben liegt mehr Segen als auf dem Nehmen› (Apostelgeschichte 20,35). Das stimmt: Ich bin viel glücklicher, wenn ich anderen helfen und etwas schenken kann, als wenn ich mich nur auf mich konzentriere und darauf, was ich bekommen kann. Vertiefe deine Liebe zu deinem Ehepartner, indem du ihr oder ihm so viel wie möglich zuliebe tust.»

Eileen: «Aber genauso wie die Eltern ihre Kinder nicht durch übermäßige Verwöhnung verwahrlosen lassen sollen, so soll auch ein Ehepartner den anderen nicht verwahrlosen lassen, indem er oder sie einfach alles für den anderen tun. Sprecht über die Aufgabenverteilung im Haushalt. Sucht nach einer gerechten Lösung. Darüber zu sprechen ist die bessere Lösung, als für sich im Stillen eine Buchhaltung zu führen. Ich helfe John, wenn er Hilfe braucht. Punkt. Egal wie viel ich bereits getan habe. Das ist ein wichtiger Schlüssel zu einer glücklichen Ehe. Ehepartner sind keine geschäftliche Konkurrenz, sondern ein Team!»

Vater und Mutter verlassen

Eileen fuhr fort: «Nachdem Gott gesehen hatte, dass es nicht gut ist, wenn der Mensch alleine ist, schuf er Eva. Dort steht: ‹Deshalb verlässt ein Mann Vater und Mutter, um mit seiner Frau zu leben. Die zwei sind dann eins, mit Leib und Seele› (1. Mose 2,24). In diesem Satz wird deutlich, dass die Ehe mehr ist als einfach eine Wohn- und Lebensgemeinschaft. Die beiden werden eins, mit Leib und Seele! Gott hat also nicht nur die Ehe als Lebensform erfunden, sondern er hat auch das Verlangen nach einem Gegenüber und das *Kribbeln* zwischen den Geschlechtern geschaffen. Er schuf das Mysteriöse des E*ins*-Werdens. Ein Ehepaar ist nun nicht mehr zwei unabhängige Individuen. Sie sind eine Einheit. Sie sind ein Wir.

John und mir hat das Verständnis der Einheit schon oft geholfen. Wir sind nicht einfach zwei Menschen, die jetzt halt für eine Zeit miteinander wohnen. Nein, wir sind ein Ehepaar, das eins ist mit Leib und Seele. Wir gehören zusammen. Wir sind zwar nicht blutsverwandt, aber wir sind eins, körperlich und seelisch. Also sind wir leib- und seelenverwandt, *weil* wir geheiratet haben. Diese von Gott geschaffene Bindung ist tiefer als die blutsverwandte Bindung zu den Eltern. Die Bindung eines Kindes zu den Eltern sollte sich mit jedem Tag mehr lösen, bis es eine eigene Familie gründet. Die Eltern haben die Aufgabe, ihr Kind zur Unabhängigkeit zu erziehen. Die Bibel sagt, wie bereits zitiert, dass das erwachsene Kind Vater und Mutter verlassen – also sich lösen soll – um mit seinem Ehepartner zu leben. Beim Ehepaar hingegen soll die Bindung immer stärker und tiefer werden.»

John ergänzte: «Apropos Eltern verlassen: Da haben einige Ehepaare ganz schön damit zu kämpfen. Eine gute und klare Abgrenzung zu den Eltern und Schwiegereltern ist sehr wichtig für das Gelingen einer Ehe. Selbstverständlich soll man weiterhin den Kontakt zu den Eltern pflegen, sie achten, ehren und Rat von ihnen annehmen. Aber die Eltern dürfen die Ehe ihrer Kinder nicht mitbestimmen. Auch nicht durch Sätze wie: ‹Das hat unsere Familie schon immer so gemacht!› Im Zweifelsfalle musst du dich immer auf die Seite deines Ehepartners stellen. Es kann schmerzhaft sein, wenn man gegen die eigene Mutter oder den eigenen Vater Stellung beziehen muss. Aber eine Ehe kann nur gelingen, wenn die neu gegründete Familie vor der alten klare Priorität hat.» Eileen erklärte: «Bei mir war das nicht so einfach. Ich musste lernen, zu John zu halten und meiner Mutter Grenzen zu setzen.»

Treue

John wanderte mit seinen Gedanken schon weiter: «Nun haben wir uns erst die ersten beiden Kapitel der Bibel angesehen. Gott sagt aber auch in vielen weiteren Texten einiges über seine Erfindung *Ehe*. Wir lesen in der Bibel sehr viel über das Zusammenleben der Menschen. All das sollte man erst recht in der Ehe umsetzen: Jeder soll sich dem anderen unterordnen (Epheser 5,21). Was ich möchte, dass der andere mir tut, das soll ich ihm auch tun (Matthäus 7,12). Ich soll nicht auf mein Recht pochen, sondern besser einmal zu viel nachgeben (Lukas 6,29). Geben macht mehr Freude als Nehmen (Apostelgeschichte 20,35) und vieles mehr. Ganz konkret zur Ehe sagt Gott zum Beispiel in den Zehn Geboten: ‹Du sollst nicht ehebrechen› und ‹Du sollst nicht begehren die Frau deines Nächsten› (2. Mose 20). Hier geht es um Treue. Für den Erfinder der Ehe ist Treue für das Gelingen sehr grundsätzlich. Der weise König Salomo warnt im biblischen Buch Sprüche vor Untreue: ‹Die fremde Frau lockt dich mit honigsüßen Worten, glatt wie Öl fließen sie von ihren Lippen. Doch am Ende ist sie bitter wie Galle und tödlich wie ein beidseitig geschliffenes Schwert› (Sprüche 5,3). Hat er da nicht recht? Untreue in der Ehe riecht nach Abenteuer. Es sieht aufregend aus. Gefühle und Adrenalin bieten Höhenflüge.» Eileen ergänzte: «Vielleicht fühlst du dich als Frau von einem Mann endlich einmal wirklich verstanden. Er hört dir zu und behandelt dich wie eine Prinzessin.» John: «Alles sieht so schön aus und glänzt. Doch für die Ehe hat Untreue einen sehr bitteren Nachgeschmack.

Treu zu sein ist eine der vielen Entscheidungen aus dem Prinzip *Entscheidung bei Marangu.* Mein Ehepartner muss sich auf mein Versprechen der Treue verlassen können, nur so funktioniert das Geheimnis der Ehe. Treue ist ein großer Wert und ein kostbarer Schatz. Gelebte Treue gibt Sicherheit. Wenn ich weiß, dass Eileen mir treu ist und ich mich darauf verlassen kann, dann bin ich frei von Eifersucht, Unsicherheit und Angst. Diese negativen Gefühle begleiten viele Menschen, weil sie das Kilimanjaro-Prinzip der Ehe nicht kennen. Sie wissen nicht, dass es unterschiedliche Qualitäten von Entscheidungen gibt. Sie wissen nicht, dass es noch mehr gibt als das Ja-Wort. Es geht nicht nur um die Angst, betrogen zu werden, sondern vor allem um die Angst, verlassen und alleingelassen zu werden.»

Eileen: «Jesus griff einige tausend Jahr später den Satz, den wir schon erwähnt haben, auf und ergänzte ihn: ‹Darum wird ein Mensch seinen Vater und seine Mutter verlassen, und die zwei werden ein Fleisch sein; daher sind sie nicht mehr zwei, sondern ein Fleisch. Was nun Gott zusammengefügt hat, soll der Mensch nicht scheiden› (Markus 10,7-9). Gott ist überzeugt, dass seine Erfindung der Ehe nur dann voll ausgeschöpft werden kann, wenn beide Ehepartner davon ausgehen können, dass der andere alles ans Gelingen der Ehe setzen wird. Keiner von beiden soll die Möglichkeit einer Scheidung auch nur in Betracht ziehen. Dies ist nicht zur Unterdrückung der Menschen gedacht, sondern zu ihrem Glück. Eileen und ich haben uns entschieden – und es uns auch gesagt – dass wir alles daran setzen werden, dass unsere Ehe gelingt. Ich habe mich entschieden, dass eine Scheidung für mich nicht in Frage kommt. Natürlich kann ich meine Frau nicht zwingen bei mir zu bleiben. Wenn sie die Scheidung will, dann kann ich das nicht verhindern. Aber was mich betrifft, ist Scheidung keine Option.»

Eileen sah in die Augen der Walthers, in denen Überforderung zu lesen war. Daher sagte sie: «Das klingt vielleicht etwas stark. Aber genau das macht für mich unsere Ehe so wertvoll und zu einem sicheren Ort. Ich kann mich öffnen und entfalten. Weil John mir immer wieder versichert, dass er sich für mich und für die lebenslange Ehe entschieden hat, ist unsere Ehe ein sicherer Ort für mich. Ich kann mich ganz hingeben. Ich kann alle meine Lebenspläne ganz auf John ausrichten, weil ich keine Angst zu haben brauche, dass er mich verlässt. Ich fühle mich in unserer Ehe sicher.»

Tötet zu viel Sicherheit die Leidenschaft?

Anja wandte ein: «Aber schreiben nicht viele Buchautoren immer wieder, dass gerade durch diese Sicherheit die sexuelle Leidenschaft stark leiden würde? Braucht eine Ehe nicht ein gewisses Maß an Unsicherheit, damit der Sex gut bleibt?» Eileen antwortete: «Ja, das hört man immer wieder und dadurch lassen sich leider viele verunsichern. Es hat schon etwas Wahres: Die sexuelle Leidenschaft lässt im Laufe der ersten Ehejahre nach. Jedoch nur, wenn das Paar meint, Sex sei einzig mit Adrenalin schön und aufregend.» Roger verstand das nicht: «Was hat Sex mit Adrenalin zu tun?» John erklärte: «Wenn der Sex so richtig aufregend ist und die Gefühle Achterbahn fahren, dann ist immer Adrenalin im Spiel. Weiß jemand von euch, wann der Körper Adrenalin ausgeschüttet?» Anja antwortete: «Wenn Gefahr droht oder man etwas Großes leisten muss.» – «Genau. Archibald Hart hat dies in seinem Buch *Lust oder Last* in Bezug auf Sex gut erklärt. In der Pubertät findet ein Junge zum ersten Mal ein Sexheft oder einen Erotikkanal im Fernsehen. Da dies mit Scham verbunden ist, befindet er sich in Gefahr: Wenn ihn jemand so sieht, könnte er sich blamieren. Wegen dieser Gefahr schüttet sein Körper Adrenalin aus. Dieses Adrenalin verstärkt die sexuellen Gefühle um ein Vielfaches. Später verspürt er den Wunsch, dieses Gefühl wieder zu erleben. Diesmal aber hat er sich an die Gefahr schon ein wenig gewöhnt. Deshalb schüttet sein Körper weniger Adrenalin aus. Die sexuelle Erregung wird dadurch weniger stark empfunden. Um die gleiche Erregung spüren zu können, muss er etwas Aufregenderes tun. Neue Bilder müssen her, auf denen mehr zu sehen ist. Dies nennt Archibald Hart die Adrenalinspirale. Das heißt, dass man immer verrücktere sexuelle Stimulation braucht, um die gleiche Ekstase erleben zu können. Die meisten Menschen – die Männer noch mehr als die Frauen – lernen die Sexualität oft im Zusammenhang mit Adrenalin kennen. Für die meisten bleiben die beiden Dinge von da an eng verbunden. Auch später in der Ehe kennen sie den Sex nur in Zusammenhang mit Adrenalin.

Aber genau darin liegt das Problem, das du angesprochen hast. Adrenalin-Sex wird in der Ehe zwangsläufig immer leidenschaftsloser. Je besser man einander kennt und sich aneinander gewöhnt, desto weniger Adrenalin schüttet dein Körper aus. Insofern haben die Leute recht, dass Sex bei zu viel Sicherheit an Leidenschaft verliert. Aber diese Leute kennen nur den Adrenalin-Sex.»

John blickte in die Runde und fuhr fort: «Nun ... man hört aber auch immer wieder von Ehepaaren, die sagen, dass der Sex immer schöner wird. Wie passt das zusammen? Ganz einfach: Es gibt noch andere Kombinationen von Sexualität nebst Adrenalin-Sex. Leider liegt es in der Natur der Sache, dass man in der Pubertät diese Seite der Sexualität noch gar nicht erfahren kann.» Anja fragte neugierig: «Was ist es?» Eileen antwortete: «Wir Frauen erkennen das viel schneller als die Männer. Wir genießen zwar den Adrenalinkick auch, aber für uns ist das andere auch grundlegend für guten Sex. Männer können die Beziehung zum Partner und den Geschlechtsverkehr ohne Probleme voneinander trennen. Die Männer denken im Schubladensystem. Alle Lebensbereiche sind in separaten Schubladen verstaut. Wenn sie zur Arbeit fahren, öffnen sie die Schublade *Arbeit*. Wenn sie mit dem Ehepartner einen Kaffee trinken und plaudern, dann ist die Schublade *Beziehung* geöffnet. Wenn es dann zu Sex kommt, dann schließen sie die anderen Schubladen und öffnen diejenige mit dem Namen *Sex*.» – «Und bei uns Frauen?» – «Wir sind mehr wie ein Kleiderschrank. Wenn man uns öffnet, dann ist alles da. Wir sind viel ganzheitlicher als die Männer. Bei uns hängen alle Lebensbereiche zusammen. Wir können nicht einfach alles vergessen und Sex haben. Um guten Sex zu haben, muss für uns auch die Beziehung zum Ehepartner stimmen.» Anja fühlte sich verstanden und pflichtete Eileen bei. Diese fuhr fort: «Für die Frau ist das meistens unbewusst klar: Sexualität kann man nicht nur mit einem Adrenalinkick kombinieren, sondern auch mit der Beziehung zum Ehepartner. Nach einem anstrengenden Arbeitstag, wo beide einander kaum gesehen haben, ist der Sex viel weniger tief und nachhaltig erfüllend, als wenn sie den Tag gemeinsam verbracht haben. Umso mehr noch, wenn sie sich wie ein Herz und eine Seele gefühlt haben.

Adrenalinschübe werden in einer Ehe zwangsläufig abnehmen. Aber die Beziehung kann das ganze Leben lang wachsen! Wenn diese wächst und der Sex mit dieser Beziehung kombiniert wird, dann wird der Sex immer schöner. Kannst du als Mann das bestätigen, John?» – «Ja. In unseren ersten Ehejahren war ich davon überzeugt, dass guter Sex nur dieser explodierende Adrenalinkick ist. So habe ich mit den verschiedensten Dingen versucht diesen Adrenalinkick immer wieder zu erlangen. Es kam der Punkt, an dem die Möglichkeiten ausgeschöpft waren, die Eileen bereit war mitzumachen. Auch die Schwangerschaften und die Zeit nach den Geburten unserer Kinder waren Momente, in denen Adrenalin-Sex nicht recht funktionierte. Also hat unsere sexuelle Leidenschaft stark abgenommen. Ich kann gut verstehen, warum die meisten Seitensprünge nach der Geburt des ersten oder zweiten Kindes passieren: Die Leute sind in ihrer Sexualität von Adrenalin abhängig, aber erleben dies in ihrer Ehe nicht mehr. Bei mir war das auch so.

Erst allmählich lernte ich, dass Sexualität mehr ist als die große Aufregung. Erstaunt war ich vor allem darüber, dass der Sex kombiniert mit einer innigen Beziehung zum Ehepartner viel, viel tiefer geht und sogar die Seele befriedigt. Dies zu entdecken war sehr schön. Bei Adrenalin-Sex wurde meist nur der Körper befriedigt. Natürlich ist gerade in einer Ehe meistens auch etwas Beziehung im Adrenalin-Sex und ebenso etwas Adrenalin im Beziehungs-Sex. Als Eileen und ich den Wert des Beziehungs-Sexes kennengelernt hatten, hat dies viel Druck von unserer Sexualität genommen. Jetzt muss ich nicht mehr diesen Adrenalinkick produzieren. Ich kann mir einfach für unsere Beziehung Zeit nehmen. Dies ist meistens ein Garant für guten Sex. Natürlich ist auch so die Sexualität Höhen und Tiefen unterworfen. Nicht jedes Mal ist die Innigkeit da und manchmal erleben wir auch einen besonderen Adrenalinkick. Wir haben gelernt, all diese Facetten zu genießen. Ich kann wirklich bezeugen, dass die Sexualität in all den Jahren immer schöner geworden ist. Für Beziehungs-Sex ist also Sicherheit, einander gut zu kennen und Verbindlichkeit überhaupt nicht schädlich. Im Gegenteil: Je mehr die Ehe in diesen Dingen wächst, desto freier sind beide, um sich zu öffnen, und desto schöneren und tieferen Sex erleben sie.»

Eileen erinnerte sich an die Geburten ihrer Kinder: «Ich muss zwar noch sagen, dass in der Zeit der Schwangerschaft und vor allem kurz nach der Geburt der Kinder, die meisten Ehepaare Mühe mit der Sexualität haben. Durch das Baby sind die Eltern sehr beschäftigt. Alle paar Stunden muss es gestillt oder geschöppelt werden – auch in der Nacht. Dieser Schlafmangel zehrt an den Kräften. Es ist ja bekannt, dass Müdigkeit einer der stärksten Sexkiller ist. Aber zum Glück geht diese Zeit vorüber. Man darf wissen: Die Babys wachsen und es kommen wieder andere Zeiten. Wichtig ist, dass sich das Paar in dieser Zeit nicht auseinander lebt. Dem können sie entgegenwirken, indem sie sich bewusst Zeit zu zweit nehmen. Zum Beispiel können sie am Ende des Tages zusammen einen Tee trinken und über den Tag sprechen. Und entscheidend für die eheliche Beziehung – und damit auch für den Sex – ist, dass sich der Vater am Kind beteiligt. Es ist wichtig, dass er sich für das Kind interessiert. Es auch hält, beim Anziehen hilft oder die Windeln wechselt. Dadurch kann das Paar verhindern, dass das Kind zwischen sie beide kommt. Wenn beide Elternteile das Projekt *Kind* gemeinsam gestalten, bleiben sie ein Team und haben dadurch gemeinsame Themen zu besprechen.» John gab zu bedenken: «Das klingt nun, als ob der Vater allein dafür verantwortlich wäre, dass sie sich nicht auseinanderleben. Den Müttern muss man aber sagen, dass sie ihre Ehemänner *teilhaben lassen* müssen. Wenn sie zum Beispiel immer besser wissen, wie man die Windeln wechselt und dem Ehemann andauernd sagen, was er anders machen müsse, dann sagt er bald einmal: ‹Mach es doch selbst, wenn ich es dir so oder so nicht richtig machen kann.› Es ist besser, wenn der Vater mithilft und es auf seine Weise macht – welche vielleicht nicht die beste ist –, als von der Mutter/Kind-Partnerschaft ausgeschlossen zu werden. Der Vater braucht Freiraum, um zu lernen und wenn die Mutter ihn lässt, dann wird er auch immer besser darin.» Eileen versuchte zurück aufs Thema zu kommen: «Da hast du schon recht, John. Wo waren wir?»

John fasste das zuvor Gesagte nochmals zusammen: «Je mehr sich die Partner auf die Treue des anderen verlassen können, desto weiter können sie sich öffnen. Wenn man sich öffnet, macht man sich verletzlich. Dies geht nur, wenn Sicherheit da ist. Je mehr sich die Ehepartner dem anderen öffnen können, desto stärker kann die

Bindung und die Beziehung zwischen den beiden wachsen.» Roger ergänzte: «Und desto tiefer wird der Sex.» – «Genau, so ist es! Wir haben sehr gute Erfahrungen damit gemacht, dass wir uns für Treue und die lebenslange Ehe entschieden haben.»

Vorbilder der Treue

Roger verstand das mit der Treue aber noch nicht ganz: «Entscheidet sich das mit der Treue nicht einfach von Mal zu Mal? Zum Beispiel wenn man die Chance auf einen Seitensprung hat? Erst dann weiß ich doch, ob ich treu geblieben bin oder nicht.» John überlegte kurz. Dann sagte er: «Ja, da hast du recht. Treue zeigt sich darin, wie man handelt, und nicht an einem Lippenbekenntnis. Aber Treue beginnt weit vor der großen Versuchung. Wer sich entscheidet treu zu sein, der sollte bereits darin seine Treue beweisen, dass er Situationen und Personen aus dem Weg geht, die auf eine Versuchung zu einem Seitensprung hinauslaufen könnten. Er merkt, wann eine Beziehung zu einer anderen Frau zu eng wird. Er weist bereits entsprechende Gedanken und Phantasien ab. Er merkt auch, wenn eine Person des anderen Geschlechts eine zu starke emotionale Reaktionen auslöst und geht auf Distanz.»

Eileen erzählte: «Heute fehlen oft Vorbilder in Sachen Treue. Wer noch nie gesehen hat, was andauernde Treue ist, der weiß tatsächlich erst nach bestandener Versuchung, was Treue bedeutet. Wer aber Vorbilder hat, die ihm Treue vorleben, der kennt Treue bereits vor einer Möglichkeit zu einem Seitensprung. Er weiß, wofür er sich entscheidet, wenn er sagt, dass er treu bleiben will. Der Seitensprung ist nur ein Beispiel. Treue in der Ehe bezieht sich auch auf emotionales Fremdgehen mit einer anderen Person oder mit Selbstverwirklichung.

Wir sind davon überzeugt, dass ein Ehepaar viel von Jesus Christus lernen kann. Er ist nämlich ein großes Vorbild für Treue. In der Bibel erfahren wir, dass Jesus der Sohn Gottes ist. Gott ist selbst in ihm zu uns Menschen gekommen, um uns mit Gott zu versöhnen. Diese Versöhnung war Jesu Mission auf der Erde. Er ist seinem Auftrag *treu* geblieben bis in den Tod. Er sagte kurz vor seiner Verhaftung durch die religiösen Führer: ‹Vater, wenn es dein Wille ist, dann erspare es mir, diesen Kelch trinken zu müssen. Aber dein Wille soll geschehen, nicht der meine!› (Lukas 22,42). Es lohnt sich, die Geschichte von Jesus einmal in Hinblick auf seine Treue zu Gott zu lesen.

Es gibt noch andere Beispiele: Gott ist auch treu darin, dass er uns gegenüber seine Versprechen hält. Er hat versprochen, dass jeder der glaubt, dass Jesus Christus ihn mit Gott versöhnen kann, er ihm die Schuld vergibt. Der Apostel Johannes schrieb dies so: ‹Wenn wir aber unsre Sünden bekennen, so ist er treu und gerecht, dass er uns die Sünden vergibt und reinigt uns von aller Ungerechtigkeit› (1. Johannes 1,9). Johannes sagt hier, dass wir uns hundertprozentig darauf verlassen können, dass Gott zu seiner Entscheidung stehen wird: Er wird uns unsere Schuld vergeben. In dieser Kürze ist dies schwer zu erklären. Die Treue Gottes ist am eindrücklichsten, wenn man sie im eigenen Leben erlebt. Wer Gott erlebt hat, der weiß, was Treue ist – und kann selbst in seiner Ehe viel besser treu sein.»

John holte Luft: «Übrigens, wisst ihr, wo man sexuelle Treue am besten üben und testen kann?» Einen kurzen Moment lang hörte man nur die Geräusche des Regenwaldes. Dann sagte John mit feierlicher Stimme: «Mit dem Partner in der Freundschaftszeit.» Roger und Anja schauten sich fragend an. John fuhr fort: «Die Kirche wird oft belächelt, weil sie propagiert, dass man mit Sex bis zur Ehe warten soll. Aber dies ist gar nicht das Dümmste. Wer es durchzieht, der hat seine Sexualität im Griff. Wer vor der Hochzeit nicht gewohnt war, sich zurückzuhalten und trotz großer Lust *Nein* sagen zu können, der hat nie gelernt Herr über seine Sexualität zu sein. Wie will er dies nach der Hochzeitsnacht plötzlich sein können? Keine Fähigkeit fällt plötzlich vom Himmel. Auch hier gilt: Übung macht den Meister. In den ersten Ehejahren mag es ja noch gut gehen, aber was ist, wenn er wegen der Schwangerschaft und dem Heilungsprozess nach der Geburt nicht auf seine Rechnung kommt? Kann er dann zu einem verlockenden Angebot *Nein* sagen? Dass viele Seitensprünge nach der Geburt des ersten Kindes passieren, haben ihren Grund genau darin: Diese Menschen haben nicht gelernt ihre Sexualität im Griff zu haben. Stattdessen hat die Sexualität sie im Griff. Übrigens haben Untersuchungen bestätigt: Wer vor der Hochzeit enthaltsam lebt, ist später viel weniger häufig von Seitensprüngen betroffen.[1] – Also müsste man eigentlich sagen: Wenn du willst, dass dir dein Partner treu ist, dann teste ihn damit, dass du von ihm verlangst, bis zur Hochzeit nicht miteinander zu schlafen.»

Dafür entscheide ich mich

Eileen fasste zusammen: **«Die Ehe hat dann am meisten Überlebenschancen, wenn das Paar sich für die folgende Art von Ehe entscheidet: Es soll eine lebenslange Ehe sein, in der beide einander gegenseitig helfen und die erst der Tod scheidet.** – Natürlich kommen noch viele andere Faktoren hinzu. Aber die Entscheidung zur lebenslangen Treue und dass man alles daran setzen will, dass es klappt, ist das wichtige Fundament für die Ehe.»

Anja wandte ein: «Aber gibt es nicht manchmal unüberwindbare Probleme?» Eileen: «Es gibt Probleme, die unüberwindbar scheinen. Wenn sie schwerwiegend sind, dann sind meistens unter der Wasseroberfläche noch weitere Knackpunkte und Verletzungen verborgen, die eine Lösung schwierig machen. Ein professioneller Eheberater hilft, diese aufzudecken und daran zu arbeiten. Aber meistens ist das Hauptproblem, dass einer oder auch beide die Ehe aufgegeben haben. Für den, der aufgibt, scheinen die Probleme unüberwindbar. Wenn aber beide fest entschlossen sind, den Uhuru Peak zu erreichen – also die Ehe zu retten – dann gibt es immer einen Weg. Ich las von der Ehe von Edith und Claude. Sie hatten in ihrer Ehe große Probleme und darum einen Eheberater aufgesucht. Dieser sagte ihnen bereits nach 20 Minuten: ‹Ihr habt keine Chance, einen gemeinsamen Weg zu finden.› Die Ehe ging tatsächlich noch durch einige weitere Schwierigkeiten und stand schließlich vor der Scheidung. Doch heute ist das Ehepaar über dreißig Jahre verheiratet und wieder glücklich zusammen.[2] Ihnen hatte vor allem das vierte Kilimanjaro-Prinzip für die Ehe die entscheidende Wende gegeben. Was ich damit sagen will ist: Auch wenn die professionellen Eheberater einer Ehe keine Chance mehr geben, ist das nicht das definitive Ende. Es gibt immer einen Weg! Das ist auch eine Entscheidung: Ich entscheide zu glauben, dass es einen Weg gibt. Wer nicht glaubt, der wird auch keine Lösung finden.»

Roger wandte ein: «Ist eine solche Ehe nicht wie ein Gefängnis, aus dem man nie mehr ausbrechen kann?» John: «Tatsächlich kann das in seltenen Fällen der Fall sein. Nämlich dann, wenn nur einer bereit ist, alles für die Ehe zu tun, während der andere ein egoistischer, menschenverachtender Barbar ist.» Eileen: «John, bitte.» – «Das darf man nicht verharmlosen. Wer sich in der Ehe so verhält, der macht das Leben seines Ehepartners wirklich zur Hölle.» – «Aber auch da kennen wir Ehepaare, bei denen es gut gekommen ist. Meistens lernte derjenige, der sich unpassend verhalten hatte, das vierte Kilimanjaro-Prinzip kennen. Das führte zu positiven Veränderungen und die Ehe wurde wesentlich besser.» John gab seiner Frau recht: «Klar, auch dann ist die Situation nicht hoffnungslos. Aber ich meine nur: In solchen Fällen kann die Ehe wie ein Gefängnis sein. Aber worauf ich eigentlich hinaus wollte ist: Für Ehepaare, bei denen beide die vier Kilimanjaro-Prinzipien der Ehe anwenden, ist die Ehe kein Gefängnis. Diejenigen, die wir kennen, erleben trotz allen Höhen und Tiefen eine glücklich Ehe.» – «Ja, das stimmt.»

Inzwischen waren sie wieder bei den Mandara Hütten angekommen. Saidi erklärte, dass sie sich nun etwas ausruhen sollten. Der Koch käme sie um 18:00 Uhr bei ihren Hütten zum Abendessen abholen. Anja blickte zu John und Eileen und meinte: «Das klingt alles sehr interessant. Wie geht es weiter?» John versprach: «Wir haben jetzt darüber gesprochen, für welche Art von Ehe wir uns entscheiden sollen. Nämlich für eine lebenslange Ehe, in der beide einander eine Hilfe sind, bis dass der Tod sie scheidet. Beim Nachtessen erzählen wir euch noch etwas über die Person, für die wir uns entscheiden.» Beide Paare liefen in Richtung ihrer Hütten davon.

Für wen entscheide ich mich überhaupt?

Die Zeit spielte für die Reisegruppe, fern von ihrer Agenda und ihren Verpflichtungen, keine große Rolle. Sie folgten einfach Saidi. Die Uhren zeigten mittlerweile sechs Uhr abends an. Es wurde bereits dunkel, als der Koch die beiden Ehepaare in die Gemeinschaftshütte führte. Diese sah ähnlich aus wie die Schlafhütten, war aber wesentlich größer. Im Innern gab es einen einzigen großen Raum. Die Köche der unterschiedlichen Reisegruppen hatten für ihre Gäste einen Tisch mit einem mitgebrachten Tuch reserviert. Später hatten ihnen die Träger geholfen, den Tisch mit Porzellangeschirr, richtigem Besteck, Ketchup, Salz und Gewürzen zu decken. Alles hatten sie an diesem Tag zu den Mandara Hütten hinaufgetragen. Als die vier ihre Plätze eingenommen hatten, kündigte der Koch ein dreigängiges Menü an: «Es gibt Pasta Suppe mit Brot, Butter und Konfitüre, dann Spaghetti an einer Fleischsauce.» John und Roger schauten sich erwartungsvoll an. Der Koch ergänzte: «Zum Dessert gibt es Mangoschnitze.» Da schauten sich Eileen und Anja demonstrativ schmunzelnd an. Als alles aufgetischt war, verließ der Koch den Speisesaal. Der Führer und die Träger aßen gesondert woanders.

Als sich die beiden Ehepaare die Mägen schon etwas gefüllt hatten, fuhr John fort: «Wir haben ja schon gesagt: Man kann sich entscheiden zu heiraten. Aber das ist nicht das gleiche, wie wenn man sich entscheidet, eine lebenslange Ehe führen zu wollen. Über eine wesentliche Entscheidung haben wir ja nun schon gesprochen: Für welche Art Ehe entscheide ich mich? Eine andere Entscheidung ist viel offensichtlicher, nämlich: Für wen entscheide ich mich? Wenn ich eine Hochzeitsanzeige aus dem Briefkasten fische, dann ist nebst dem Hochzeitsdatum als erstes klar, wer wen heiratet. Also: Für wen sie sich entschieden haben. Aber es reicht leider nicht aus zu sagen: ‹Ich entscheide mich für dich.› Diese Entscheidung beinhaltet nämlich einige tiefgründige Konsequenzen. Je bewusster diese Konsequenzen in die anfängliche Entscheidung mit integriert werden, desto besser ist das für den Verlauf der Ehe.

Der unperfekte Ehepartner

‹Ich entscheide mich für dich› heißt auch, dass wir uns *immer* – das bedeutet ohne Ausnahme – für einen unperfekten Ehepartner entscheiden. Ich bin nicht perfekt, Eileen ist nicht perfekt und auch du bist nicht perfekt. Daher können wir von unserem Ehepartner nicht erwarten, dass er oder sie perfekt ist.» Eileen: «Dies ist aber auch nicht weiter tragisch. Denn es gibt sehr viele glückliche Ehepaare und sie alle sind mit unperfekten Ehepartnern verheiratet.» Roger wandte ein: «Wozu überhaupt heiraten, wenn es ja so oder so keine perfekten Ehepartner und Ehen gibt?» Eileen: «Weil es trotzdem durchaus möglich ist eine glückliche Ehe zu führen, nur eben keine perfekte. Ehepaare können Meinungsverschiedenheiten haben, sogar unlösbare Konflikte, und doch glücklich sein. Es kommt nicht auf die Perfektion an, sondern auf die Menschlichkeit. Wenn gegenseitig beide Partner mit all ihren Schwächen angenommen sind, dann bietet dies die Plattform, an diesen Schwächen zu arbeiten, einander zu unterstützen und sich zu arrangieren. Wer sich entscheidet, mit einem perfekten Ehepartner verheiratet sein zu wollen, der wird garantiert enttäuscht werden. Wir müssen bei unserer Entscheidung für den Ehepartner wissen, dass wir uns für einen unperfekten Ehepartner entscheiden und ihn so annehmen, wie er ist.»

Ich entscheide mich für dich

Eileen setzte den Gedankengang fort: «Wenn mein Partner also nicht perfekt ist, was ist er dann? Für wen entscheide ich mich überhaupt? – Es reicht nicht aus, dass man heiraten will.» John ahmte eine jugendliche Stimme nach: «Ich will heiraten, wer hilft mit?» Eileen schmunzelte und erklärte: «Heiraten zu wollen ist gut, aber noch wichtiger ist es, sich ganz klar für seinen Ehepartner zu entscheiden: ‹Ich will *dich* heiraten. Genau *dich*. Mit all deinen Stärken und all deinen Schwächen. Ich will mit dir zusammen alt werden. Mit dir zusammen – und niemand anderem – will ich meine Zukunft planen und erleben. Mit dir will ich Kinder haben. Du sollst die Mutter oder der Vater meiner Kinder sein. Niemand sonst. Ich entscheide mich für dich!› – Natürlich weiß man bei der Hochzeit noch nicht ganz genau, auf wen man sich einlässt. Daher empfehlen wir allen heiratswilligen Paaren, unbedingt einen Ehevorbereitungskurs zu besuchen. In einem solchen Kurs geht es in erster Linie darum, sich gegenseitig besser kennen zu lernen. Je mehr Problembereiche aus der Vergangenheit bekannt sind und je mehr man von den Grundüberzeugungen des zukünftigen Ehepartners weiß, desto klarer kann man sich für seinen Ehepartner entscheiden. Nach einem solchen Kurs weiß ich viel besser, auf wen ich mich einlasse. Natürlich bleibt das gegenseitige Kennenlernen auch nach der Hochzeit ein lebenslanger Prozess. Alle Ehepaare, auch die, die sich schon seit Geburt kennen, lernen sich im Laufe der Ehe immer wieder neu und besser kennen. Aber auch wenn man noch nicht in allen Facetten abschätzen kann, auf wen man sich einlässt, gehört es trotzdem zu einer glücklichen Ehe, dass man sich ganz bewusst für seinen Ehepartner entscheidet. – Nicht nur bei der Hochzeit, sondern jeden Tag neu. Also überlege dir, wer dein Ehepartner ist. Was sind seine Vorlieben, Interessen, Wünsche, Stärken und Schwächen? Es kann auch helfen, einen Aufsatz über deinen Ehepartner zu schreiben. Was kommt dir alles in den Sinn, wer dein Ehepartner ist? Dann entscheide dich bewusst für diese facettenreiche Person!»

Anja wandte ein: «Aber wir sind ja schon verheiratet. Ich habe gar keine Möglichkeit mehr auszuwählen.» Eileen antwortete: «Doch, du hast sehr viele Wahlmöglichkeiten. Viele denken, dass es bei der Entscheidung für den Ehepartner nur um die Auswahl zwischen mehreren Männern gehe oder ob ich verheiratet oder Single sein möchte. Du hast recht, *diese* Auswahl hast du nicht mehr. Aber auch du hast noch eine große Auswahlmöglichkeit, wie du dich entscheidest: Du kannst wählen, wie konsequent du dich für Roger entscheidest. Das geht auf der Skala von *Eins: Ich schaue, dass ich möglichst viel für mich aus der Beziehung rausholen kann. Mal schauen, wie lange das gut geht.* Bis *Zehn: Ich entscheide mich, mit Roger eine lebenslange Ehe führen zu wollen. Ich möchte ihn unterstützen und ihn glücklich machen.* Dazwischen gibt es viele Abstufungen. Aus dieser Auswahl kannst du wählen. Auch wenn du denkst, dass du dich nicht entscheidest, hast du bereits eine Entscheidung getroffen. Du hast dich gegen eine lebenslange Ehe entschieden und die Probleme sind vorprogrammiert. Sich für den Ehepartner zu entscheiden, kann man nur ganz bewusst tun.»

Kennen, wen man liebt

Eileen: «Der Mensch ist kein unterirdischer Felsblock, der sich nie ändert. Die Ansichten, Wünsche und Empfindungen jedes Menschen entwickeln sich weiter. Daher ist es wichtig, immer wieder neu herauszufinden, wie die Person ist, für die man sich entschieden hat.»

John: «Je mehr du über deinen Ehepartner weißt, desto besser kannst du auf seine Wünsche eingehen und ihn glücklich machen. Manchmal hat man das Gefühl, dass man nun alles über seinen Ehepartner weiß. Aber dieses Gefühl täuscht! Man kann jederzeit noch mehr herausfinden. Denke viel über deinen Ehepartner nach. Dadurch erhält er oder sie Platz in deiner Gedankenwelt. Ich überlege immer wieder: ‹Was macht wohl Eileen gerade?› Dazu hilft es natürlich, wenn ich den Tagesablauf von ihr kenne. Fragt einander immer wieder über eure Interessen, Vorlieben, Ansichten und Werte aus. Dies müssen nicht immer lange und tiefe Gespräche sein. Ganz wertvoll sind auch die kleinen Aufmerksamkeiten im Alltag. Zum Beispiel, wenn ihr zusammen im Radio eine Nachricht hört und du anschließend fragst: ‹Was denkst du darüber?›»

Eileen: «Ein befreundetes Ehepaar ging durch eine schwere Zeit. Ihre ersten Ehejahre verliefen gut und ruhig. Als sie aber ihren ersten Sohn zur Welt brachte, lebten sich die beiden immer mehr auseinander. Immer öfters verstanden sie sich nicht mehr. Sie redeten aneinander vorbei. Es kam zu Missverständnissen und Streit. Sie besuchten daraufhin einen Eheberater. Dieser zeigte ihnen auf, was passiert ist: Sie hatten in der Zeit vor der Geburt ihres Sohnes nicht gelernt, die Gefühlswelt des anderen zu erforschen und zu verstehen. Sie haben einander also in der Tiefe nicht genug gut gekannt. Als dann die Frau Mutter wurde, machte sie große Veränderungen durch. Äußerlich natürlich, aber auch in ihrer Gefühlswelt. Ihre vormals vor allem der sexuellen Lust dienenden Organe hatten eine weitere Dimension in ihrer Bedeutung erhalten. Schon zuvor hatte ihr Mann ihre Gefühle nur unzureichend verstanden. Jetzt hatte er nun erst recht Mühe, seine Frau zu begreifen. Zum Glück haben die beiden die Empfehlungen des Eheberaters ernst genommen und einander in ihren Empfindungen besser kennengelernt. Dadurch konnten sie die Ehe retten. Sie interessieren sich nun regelmäßig für den anderen. Sie finden immer neu heraus, wie der andere fühlt und denkt. So sind sie das nächste Mal vorbereitet, wenn eine Veränderung oder eine Krise kommt.»[3]

John: «Immer wenn du dich mit deinem Ehepartner, seinen Ansichten und Wünschen auseinandersetzt, gibst du der Ehe die Chance stärker und eurer Freundschaft die Gelegenheit tiefer zu werden. Im Alltag kann dies bedeuten, dass beide am Abend kurz von ihrem Tag erzählen: Was hat dich gefreut? Was hat dich frustriert? So lernen beide etwas übereinander. – Es ist gut, wenn man weiß, für wen man sich entscheidet. Da ich mich jeden Tag neu für Eileen entscheiden muss und sie sich immer weiterentwickelt, muss ich sie immer wieder neu kennenlernen. Für unsere Ehe hat es sich jedes Mal sehr gelohnt, wenn wir einander erforscht haben.»

Wertvorstellungen

Eileen: «Wenn wir uns für unseren Ehepartner entscheiden, entscheiden wir uns auch für dessen Wertvorstellungen. Einige Unterschiede kommen schnell zum Vorschein, andere hingegen erst später im Leben. Gehst du auf Partys, bei denen viel Alkohol getrunken wird? Gibst du Bettlern auf der Straße Geld oder nicht? Willst du eigene Kinder? Wenn ihr keine eigenen Kinder haben könnt, kommt für euch eine Adoption in Frage? Ist dir Ehrlichkeit wichtig? Legst du das Gesetz und das Urheberrecht eng oder zu deinen Gunsten großzügig aus? John liebt schnelle Motorräder und auch den Motorradrennsport. Ich hingegen habe auf unserem Bauernhof miterlebt, wie die Tiere erschreckten, wenn ein Motorrad mit großem Lärm der Weide entlang fuhr. Dadurch und auch wegen der vielen Unfälle habe ich starke Motorräder immer als unnötiges Verkehrsmittel angesehen. So entwickelte ich meine Werte zur Lärm- und Umweltverschmutzung. Wegen Johns Vorliebe für diese Maschinen sind wir uns zu Beginn der Ehe einige Male in die Haare geraten. Aber ich musste lernen, mich mit Johns Werten auseinanderzusetzen und auch zu akzeptieren, dass er andere Wertvorstellungen hat als ich. Zu unserer Ehe gehören sowohl meine als auch seine! Ich entscheide mich mit dem Partner also auch für dessen Wertvorstellungen.»

John: «Wenn ich bei der Partnerwahl darauf schaue, dass der zukünftige Partner mit seinen Wertevorstellungen möglichst gut mit mir übereinstimmt, habe ich später in der Ehe einen großen Vorteil. Viele Diskussionen und Streit über wichtige Lebensfragen erübrigen sich. Daher ist es ratsam, auf den Pastor zu hören, wenn er sagt, es sei gut, wenn man jemanden mit dem gleichen Glaubenshintergrund heiratet. Ist es mir wichtig, was Gott über eine Sache denkt? Nach welcher Konfession oder sogar Religion werden wir unsere Kinder erziehen? Denke ich darüber nach, wie sich meine Handlungen auf meine Mitmenschen und die Generationen nach mir auswirken? Nebst dem Glauben prägt auch die Kultur unsere Wertvorstellungen. Ein Ehepaar, das aus der gleichen Kultur kommt, hat es einfacher. Die anderen haben es dafür vielleicht spannender, müssen aber flexibler und kompromissbereiter sein.»

Rollenaufteilung

Der Koch brachte das Dessert. Wie angekündigt trug, er Mangoschnitze auf. Anja war überwältigt: «Es ist erstaunlich, wie viel süßer die Früchte in Tansania im Gegensatz zur Importware in der Schweiz schmecken.» Bevor Anja das nächste Stück in den Mund schob, fragte sie: «Wie habt ihr es mit der Rollenaufteilung gemacht? Bist du, Eileen, konservativ zu Hause bei den Kindern geblieben?» Eileen: «Ja, ich habe aufgehört zu arbeiten, als die Kinder zur Welt kamen. Das war schon immer mein Wunsch gewesen. Zum Glück hatte ich mich für einen Ehemann entschieden, der mich darin unterstützte. Wer sich für einen Ehepartner entscheidet, der entscheidet sich damit auch für dessen Vorlieben zur Rollenverteilung. Darum ist es gut, wenn man sich vorgängig darüber unterhält.

Was die Kinderbetreuung betrifft, bin ich persönlich der Ansicht, dass ich nicht mein Schicksal und gleichzeitig auch das Schicksal meines Mannes tragen muss. Ich trage das Schicksal der Frau und mein Mann das Schicksal des Mannes. Wenn es Frauen gibt, die auch das Schicksal ihres Mannes mittragen möchten, dann sollen sie das tun.» Anja und Roger sahen Eileen ungläubig an: «Von welchem Schicksal sprichst du?» Eileen erklärte: «Ganz vorne in der Bibel lesen wir von Adam und Eva. Die beiden lebten im Gegensatz zu uns im perfekten Paradies. Sie konnten zum Beispiel ihr Essen ohne Aufwand und ohne Mühe pflücken. Die Geschichte des anschließenden Sündenfalls erzählt, wie es gekommen ist, dass man heute arbeiten muss, um genügend Nahrung zu haben.

Gott sagte Adam und Eva, dass sie von allen Früchten im Garten Eden essen dürfen, außer vom Baum der Erkenntnis von Gut und Böse. Mit diesem Baum gab Gott den Menschen die Möglichkeit, sich gegen ihn zu entscheiden. Er zwang sie nicht, ihn zu lieben und mit ihm im Garten Gemeinschaft zu haben. Er gab ihnen den freien Willen, weil erzwungene Liebe keine echte Liebe ist. Adam und Eva haben sich tatsächlich dagegen entschieden, Gott zu vertrauen. Eine listige Schlange kam und erzählte ihnen Lügen über Gott und diese Frucht. Die Schlange versprach, dass sie Erkenntnis wie Gott erhalten würden, wenn sie von der verbotenen Frucht äßen. Die beiden haben nicht widerstanden und aßen.

Die Konsequenz war, dass sie aus der schönen Gegenwart Gottes weggehen mussten. Ein Engel vertrieb sie vom Baum, der ewiges Leben schenkt. Gott überließ sie aber nicht ganz sich selbst. Das wäre nämlich die Hölle gewesen. Nein, er blieb unsichtbar bei ihnen, und schaute zum Beispiel, dass die Naturgesetze aufrechterhalten blieben. Nebst der Konsequenz, dass sie nun tatsächlich größere Erkenntnis hatten – was nicht nur gut für sie war – auferlegte Gott den Menschen zwei Schicksale: Eines für den Mann und eines für die Frau. Das Schicksal des Mannes ist, dass der Ackerboden verflucht ist. Das heißt, dass der Mann zur Beschaffung von Nahrung hart arbeiten muss. Das Schicksal für die Frau ist, dass die Schwangerschaft und Geburt ihrer Kinder mit Mühe und Schmerzen verbunden ist (1. Mose 3). Nun, es ist mir klar, dass heute diese Schicksale nicht mehr klar voneinander getrennt sind. Oft muss die Frau auch mithelfen *Nahrung zu beschaffen*, weil das Einkommen des Mannes nicht ausreicht. Und auch die Erziehung der Kinder und der Haushalt sind immer wieder mit Mühe und harter Arbeit verbunden.

Ich möchte diese Geschichte nicht überbewerten, aber mir persönlich hat sie Mut gemacht. Ich darf als Frau getrost sagen, dass ich mich *persönlich* um die Kinder kümmern möchte. Schließlich habe ich sie unter Schmerzen geboren. Ich möchte miterleben, wie mein Kind sein erstes Wort sagt oder die ersten Schritte macht. Diese für eine Mutter wunderschönen Erlebnisse möchte ich nicht jemand anderem überlassen. Deshalb habe ich mich entschieden, in den wenigen Jahren in denen meine Kinder noch nicht in die Schule gingen, persönlich für sie da zu sein. Diese Zeit verging sehr schnell. Gegenüber den 75 Jahren, die ich statistisch gesehen auf dieser Erde verbringe, sind die 6 bis 10 Jahre, die ich ganz in meine Kinder investiere, lächerlich kurz.

Selbstverständlich muss das nicht jede Mutter so sehen wie ich. Aber ich glaube zu beobachten, dass viele Frauen nicht mehr frei entscheiden können. Die Gesellschaft und die Politik drängt sie dazu, berufstätig zu bleiben. Wer nicht mitmacht, wird als altmodisch abgestempelt. Wenn man Hausfrauen fragt, was sie von Beruf seien, antworten sie häufig: ‹Ich habe jenen Beruf gelernt, aber jetzt bin ich *nur* Hausfrau und Mutter.› Die Gesellschaft redet ihnen ein, dass Hausfrau und Mutter zu sein, minderwertig sei. Aber warum soll eine Kleinkindererzieherin, die in einer Tagesstätte auf Kinder aufpasst, vollwertige Arbeit verrichten, während die Mutter, die dasselbe tut und daneben auch noch den Haushalt führt, minderwertige Arbeit tun? Ist doch paradox! Wer ganz Mutter sein möchte und die finanziellen Möglichkeiten dazu hat, der soll die Freiheit haben, sich diesen wunderbaren Wunsch zu erfüllen.

Du fragtest, ob ich *konservativ* zu Hause geblieben sei. Ich würde eher sagen, dass ich *altbewährt* zu Hause geblieben bin. Meine Kinder sagen mir heute noch, dass sie es sehr geschätzt haben. Und ich selbst tat es auch.»

John ergänzte: «Bei der Rollenverteilung geht es nicht nur darum, wer arbeiten geht und wer nicht. Es geht auch darum, wer welche Verantwortungen übernimmt. Zum Beispiel für die Finanzen, den Einkauf, den Unterhalt des Autos, die Planung der Ferien, die Einrichtung und Dekoration der Wohnung usw. Es ist gut, wenn dies bewusst abgesprochen wird. Sprecht ab, wer welche Aufgaben übernimmt. Berücksichtigt dabei, dass der Mann ganz Mann sein darf und die Frau ganz Frau. Damit meine ich nicht, dass die Frau an den Kochherd gehört und der Mann das Haus renovieren muss. Ich spreche aber auch nicht von der angeblich modernen Rollenverteilung, bei der man nicht mehr merkt, wer Mann und wer Frau ist. Lest ein gutes Buch zum Thema *Mann sein* und *Frau sein*. Obwohl verschiedene Meinungsmacher es geschafft haben, dass über Jahrzehnte geglaubt wurde, zwischen Männern und Frauen bestünden keine Unterschiede, ist heute wissenschaftlich nachgewiesen, dass beide Geschlechter in der Tat sehr unterschiedlich ticken. Joyce Meyer nahm darauf Bezug, als sie schrieb: ‹Eines der Grundbedürfnisse von Frauen ist Sicherheit, während Männer instinktiv Bedeutung brauchen.›[4] Bei der Rollen- und Aufgabenverteilung in der Ehe ist darauf zu achten, dass der Mann Verantwortung in Bereichen übernehmen kann, in denen er Bedeutung und Anerkennung bekommt, während die Frau für Bereiche zuständig ist, wo sie die Sicherheit nicht selbst erschaffen muss.

Viele Männer sind so veranlagt, dass sie die Verantwortung spüren, die Familie zu ernähren und für die finanzielle Sicherheit zu sorgen. Daher ist es sinnvoll, wenn der Mann diese Verantwortung tragen darf. Dies muss nicht heißen, dass nur er arbeiten geht. Der Unterschied liegt oft in ganz kleinen Details: Er kann zum Beispiel die Ehe- und Familienfinanzen betreuen, indem er die Zahlungen macht und die größeren Ausgaben plant. Wenn Männer fühlen, dass sie in dieser Sache ihren Frauen unterlegen sind, stört dies ihr Selbstvertrauen. Ein Mann, der in der Ehe nicht Mann sein darf, wird früher oder später versuchen, in anderen Bereichen seine Männlichkeit auszuleben. Er sucht die Bedeutung im Beruf, im Sport oder in Hobbys und vernachlässigt dabei die Familie. Falls dieser Weg auch nicht zu Bedeutung führt, verfällt er in Süchte, um seinen Frust zu übertönen. Die Rollenaufteilung nach den Vorlieben der Geschlechter tust du als Frau nicht nur deinem Mann zuliebe, sondern auch dir selbst. Wenn du einen Mann hast, der sich in seiner Rolle wohl fühlt, der ist ein besserer Ehemann und er ist weniger gefährdet, anderweitig seine Männlichkeit unter Beweis stellen zu müssen. Genauso soll aber kein Mann seiner Frau Aufgaben aufladen, die ihrem Frau-Sein nicht entsprechen.

In unserer Gesellschaft ist es wichtig, dass ein neues Bewusstsein entsteht, was einen Mann ausmacht. Zum Beispiel ist das ganze Schulsystem auf die Bedürfnisse der Mädchen zugeschnitten. Es fällt Mädchen viel leichter als Jungen, eine ganze Lektion lange still zu sitzen. Ich empfehle allen Ehefrauen und Müttern von Söhnen, ein Buch über Männer zu lesen, zum Beispiel *Ungezähmter Mann* von John Eldredge oder *Männer sind Frauensache* von Shaunti Feldhahn.» Eileen erinnert sich: «Ja, das war bei uns auch ein Problem. Ich habe lange Zeit nicht begriffen, dass mein Mann nicht für seine eigenen Karrieregelüste Überstunden macht. Er tat dies, um unserer Familie finanzielle Sicherheit bieten zu können. Das Problem lag auch bei mir: Ich verlangte von ihm einerseits, genügend Geld zu verdienen, damit ich mir meine Wünsche erfüllen konnte, und andererseits, dass er so viel Zeit wie möglich bei seiner Familie verbringt. Die beiden Wünsche stellten John immer wieder vor schwierige Entscheidungen und lösten bei ihm das Gefühl aus, es mir nicht recht machen zu können.[5] Als wir das erkannt haben, haben wir zusammen eine gute Balance zwischen finanzieller Sicherheit und Familienzeit gesucht.»

Gegen alle anderen

John schnitt ein neues Thema an: «Auf der Erde leben knapp sieben Milliarden Menschen. Gemäß der UNO zählt man heute etwas mehr Männer als Frauen. Aber auf beiden Seiten sind es sicher über drei Milliarden. Wenn ich mich also für eine Person entscheide, muss ich mich gleichzeitig bewusst gegen eine riesige Anzahl anderer Personen aus dem anderen Geschlecht entscheiden. Bevor man heiratet, hat man rein zahlenmäßig eine riesige Auswahl. Als Teenager dachte ich manchmal: ‹Wen werde ich wohl einmal heiraten?› Ich konnte es mir nicht vorstellen. Ich wusste nicht, ob es jemand ist, den ich bereits kenne oder ob ich eine neue Bekanntschaft machen würde. Als ich Eileen kennengelernt hatte und mich für sie entschied, entschied ich mich gleichzeitig gegen alle anderen Frauen.» Roger: «Mit dem Hochzeitsfest zeigt man dies ja der Familie und den Freunden.» John: «Ja. Aber die Hochzeitszeremonie ist erst der Anfang! Ich muss mich jeden Tag neu *für* meine Frau entscheiden. Genauso muss ich mich aber auch jeden Tag bewusst *gegen* alle anderen Frauen entscheiden.»

Eileen: «Als wir uns entschieden, in diesen Ferien den Kilimanjaro zu besteigen, haben wir uns gleichzeitig gegen die Besteigung des Matterhorns, gegen Mount Kenia, gegen den Everest und gegen unseren Mount Temple entschieden. Wer sich auf halbem Weg zum Uhuru Peak doch plötzlich für das Matterhorn entscheidet, der schafft es nicht bis zum Gipfel. Und wer weiß, vielleicht entscheidet er sich auch auf halbem Weg zum Matterhorn wieder für einen anderen Berg.» John warf dazwischen: «Oder die Ferien reichen plötzlich nicht mehr aus, um das Matterhorn ganz erklimmen zu können.» Eileen: «Er gewöhnt sich daran, dass er sich auf halbem Weg anders entscheidet, sobald es Schwierigkeiten gibt oder ein anderer Berg verlockender in der Sonne leuchtet. Die Konsequenz: Er erlebt nie das unbeschreibliche Gefühl, den Gipfel zu erklimmen. Eigentlich einleuchtend. Und doch gehen viele genauso mit den einmal gefällten Entscheidungen in ihrer Ehe um. Nach ein paar Jahren gibt es Probleme in der Ehe oder eine andere Person scheint attraktiver zu sein oder besser zu passen. Diese Leute brechen die Ehe-Wanderung ab und versuchen ihr Glück an einem anderen Ehe-Berg.»

Gefühle für eine andere Person

John: «Auch wenn man sich bewusst für den eigenen Ehepartner und damit gegen alle anderen Frauen entscheidet, kann es vorkommen, dass plötzlich Gefühle für eine andere Person entstehen. Das ist nichts Ungewöhnliches. Was vor der Hochzeit dazu geführt hat, dass wir uns in die eine oder andere Person verliebt haben, wurde nicht von einem Tag auf den anderen abgestellt. Die Fähigkeit sich zu verlieben, bleibt weiterhin bestehen. Zum Glück – denn so kann ich mich auch immer wieder neu in Eileen verlieben. Aber eben, es gibt auch Fälle, wo plötzlich Gefühle für jemand anderen da sind. Diese Fälle kommen natürlich häufiger vor, wenn wir sie provozieren. Wer sich zu stark auf Personen des anderen Geschlechts einlässt, der riskiert, dass früher oder später Verliebtheitsgefühle entstehen.» Anja: «Was soll man da tun?» John: «Das einzig richtige ist, dass wir uns gegen diese Person und gegen die Gefühle entscheiden. Das kann sehr schwer sein, weil Gefühle etwas wirklich Schönes sind. Wer will schon freiwillig auf schöne Dinge verzichten? Doch das erste Kilimanjaro-Prinzip – die Entscheidung bei Marangu – besagt, dass man sich bewusst für die Ehe und den Ehepartner entscheiden muss, wenn man eine glückliche und gelingende Ehe haben will. Das bedeutet, man zieht es durch: Ich entscheide mich gegen die andere Person und wieder ganz neu für meinen Ehepartner.

Wer dies vollzieht, wird trotz des Verlustes der schönen Gefühle auf die Dauer viel mehr gewinnen. Denn, nehmen wir mal an, du entscheidest dich für den neuen Partner und gegen deinen Ehemann. Erstens wird dies für alle Beteiligten viel Leid bedeuten. Und zweitens bist du oder diesmal vielleicht dein Lebensabschnittspartner nach ein paar Jahren wieder an dem Punkt, dass Gefühle für jemand anderen auftauchen. Was dann? Was, wenn jetzt dein Partner findet, dass der Lebensabschnitt mit dir vorbei sei und du das gar nicht so siehst? Das ist sehr schmerzhaft. Wenn du dich auf jemanden einlässt, der wegen dir seinen Ehepartner verlassen hat, wie willst du jemals sicher sein, dass er nicht auch dich wegen jemand anderen verlassen wird? So wird es immer weitergehen, bis ein Ehepaar sich bewusst *füreinander* entscheidet – und dazu auch für die lebenslange Ehe. Wenn ich weiß, dass Eileen sich für mich entscheidet, auch wenn sie einmal Gefühle für jemand anderen haben sollte, dann gibt mir das Sicherheit und Geborgenheit.»

Eileen: «Wenn man sich in jemand anderen verliebt, heißt das ja nicht, dass man nie mehr Gefühle für den eigenen Ehepartner haben wird. In dieser Situation gilt es, bewusst mehr in die Beziehung zum Ehepartner zu investieren. Gefühle für andere können Anzeichen dafür sein, dass die eigene Ehe in letzter Zeit zu kurz gekommen ist. Gefühle sind weder etwas Statisches noch etwas Autonomes. Gefühle überfallen uns nicht nach dem Zufallsprinzip. Sie sind nebst den Auswirkungen unseres biologischen Hormonhaushalts meistens Reaktionen auf das, was wir erleben. Wir können also aktiv positive Erlebnisse mit unserem Ehepartner fördern; dies wird positive Gefühle für den Ehepartner zur Folge haben.»

Roger: «Aber manchmal kann man doch einfach nicht mehr ohne eine Person leben?» John: «Wirklich? Ist dies nicht eine Illusion, die uns viele romantische Filme aufdrängen? Du konntest doch auch, bevor du dich in die Person verliebt hast, gut ohne sie leben. Warum sollte dies jetzt nicht mehr möglich sein? Wer sich in jemand anderen verliebt und denkt, dass er nicht mehr ohne diese Person leben könne, der sollte unbedingt für eine bestimmte Zeit Abstand nehmen. Ich weiß, dies ist nicht immer räumlich möglich, zum Beispiel wenn man zusammen arbeitet. Wenn man die Person aus Distanz erlebt, werden die Gefühle meistens nachlassen. Es ist wie bei einem Feuer: Wenn wir nicht fortlaufend neue Holzstücke nachschieben, werden die Flammen kleiner. Der beste Weg, Gefühle für eine andere Person in den Griff zu bekommen, ist es, dem Gefühlsfeuer keine neuen Erlebnisse nachzuschieben. Begegnungen, Nachrichten, Gespräche und erst recht Berührungen sind solche Holzstücke, die Gefühle anheizen. Es kommt nicht selten vor, dass man nach einer Weile die Person realistischer sieht und feststellt, dass wohl eine Ehe mit ihr nicht einfacher wäre, als die Ehe, die man schon hat. Oft kann man sich nach ein paar Wochen gar nicht mehr vorstellen, wie man sich nur in diese Person verlieben konnte. Aber das mit dem Feuer gilt umgekehrt auch für die Ehe. Es liegt an uns, dass wir immer wieder aktiv Holzstücke in das eheliche Liebesfeuer schieben und so die Gefühle füreinander wach halten.»

Eileen schloss: «Wir haben nun darüber geredet, dass man sich bewusst für eine Person entscheiden muss. Dazu muss man diese Person gut kennen und immer wieder neu kennen lernen, sonst weiß man ja gar nicht, für wen genau man sich entscheidet. Sich immer wieder für sein Gegenüber und seine Ansichten, Wünsche und Empfindungen zu interessieren, ist ein wichtiger Schlüssel für das Gelingen der Ehe. Das gegenseitige Interesse ist eine gute Vorsichtsmaßnahme gegen das Auseinanderleben.»

Gleichzeitig eine Entscheidung gegen viele andere Dinge

Der Koch und ein Träger kamen, um das Geschirr abzuräumen. Die vier Touristen wurden sehr gut versorgt. Roger erinnerte sich an eine Wanderung, die er im letzten Sommer in der Schweiz unternommen hatte: «Dort wurden wir längst nicht so gut umsorgt. Wir hatten keine Träger, die alles für uns hoch getragen haben.» Anja korrigierte ihn: «Doch, doch. Das Nachtessen und das Geschirr haben wir nicht selbst in die Berghütte geschleppt. Das haben die Leute der Hütte organisiert.» – «Stimmt. Aber im Gegensatz zu hier musste ich die Ersatzkleider und den Schlafsack selbst hoch tragen. Und hier bekommen wir sogar noch gratis Ehe-Tipps!» Alle lachten. Eileen wandte ein: «Aber selbst laufen musst du auf beiden Wanderungen.» – «Ja, das ist so.» – «Und auf beiden Wanderungen musstest du auf einiges verzichten: Zum Beispiel im eigenen Bett oder im komfortablen Hotel zu übernachten.» – «Klar. Aber das ist es doch wert!» – «Davon bin ich überzeugt. Wer sich für das Erklimmen des Kilimanjaro entscheidet, der entscheidet sich auch *gegen* einige Annehmlichkeiten. Du kannst für diese Zeit nicht mehr warm duschen. Du hast keinen Fernseher und keinen Internetanschluss. Du kannst deine Zeit nicht mehr selbst einteilen, sondern musst dich dem Führer unterordnen. Und einiges mehr.

Das gleiche gilt auch für die Ehe. Viele denken, dass sie mit dem Ehepartner lediglich etwas dazu gewinnen. Aber das stimmt nicht. Wenn ich mich für einen Ehepartner entscheide, muss ich im Gegenzug von einigen Sachen Abschied nehmen. Wir müssen uns gegen unsere Unabhängigkeit entscheiden. Es gibt jetzt nicht mehr nur mich. Jetzt gibt es zwei Ichs. Ich bleibe zwar eine eigenständige Person mit einem eigenen Willen und eigenen Träumen, aber diese eigenständige Person ist nun eine Bindung mit einer anderen eigenständigen Person eingegangen. Über den beiden Ichs bildet sich nun das Dach *Wir*. Die eigenen Ziele und Lebensträume müssen in das Wir eingebracht oder, wenn das nicht gelingt, aufgegeben werden. Man muss sich dafür entscheiden, das Leben nun gemeinsam zu planen.

Ich muss mich dagegen entscheiden, immer noch selbst bestimmen zu können, was ich am Abend unternehmen möchte. Nun muss ich die Wünsche und Bedürfnisse meines Ehepartners auch berücksichtigen. So verschieden die Menschen sind, so unterschiedlich sind auch die Dinge, gegen die man sich bei der Heirat entscheiden muss. Für den einen ist es vielleicht der Zwei-Sitz-Sportwagen, der zugunsten eines Familienautos aufgegeben wird. Für den anderen sind es immaterielle Dinge, wie zum Beispiel jede freie Minute außer Haus auf Einkaufstouren oder sonstigen Freizeitvergnügen verbringen zu können.»

Roger rutschte auf seinem Platz hin und her. Er hielt inne und fragte: «Wieso ist es wichtig, dass man sich dessen bewusst ist? Reicht es nicht, wenn man darüber nachdenkt, wenn es soweit ist?» John antwortete: «Je klarer man die Entscheidung fällt desto besser. Wenn du dir bewusst bist, was dieses Ja zu deiner Ehefrau für Konsequenzen hat, dann erlebst du später weniger Überraschungen. Viele haben nach ein paar Jahren Ehe festgestellt, dass sie nun nicht mehr so viele persönliche Freiheiten haben wie zuvor. Zu Beginn hat es ihnen wegen der großen Verliebtheit nichts ausgemacht, nicht mehr alles selbst bestimmen zu können. Aber als die rosarote Brille allmählich klarer wurde, erschraken sie. Die Enttäuschung war groß und nicht selten wurde sogar die Entscheidung für den Ehepartner über den Haufen geworfen. Das ist wie bei jemandem, der von einer Blockwohnung in ein Einfamilienhaus umzieht. Er muss sich bei all dem Schönen trotzdem über die Konsequenzen bewusst sein: Das Mehrfamilienhaus hatte vermutlich einen Hauswart und Gärtner, der die gemeinsamen Anlagen instand gehalten hat. Im Einfamilienhaus muss man nun alles selbst erledigen. Dies braucht viel Zeit und Energie. Zudem war die Wohnung kleiner und damit schneller gereinigt. Vielleicht hat das Einfamilienhaus zusätzliche Badezimmer, die nun auch geputzt werden wollen. Wer in ein Einfamilienhaus einzieht, aber weder über die Konsequenzen nachgedacht hat noch bereit ist sie zu tragen, der wird seine Entscheidung bald wieder rückgängig machen.

Wenn dir bewusst ist, was du durch die Heirat und die Familiengründung verlierst, kannst du angemessen über diese Dinge trauern.» Roger fragte ungläubig: «Trauern?» John nickte: «Ja, wer etwas verliert, der erleidet eine sogenannte Verlustdepression. Diese fällt je nach dem, was verloren ging, stärker oder schwächer aus. Das geschieht nicht nur beim Tod einer nahestehenden Person, sondern auch wenn wir ganz alltägliche Dinge aufgeben müssen. Vielleicht fällt ein Ausflug wegen eines Unwetters ins Wasser oder wir haben ein Auto zu Schrott gefahren. Der Verlust dieser Dinge hinterlässt in uns ein beklemmendes Gefühl. Dies ist nichts anderes als eine Verlustdepression. In der Ehe kann dies sein, wenn ich auf meine uneingeschränkte Freiheit verzichten muss. Ich opfere Zeit für die Ehe und muss gewisse Bequemlichkeiten aufgeben. Auch solches kann eine Verlustdepression auslösen. Die gute Nachricht ist aber, dass man diese Art der Depression mit dem einfachen Mittel der Trauer heilen kann. Trauern bedeutet nichts anderes, als sich angemessen zu verabschieden. Das Unterbewusstsein kann nur loslassen, wenn man sich verabschiedet hat. Verlustdepressionen oder eben das Nicht-Loslassen von Dingen, die in der Ehe keine Platz mehr haben, führen zu Unzufriedenheit. Wer in der Ehe glücklich sein will, muss sich bewusst werden, was er durch die Ehe alles aufgeben muss oder musste. Dann kann er über diesen Dingen trauern und sich von ihnen verabschieden. Wer dies ernsthaft macht, wird anschließend viel freier sein!

Ich habe selbst lange gelitten, bis ich davon hörte. Ich eröffnete daraufhin eine Liste. Ich legte ein Blatt Papier und einen Kugelschreiber auf meinen Schreibtisch. Immer, wenn ich einen Verlust erkannte, habe ich ihn auf der Liste notiert. Nach einer Woche standen schon einige Dinge darauf. Anschließend habe ich mich von diesen Dingen in einer kleinen privaten Zeremonie verabschiedet. Zuvor war ich immer wieder neidisch auf Singles, die viel mehr Freiheiten hatten als ich. Ich dachte manchmal, dass ich etwas verpassen oder zu kurz kommen würde. Aber seit ich mich bewusst gegen diese Sachen entschied und über den Verlust getrauert habe, bin ich viel zufriedener. Jetzt weiß ich viel klarer, *wofür* ich mich entschieden und was ich alles durch die Ehe und die Familie gewonnen habe. Ich freue mich umso mehr an den vielen guten Dingen, die ich durch Eileen, die Kinder und die Großkinder gewonnen habe.»

John fuhr weiter: «Egal wofür du dich entscheidest, du bezahlst dafür einen Preis. Der Preis sich für die Ehe zu entscheiden, ist, dass man zugunsten des Partners Opfer bringen muss. Beide Ehepaare müssen für den anderen zurückstecken. Ohne diese Opfer funktioniert keine Ehe. Wer nicht bereit ist, immer wieder auf die Wünsche und Bedürfnisse des anderen Rücksicht zu nehmen, der liebt nicht wirklich. Er liebt lediglich die schönen Seiten der Ehe. Er ist aber im Gegenzug nicht bereit, sich selbst für den anderen hinzugeben. So plakativ ist es wohl in den wenigsten Ehen. Aber zum Gelingen der Ehe gehört es zwingend, dass sich beide entscheiden, täglich Opfer zu bringen. Ich kann nicht jedes Mal den Film schauen, den *ich* will. Ich kann nicht zu jeder beliebigen Zeit joggen gehen. Lieben tut manchmal weh. Niemand bringt gerne Opfer – ich jedenfalls verzichte nicht gerne auf angenehme Dinge. Aber die Liebe funktioniert nur so. Sonst ist es eine Zweckgemeinschaft, aus der jeder einen möglichst großen Nutzen für sich selbst ziehen will. Aber es ist sicher keine Ehe, die ein Leben lang hält und glücklich sein wird.

Wer liebt, der verschenkt sich selbst. Unser Pastor empfahl uns, jeden Tag ein bestimmtes Gedicht über die Liebe laut aufzusagen – am besten sei es, wenn das Ehepaar dies gemeinsam tue. Das Gedicht ist bereits mehrere hundert Jahre alt, aber es steckt eine tiefe Weisheit drin. Es enthält ein tiefes Verständnis von Liebe, mit dem eine Ehe funktionieren kann: ‹Die Liebe ist geduldig und gütig. Die Liebe eifert nicht für den eigenen Standpunkt, sie prahlt nicht und spielt sich nicht auf. Die Liebe nimmt sich keine Freiheiten heraus, sie sucht nicht den eigenen Vorteil. Sie lässt sich nicht zum Zorn reizen und trägt das Böse nicht nach. Sie ist nicht schadenfroh, wenn anderen Unrecht geschieht, sondern freut sich mit, wenn jemand das Rechte tut. Die Liebe gibt nie jemand auf, in jeder Lage vertraut und hofft sie für andere; alles erträgt sie mit großer Geduld.› Dies hat der jüdische Gelehrte Paulus geschrieben. Heute können wir es in der Bibel nachlesen im 1. Korintherbrief Kapitel 13, Verse vier bis sieben.

Für mich steckt in diesem Gedicht ein Verständnis von Liebe mit einer tiefen Weisheit. Ich habe selbst regelmäßig Mühe diese Liebe umzusetzen, aber ich richte mich trotzdem immer wieder danach aus. Ich bitte Gott, dass er mir hilft, meine Frau so lieben zu können. Gott selbst hat nämlich bewiesen, dass er diese Liebe ist. Darf ich euch kurz etwas über die Liebe von Gott erzählen? Mir hat dies nämlich sehr geholfen. Seit ich die Liebe von Gott kenne, habe ich ein Vorbild an dem ich mich orientieren kann. Interessiert es euch?» Er schaute zu Anja und Roger. Diese nickten beide: «Wir haben Zeit und bei euch scheint diese Sache mit Gott ja zu funktionieren.»

John fuhr fort: «Jesus sagte einmal: ‹Gott hat die Menschen so sehr geliebt, dass er seinen einzigen Sohn hergab. Nun werden alle, die sich auf den Sohn Gottes verlassen, nicht zugrunde gehen, sondern ewig leben› (Johannes 3,16). Gott ist in Jesus selbst auf die Erde gekommen.

Sein Ziel war es, die Menschen mit Gott zu versöhnen. Warum? Der Grund ist Liebe. Gott liebt uns Menschen über alles. Er hat uns ja auch gewollt und gemacht. Er möchte, dass die Menschen wieder mit ihm Kontakt aufnehmen und ihn als Gott anerkennen. Er hat also seine Annehmlichkeiten als Gott aufgegeben und ist als armes Baby in einem Stall zur Welt gekommen. Er hat in Jesus als Mensch auf vieles verzichtet – aus Liebe. Der Höhepunkt seines Liebesbeweises war, als er bereit war, sein eigenes Leben für seine Geliebten zu opfern.» John nahm seine Bibel hervor und suchte darin eine Stelle: «Jesus sagte wenige Stunden bevor er gekreuzigt wurde zu seinen Nachfolgern: ‹Dies ist mein Gebot: Ihr sollt einander so lieben, wie ich euch geliebt habe. Niemand liebt mehr als einer, der sein Leben für seine Freunde opfert› (Johannes 15,12). Kurze Zeit später hat er dies selbst getan. Jeder Mensch müsste eigentlich für seine Fehler selbst bezahlen – und zwar mit der ewigen Trennung von Gott. Aber Gott hat in Jesus, der als einziger Mensch je ohne Schuld war, die Strafe für alle Menschen auf sich genommen. Paulus, der sich im ersten Jahrhundert nach Christus sehr für die Botschaft von Jesus Christus eingesetzt hatte, schrieb in einem Brief: ‹So bitten wir im Auftrag von Christus: Bleibt nicht Gottes Feinde! Nehmt die Versöhnung an, die Gott euch anbietet! Gott hat Christus, der ohne Sünde war, an unserer Stelle als Sünder verurteilt, damit wir durch ihn vor Gott als gerecht bestehen können› (2. Korinther 5,20b-21).» John blätterte in seiner Bibel zurück ins Alte Testament: «Bereits hunderte von Jahren bevor dies geschehen war, ließ Gott durch einen Propheten ausrichten, dass einmal ein Retter kommen würde. Es wurden Schriftstücke gefunden, die diesen Text nachweislich vor Jesu Leben enthalten haben: ‹Wir meinten, Gott habe ihn gestraft und geschlagen; doch wegen unserer Schuld wurde er gequält und wegen unseres Ungehorsams geschlagen. Die Strafe für unsere Schuld traf ihn und wir sind gerettet. Er wurde verwundet und wir sind heil geworden. Wir alle waren wie Schafe, die sich verlaufen haben; jeder ging seinen eigenen Weg. Ihm aber hat der Herr unsere ganze Schuld aufgeladen. Er wurde misshandelt, aber er trug es, ohne zu klagen› (Jesaja 53,4-7). In Jesus hat sich diese Voraussage erfüllt. Drei Tage lang war Jesus tot, dann ist er auf wundersame Weise auferstanden. Über 500 Menschen haben ihn gesehen, bevor er wieder in den Himmel zurück gekehrt ist. Nun können alle, die sich darauf verlassen, dass Jesus die Strafe für ihre

Fehler getragen hat, wissen, dass sie wieder mit Gott in Beziehung treten können. Genau so, wie Gott es sich ursprünglich bei der Erschaffung der Menschen gedacht hatte.

Jesus zeigte in seiner Liebe zu uns Menschen eine erstaunliche Opferbereitschaft. Er verzichtete auf seine Vorrechte als Gott und wurde ein einfacher Mensch. Er war sogar bereit, für uns Menschen zu leiden und zu sterben. Er ist mir ein großes Vorbild. Für mich bedeutet dies zum Beispiel, dass ich aus Liebe zu Eileen auf meine freie Zeit verzichte und das Geschirr abwasche, weil ich genau weiß, dass sie es sonst morgen früh machen muss, kurz bevor ihr Besuch kommt. Oder als wir kleine Kinder hatten, da opferte ich aus Liebe zu meiner Frau und den Kindern meine Reiselust. Mit Kindern kann man nicht auf die gleiche Weise reisen, wie als Paar oder alleine. Dies alles fällt mir wesentlich einfacher, weil ich weiß, dass jemand, der mich liebt, sogar sein eigenes Leben für mich hingegeben hat. Warum soll ich dann nicht auch auf Kleinigkeiten verzichten können?» Roger und Anja hörten einfach zu. So hatten sie das von Jesus noch nie gehört. Irgendetwas hat sie daran berührt, aber beide wehrten sich gegen dieses Gefühl. In der rationalen Welt mit all den wissenschaftlichen Erkenntnissen darf man doch nicht an solche übernatürlichen Sachen glauben. Oder doch? Für John und Eileen schien es eine Selbstverständlichkeit zu sein.

Was hat mehr Gewicht als diese Entscheidung?

Saidi hatte sich zu seinen vier Schützlingen gesetzt und ein wenig zugehört. Als John nun eine längere Pause machte, erklärte er, dass sie morgen früh um sechs Uhr dreißig mit einem *Bediti* geweckt werden würden. Keiner der vier verstand, was Saidi damit meinte. Saidi spricht in seiner Muttersprache einen Dialekt, der fast jedem Wort ein *i* anhängt. Deshalb nennt er sich auch nicht Said, wie der Name üblicherweise heißt. Auch wenn Saidi Englisch spricht, fügt er das *i* den Wörtern hinzu. Nach einigem Nachfragen und Erklären fanden sie heraus, dass er *bed tea*, also ein Bett-Tee gemeint hat. Anschließend wünschte Saidi eine gute Nacht und verließ den Speisesaal. Die beiden Ehepaare entschieden sich, noch den Rest des ersten Prinzips *die Entscheidung bei Marangu* anzuschauen und dann auch ins Bett zu gehen.

Anja fragte: «Was für Entscheidungen gibt es sonst noch?» Eileen antwortete: «Vermutlich noch viele. Sie sind für jedes Paar individuell. Im ersten Kilimanjaro-Prinzip für die Ehe sind die enthalten, die für alle Ehepaare Gültigkeit haben: **Entscheide dich bewusst für deinen Ehepartner und gegen alle anderen möglichen Kandidaten. Entscheide dich bewusst dafür, alles daran zu setzen, dass die Ehe ein Leben lang hält. Entscheidet euch auch, eine Ehe zu führen, in der ihr euch gegenseitig helft, bereit seid Opfer zu bringen und für den anderen zu verzichten. Entscheide dich täglich neu dafür!**» John fuhr fort: «Nun bleiben noch zwei Dinge. Erstens: Gibt es in deinem Leben etwas, das so viel Gewicht hat, dass du einmal bereit sein könntest, deine Entscheidungen über den Haufen zu werfen? Zweitens folgt noch eine kleine Entscheidungshilfe.»

Gefühle

John nahm Kaugummis hervor und bot sie den anderen an. Roger und Eileen nahmen dankend an. Dann begann er mit dem ersten Punkt: «Es geschieht offensichtlich immer wieder, dass Ehepaare ihre Entscheidung füreinander nicht aufrecht erhalten. Es gibt also Dinge, die so stark sind, dass viele Personen nicht bereit sind, ihre eigene Entscheidung und das gemachte Versprechen zu halten. Wenn man Einträge in Internetforen und Fragen an Liebesberatungen liest, wird als häufiger Trennungsgrund angegeben, dass die Gefühle für den anderen nachgelassen oder sie sich in jemand anderen verliebt hätten. Bei diesen Menschen sind die Gefühle wichtiger als Entscheidungen und Versprechen. Diesen Menschen darf und kann man nicht trauen. Denn was sie sagen, hat keinen Wert. Sie bestimmen nämlich nicht selbst, was sie tun werden, sondern ihre Empfindungen. Sie sind Sklaven ihrer eigenen Gefühle.

Muss ich aber wirklich meinen Gefühlen gehorchen? Nein! Die Gefühle können mich nicht ins Gefängnis werfen! Gefühle sind Reaktionen auf unsere Verhaltensweisen und auf Erlebnisse mit unserem Umfeld. Darüber haben wir ja schon gesprochen und wir werden an einem anderen Tag noch sehen, wie man die eigenen Gefühle beeinflussen kann. Niemand ist den eigenen Gefühlen ausgeliefert, auch wenn es selbsternannte Experten in den Medien immer wieder behaupten. Gefühle können nämlich bewusst gesteuert werden. Sie reagieren zwar nicht sofort auf unsere Entscheidungen, aber sie tun es nach einer gewissen Zeit.»

Anja wunderte sich: «Kann man die Gefühle wirklich selbst beeinflussen?» John: «Ganz bestimmt. Wir tun das täglich mehrmals! Ich sprach ja schon vom Trauern. Die starken negativen Gefühle, wenn man etwas oder jemanden verloren hat, kann man durch das aktive Trauern und Verabschieden positiv beeinflussen. Oder ein alltägliches Beispiel: Warum gehst du in Freizeitparks oder ins Kino? Weil wir unsere Gefühle manipulieren wollen. Wir steigen in den Wagen einer Achterbahn, weil wir wissen, dass wir während der Fahrt einen Gefühlskick erleben. Wir schauen uns einen Liebesfilm an, weil wir wissen, dass wir dabei romantische Gefühle erleben werden. Die Gefühle für den Ehepartner können wir ebenso bewusst durch Aktivitäten zu zweit, durch tiefe Gespräche, durch Sex und viele andere Dinge positiv beeinflussen. Wir können die Gefühle für den Ehepartner aber auch vernachlässigen. Nämlich indem wir nur noch Informationen austauschen, aber uns nicht mehr die Zeit nehmen, uns gegenseitig im Gespräch zu öffnen.

Wer sich eine glückliche und lebenslange Ehe wünscht, darf seine Entscheidung für den Ehepartner nicht von seinen Gefühlen abhängig machen. Dazu sollte er unbedingt aktiv etwas für Liebesgefühle tun. Es ist ganz normal, dass die Gefühle für den Ehepartner nicht immer gleich intensiv sind. Bei Stress oder nach der Geburt eines Kindes ist es schnell passiert, dass die Beziehung darunter leidet und so auch der Gefühlsbarometer sinkt. Aber da muss man ein wenig durchhalten und gleichzeitig versuchen, die Lebensumstände so schnell wie möglich so zu ändern, dass die Beziehung wieder genügend Raum erhält.[6]

Selbstverwirklichung

Die Entscheidung für den Ehepartner muss man auch über den eigenen Wunsch nach Selbstbestimmung stellen. Wer sich dazu entscheidet, das Leben mit jemandem zu teilen, der muss bereit sein, alle Entscheidungen nun gemeinsam mit dem Ehepartner zu treffen. Einerseits die alltäglichen Dinge und andererseits die Lebens- und Karriereträume. Wer den Lebenstraum hat, Mutter oder Vater zu werden und dann feststellt, dass mit dem Ehepartner keine eigenen Kinder möglich sind, für den ist dies wohl eine sehr große Enttäuschung. Liebe ist, wenn man gemeinsam an der Entscheidung füreinander festhält. Es gibt aber auch Paare, die sich scheiden lassen, weil sie nicht bereit waren, ihre Karriere- und Selbstverwirklichungspläne aufeinander abzustimmen. Bei diesen Leuten ist die Selbstverwirklichung wichtiger als ihre eigene Entscheidung und das Versprechen für den Ehepartner. Solchen Leuten darf man nicht trauen. Sie sind bereit, für ihre Selbstverwirklichung Mitmenschen, die sich ihnen in den Weg stellen, fallen zu lassen – selbst wenn es der Ehepartner ist. Wer eine lebenslange und glückliche Ehe möchte, auf dessen Wort muss man sich verlassen können! Die Entscheidung für den Ehepartner muss schwerer wiegen, als das Recht auf Selbstbestimmung. Natürlich ist es auch hier am idealsten, wenn beide aufeinander Rücksicht nehmen und einander in ihren Lebensträumen unterstützen.»

Gibt es etwas, das schwerer wiegt, als meine Entscheidung?

John fuhr fort: «Ich setze mich alle paar Jahre hin und denke über folgende Frage nach: Gibt es etwas, das für mich so wichtig werden könnte, dass es unsere Ehe gefährdet? Wenn ich einen Wunsch, ein Bedürfnis oder einen Lebenstraum entdecke, dann bespreche ich dies mit Eileen. Ich hatte das Glück, dass wir immer gut über solche Angelegenheiten sprechen konnten. Falls dies mit dem Ehepartner nicht möglich ist, sollte man sich einer verlässlichen Person anvertrauen. Jedoch sollte es unbedingt jemanden sein, der sich auch für eine lebenslange Ehe entschieden hat oder sogar ein Vorbild darin ist. Meistens fanden wir alleine durch das Gespräch über diese Sachen einen Weg, wie ich mit dem Lebenstraum, dem Wunsch oder dem Bedürfnis umgehen konnte. Bereits durch das Aussprechen wurde die Macht, die dieser Wunsch über mich hatte, gebrochen. Mit *Macht* meine ich das Gefühl, das mich glauben ließ, dass ich erst wieder richtig glücklich werden würde, wenn dieser Wunsch in Erfüllung gegangen ist. Doch auch aus schmerzlicher Erfahrung weiß ich, dass das Erfüllen von Wünschen oder Lebensträumen allein nicht der Weg zum echten Glück ist. Es sind andere Faktoren, die wirklich glücklich machen. Unser Pastor fragte jeweils: ‹Bist du bereit, für die Ehe deine kurzfristigen Bedürfnisse und Wünsche zu opfern oder willst du für deine Wünsche und Bedürfnisse deine Ehe opfern?›»

Entscheidungshilfe

Eileen: «Dies ist das Stichwort für den zweiten Punkt: Zum Prinzip die *Entscheidung bei Marangu* gibt es noch eine kleine Entscheidungshilfe. Sie half uns, leichter an der Entscheidung füreinander festhalten zu können.

Was ist es, was den Menschen wirklich glücklich macht? Ist es das Erreichen von Karrierezielen? Ist es die Erfüllung eines lang gehegten Traums? Was ist es?» Anja wagte eine Antwort: «Sind es gute Beziehungen zu anderen Menschen?» Eileen: «Genau. Glücklich wird ein Mensch dadurch, dass er alle Lebensumstände, auch die, die ich eben aufgezählt habe, mit anderen Menschen gemeinsam erleben kann. Was nützen einem Bankdirektor der große Lohn und die Macht über die Firma, wenn er abends einsam ist? Was nützt es dir, wenn dein Wunsch, berühmt zu sein, erfüllt wird, aber du niemanden hast, dem du vertrauen kannst und der sich ehrlich mit dir freut? – Gute Beziehungen fallen nicht einfach vom Himmel. Dafür muss man einiges tun. Aber es sind genau diese Beziehungen, die wirklich glücklich machen.

Der Film *Into the Wild* zeigt dies eindrücklich. Chris hat das Leben als reicher Sohn mit guten Noten satt. Er spendet all sein Geld einer wohltätigen Organisation und zerschneidet seine Kreditkarten. Dann trampt er quer durch die USA mit dem Ziel, nach Alaska in die einsame Wildnis zu gelangen. Stets ist er auf der Suche nach dem wahren Glück. Am Ende landet er tatsächlich in der einsamen Wildnis von Alaska. Endlich ist er die ihm verhasste Gesellschaft mit all ihren Zwängen los. Aber bald stellt er fest, was das wahre Glück wäre. Es ist genau das, wovor er die ganze Zeit davongelaufen war: gute und verlässliche Beziehungen zu anderen Menschen. Doch das war ihm in der einsamen Wildnis von Alaska verwehrt.»

John ergänzte: «Erlaubt mir an dieser Stelle nochmals etwas von Gott zu erwähnen. Er ist es nämlich, der das Bedürfnis nach Gemeinschaft in uns hineingelegt hat. Als er uns schuf, schuf er uns für die Gemeinschaft mit ihm, aber auch für die Gemeinschaft miteinander. Diese Gemeinschaft mit Gott und unseren Mitmenschen zu haben, ist der eigentliche Sinn des Lebens. Die Bibel verspricht mir, dass wenn ich einmal sterbe und zuvor Gottes Versöhnungsangebot angenommen habe, ich dann für immer in der Gemeinschaft mit Gott leben werde.

Ganz am Ende der Bibel gewährt uns Gott einen Ausblick in diese Zeit. Der Apostel Johannes hat es aufgeschrieben: ‹Dann sah ich einen neuen Himmel und eine neue Erde. Der erste Himmel und die erste Erde waren verschwunden und das Meer war nicht mehr da. […] Und vom Thron her hörte ich eine starke Stimme rufen: Dies ist die Wohnstätte Gottes bei den Menschen! Er wird bei ihnen wohnen, und sie werden seine Völker sein. Gott selbst wird als ihr Gott bei ihnen sein. Er wird alle ihre Tränen abwischen. Es wird keinen Tod mehr geben und keine Traurigkeit, keine Klage und keine Quälerei mehr. Was einmal war, ist für immer vorbei› (Offenbarung 21,1-4). Alles was mir heute Sinn gibt, wie zum Beispiel Karriere, Geld, Hobby, Erfolg, sogar für unsere Kinder und Großkinder da zu sein oder anderen Menschen zu helfen, dies alles wird dann nicht mehr gebraucht. Aber die Gemeinschaft mit Gott wird noch sein. Diese Gemeinschaft war Gottes ursprüngliche Absicht, als er den Menschen erschaffen hatte. Adam und Eva hatten diese vollkommene Gemeinschaft mit Gott im Garten Eden. Doch dann kam die Trennung. Aber Gott hat einen Tag festgelegt, an dem er einen neuen Himmel und eine neue Erde machen wird. Dort wird Gott selbst wieder bei den Menschen sein. Dann wird die vollkommene Gemeinschaft mit Gott wieder möglich. Aber auch jetzt schon können und sollen wir die Beziehung zu Gott suchen. Er hat durch seinen Sohn Jesus die Möglichkeit geschaffen, dass wir wieder in Kontakt mit Gott treten können. Er selbst ist durch seinen Geist bei uns, wenn wir das wollen. Diese Gemeinschaft mit Gott ist der ursprüngliche und eigentliche Sinn des Lebens. Warum mache ich hier einen derart sinnlichen Exkurs? Die Ehe zwischen Mann und Frau ist ein kleines Abbild von der Beziehung zwischen Gott und mir – zwischen Jesus und allen, die zu ihm gehören (Epheser 5,32). In der Ehe und der Familie können wir ein wenig die Gemeinschaft erleben, für die Gott uns geschaffen hat. Und je mehr wir die Gemeinschaft miteinander genießen, desto tiefer wird unsere Freundschaft. Dadurch wird uns immer mehr bewusst, welche wunderbare Erfindung Gott mit der innigen Gemeinschaft gelungen ist. Für alle, denen eine solche Ehe-Beziehung vergönnt ist, gibt es den Trost, dass die Beziehung zu Gott jetzt schon, aber sicher auf der neuen Erde noch viel tiefer sein und alle unsere Sehnsüchte mehr als kompensieren wird.»

Eileen: «Es lohnt sich also sehr, sich für einen bestimmten Menschen zu entscheiden und alles daran zu setzen mit ihm eine lebenslange Ehe zu führen. Eine solche innige und vertraute Beziehung hat das Potential, zwei Menschen – und durch sie auch viele andere – glücklich zu machen. Ich habe dies in unserer Ehe selbst erlebt: Erst wenn ich die Erfüllung meiner Lebensträume, das Feiern von Karriereschritten und anderen Erfolgen mit John feiern konnte, erlebte ich sie ganzheitlich. Je länger wir verheiratet sind und je besser wir einander kennen, desto intensiver können wir uns miteinander freuen, weil wir noch genauer wissen, was das freudige Ereignis für unseren Ehepartner wirklich bedeutet. Für Singles können dies andere verlässliche Beziehungen bieten. Aber ebenso habe ich schwere Momente in meinem Leben dank der Unterstützung von John viel besser ertragen können, als wenn ich ganz auf mich alleine gestellt gewesen wäre. Traurige Ereignisse und Niederlagen sind viel erträglicher, wenn man sie mit jemandem teilen kann, der einen wirklich kennt und annimmt, wie man ist.» John: «So gesehen steht jeder, der sich gegen eine lebenslange Ehe entscheidet, sich selbst vor dem wahren Glück. Die Entscheidungshilfe für das erste Prinzip kommt also aus der Glücksforschung: Am glücklichsten bin ich, wenn ich mein Leben, meine Erfolge und Niederlagen mit jemandem teilen kann, der mich sehr gut kennt und auf den ich mich hundertprozentig verlassen kann. Also entscheide ich mich doch für diese lebenslange Beziehung!»

Roger und Anja waren ziemlich nachdenklich. Roger meinte: «Jetzt haben wir ziemlich viel gehört. Das muss ich zuerst ein wenig verarbeiten.» John: «Dazu haben wir morgen auf der siebenstündigen Wanderung ja reichlich Zeit.» Eileen: «Noch ein Tipp, wie es einfacher ist, dieses Prinzip umzusetzen: Sucht euch zu Hause Gleichgesinnte! Je mehr wir mit Menschen zusammen sind, die uns darin unterstützen und selbst auch danach streben, eine lebenslange Ehe zu führen, desto einfacher werden wir an dieser Entscheidung festhalten können! Wer viel mit Menschen zusammen ist, die nichts von einer lebenslangen Ehe halten, bereits geschieden sind oder sich aus eheähnlichen Beziehungen getrennt haben, dessen Risiko, selbst geschieden zu werden, ist wesentlich höher.» Anja: «Jetzt bin ich echt gespannt, was wohl die anderen drei Prinzipien noch sind.» Eileen: «Morgen können wir uns das zweite Prinzip anschauen: *Die Einstellung von Mandara*.»

Da die Wandergruppe müde war und es auch schon früh dunkel wurde, gingen alle bereits um acht Uhr zu Bett. Zuvor wuschen sie sich noch bei den Toilettenanlagen. Der Weg dorthin führte von den Schlafhütten hundert Meter dem Regenwald entlang. In der Dunkelheit klangen die vielen Geräusche aus dem Wald viel lauter und unheimlicher. Anja hörte Kreischen, Pfeifen, Knacken und anderes Unbeschreibliches. Zum Glück konnte man die Schlafhütten gut abschließen. Anja beobachtete die nahen Bäume genau. Es könnte ja plötzlich ein Tier herausspringen. Plötzlich rief Roger ihr zu: «Schau mal zum Himmel hoch!» Als Anja sich getraute, den Blick von den Bäumen zu lösen und in den Himmel sah, traute sie ihren Augen kaum. Milliarden von Sternen leuchteten auf sie herab. Und nicht nur von oben. Da der Kilimanjaro ein freistehender Berg ist und unter ihm sich die weite Ebene von Tansania öffnet, sah Anja sogar Sterne, wenn sie geradeaus blickte. Sie war von diesem unsagbaren Anblick überwältigt. Plötzlich legte Roger seinen Arm um sie. Sie zuckte zusammen. Wann hat er dies wohl das letzte Mal getan? Dann entspannte sie sich und genoss die Aussicht. Sie dachte dabei darüber nach, was John und Eileen ihnen erzählt hatten. Das ältere Ehepaar schien wirklich glücklich zu sein. Anja war zu Beginn ihrer Ehe ja auch ganz glücklich mit Roger gewesen. Wenn sie ehrlich zu sich selbst war, dann waren sie beide wohl wirklich selbst daran schuld, dass sie sich auseinander gelebt hatten. Keiner von beiden hatte sich die Mühe genommen, auf den anderen zuzugehen. Anja hatte immer gedacht: Wenn er mich wirklich liebt, dann soll er auf mich zukommen. Sie merkte erst jetzt, dass auch sie ihre Liebe zu ihm hätte zeigen können, indem sie immer wieder den ersten Schritt unternommen hätte. Der überwältigende Sternenhimmel und die örtliche Distanz zu den Problemen zu Hause, ließ sie zum ersten Mal seit langem ihren Ehemann neben sich genießen. Sie wünschte sich auch eine so glückliche Ehe, wie Eileen und John sie führten. Ob dies wohl mit Roger möglich wäre?

Die Einstellung von Mandara

Am nächsten Morgen wurden Roger und Anja von hunderten von Vögeln geweckt. Sie zwitscherten und kreischten im nahen Wald um die Wette. Es war sechs Uhr. Etwa eine halbe Stunde später klopfte es an der Tür. Als Roger öffnete, streckte ihnen der Koch heißen Schwarztee entgegen. «Nicht schlecht dieser Service», meinte Roger. «Tee ans Bett serviert, das gibt's nicht in jedem Hotel!» Nach einer Weile brachte ihnen ein Träger warmes Wasser zum Waschen vor die Tür. Zuerst dachten Roger und Anja, es sei bewölkt draußen. Doch beim genaueren Hinschauen stellten sie fest, dass es erst am Dämmern war. Als wenig später die Sonne aufging, wurde es angenehm warm. Kurz nach sieben gab es im Speisesaal Frühstück. Dies bestand aus Toastbroten, Käse, Gurken, Tomaten, Omeletten, Wurst, Papaya und – was sehr gut tat – einem großen Teller Porridge, also Haferbrei. Sie konnten niemals alles essen, was ihnen aufgetischt wurde. Nach dem Frühstück packten sie ihre Sachen zusammen und übergaben den wartenden Trägern ihre Seesäcke. Sie selbst trugen den Tagesrucksack mit viel Wasser, Snacks und den Regenkleidern.

Bevor Saidi losmarschierte, wandte er sich an die Gruppe: «Heute steigen wir bis auf 3720 Meter über Meer. Das ist schon eine beachtliche Höhe. Gestern durftet ihr so schnell gehen, wir ihr wolltet. Ab heute und für den ganzen weiteren Aufstieg gilt, dass *ich* vorangehe und das Tempo bestimme. Wir in Tansania sagen: *Pole, pole*, das bedeutet *langsam, langsam*. Die Höhenkrankheit ist nicht zu unterschätzen. Wer nicht bereits heute seinem Körper Zeit gibt, sich an die neue Höhe zu gewöhnen, der wird es nicht bis zum Uhuru Peak schaffen. Bis hier zu den Mandara Hütten schafft es fast jeder, auch wenn er eine falsche Einstellung zum Bergsteigen mitbringt. Aber wer oberhalb der Mandara Hütten nicht die richtige Einstellung hat, der wird ausscheiden. Wenn ihr euch aber daran haltet, habt ihr gute Chancen den Gipfel gesund zu erreichen. Also *pole, pole!*» Dann ging's los Richtung Horombo Hütten.

Als Roger und Anja nach der Reise zurück im Basishotel waren, erfuhren sie einiges über das Ergehen der anderen Touristen, die mit ihnen vor der Besteigung zu Abend gegessen hatten. Da waren die zwei amerikanischen, sportlichen Mädchen mit ihrem Vater. Sie hielten sich nicht an *pole, pole*. Sie liefen – so sportlich wie sie auch waren – schnell den Berg hinauf. Bereits am zweiten Tag musste eine der beiden Töchter umkehren. Am dritten Tag gab auch noch der Vater mit der zweiten Tochter auf. Sie gingen mit der falschen Einstellung auf den Vulkan. Sie hielten sich für sportlich – so sportlich, dass sie sich nicht an die Weisungen des Führers zu halten brauchten.

Der gut gepflegte Weg führte zuerst nochmals durch den Regenwald. Die groben und mit Moos bewachsenen Baumsorten wurden langsam durch Erikabäume abgelöst. Diese haben einen wesentlich dünneren Stamm. Anja interessierte sich sehr für die Vegetation. Sie hatte gelesen, dass sie während der Anfahrt und der Besteigung nicht weniger als fünf Klimazonen durchwandern würden. Verschiedene Blumen und Disteln zierten den Wegrand. Bei der ersten Pause fragte Roger: «Um was geht es nun beim zweiten Ehe-Prinzip des Kilimanjaro? Wie war das genau? Das *Einhorn von Mandara,* oder so?» John: «Nein, die *Einstellung von Mandara*. Saidi hat uns dieses Prinzip eben ganz gut erklärt: Bis zu den Mandara Hütten spielt deine Einstellung zum Bergsteigen keine große Rolle. Du kannst langsam gehen oder du kannst schnell gehen. Du kannst mit der Absicht gehen, dass du es einfach mal versuchen willst, oder du kannst auch ganz konkret das Ziel haben den Uhuru Peak erreichen zu wollen. Jedoch ist die Einstellung zur Besteigung ab dem zweiten Tag sehr entscheidend für den Erfolg der Unternehmung. Wer eine falsche Einstellung mitbringt, wird womöglich den Uhuru Peak nicht sehen. Wer zum Beispiel denkt, er sei sehr sportlich und müsse deshalb nicht auf die Anweisungen des Guides hören, oder wer sich zum Ziel gesetzt hat, den Gipfel so schnell wie möglich zu erreichen.»

Roger fragte: «Was heißt das nun auf die Ehe übertragen?» John: «Eine Romanze haben, befreundet sein, ohne Trauschein zusammenleben und sogar die ersten Ehejahre kannst du gut mit einer falschen Einstellung durchstehen. Aber dann kommt einmal der Punkt, wo das Paar die Mandara Hütten erreicht. Von da an wird es immer wieder zu Schwierigkeiten kommen, wenn falsche Einstellungen mit im Spiel sind.» Anja fragte: «Was sind mögliche falsche Einstellungen?» John antworte: «Das können ganz verschiedene sein. Eine der schlimmsten ist *Unverbindlichkeit*. Dies ist oft bei Paaren zu beobachten, die ohne Trauschein zusammenleben. Sie haben sich verliebt und ziehen zusammen. Trotz der gemeinsamen Wohnung bleibt die Beziehung aber unverbindlich. Dies im Gegensatz zu einer Hochzeit, wo das Brautpaar sich öffentlich hinstellt und vor dem Staat, ihren Familien und Freunden erklärt, dass sie nun verbindlich zusammengehören. Das Brautpaar musste sich zuvor über die Verbindlichkeit unterhalten und sich zumindest für das Hochzeitsfest entschließen. Wenn Konkubinatspaare nicht von Anfang an über die Verbindlichkeit sprechen, kommt irgendwann nach vier bis acht Jahren der Zeitpunkt, an dem mindestens einer der beiden beginnt, sich über ihre gemeinsame Zukunft Gedanken zu machen. Sie spricht plötzlich von heiraten oder sogar von schwanger werden. Nun wird das erste Mal die Einstellung zur Verbindlichkeit konkret geprüft: Was denken die beiden wirklich darüber, gemeinsam das Leben zu verbringen? Einige Paare haben Glück und heiraten. Aber nicht wenige Konkubinatspaare gehen leider nach so vielen gemeinsamen Jahren wieder auseinander. Schade für die gemeinsamen Erinnerungen. Schade für die verlorene Zeit. Besonders die Frauen trifft es hart, weil ihre biologische Uhr schneller tickt als bei den Männern. Das Paar wanderte irgendwann, während sie zusammen wohnten, an den Mandara Hütten vorbei, ohne ihre Einstellung zur Verbindlichkeit zu überprüfen. Wenn es aber plötzlich darauf ankommt, zeigen sich die Konsequenzen einer schlechten Einstellung umso härter – meistens ist es dann schon zu spät.»

Eileen tippte John mit dem Finger an, um ihn zu unterbrechen: «Das ist ein Beispiel, wie sich negative Einstellungen auswirken können. Aber eigentlich möchten wir euch vor allem eine sehr wichtige gute Einstellung näher bringen. Nämlich: *Denke positiv von der Ehe und von deinem Ehepartner!* Dies ist der Kerngedanke des zweiten Prinzips. Sehr schnell schleichen sich negative Gedanken ein. Das Paar sieht sich nicht mehr als Team, sondern als Konkurrenten und Gegner. Das geht solange gut, bis das Paar an den Mandara Hütten vorbei wandert, dann kann man die Einstellung nicht mehr verbergen oder überspielen.»

Anja räusperte sich: «Ich bin nicht immer gut drauf. Ich kann doch gar nicht nur positiv eingestellt sein. Bei den meisten Menschen gibt es Hochs und Tiefs. Warum ist es so wichtig, positiv eingestellt zu sein?» John antwortete: «Dies wird schnell klar, wenn ich ein paar positive und negative Wörter einander gegenüberstelle: Positiv sind zum Beispiel Liebe, Freude, Friede, Langmut, Freundlichkeit, Güte, Treue, Sanftmut und Selbstbeherrschung. Negative hingegen: Selbstsucht, Eifersucht,

Zügellosigkeit, Feindschaft, Streit, Zwietracht, Zorn, Parteiungen, Neid, Ehebruch und so weiter. Die ersten Wörter beflügeln Romantik und Freundschaft, die zweiten verhindern und zerstören sie. Eigentlich ist es ganz logisch, dass wir nach den ersten Tugenden streben sollen, anstatt den zweiten zu verfallen. Aber trotzdem nehmen in vielen Ehen negative Dinge immer wieder überhand.»

Saat und Ernte

Eileen: «Ich bin auf einem Bauernhof aufgewachsen. Für mich war es völlig logisch, dass mein Vater das erntete, was er zuvor gesät hatte. Er säte nie Mais und erwartete Hafer zu ernten. Erst recht hat er nicht Unkraut gesät und dann gehofft, dass daraus Mais entstehen würde! – In der Ehe habe ich dieses Prinzip aber nicht sofort wiedererkannt. Ich habe Nörgeln gesät und gehofft positive Veränderungen bei John zu ernten. Ich habe meine schlechte Laune und mein Frust des Tages an John ausgelassen und gehofft von ihm Verständnis und Liebe zu erhalten. Ich musste lernen, dass das Prinzip des Säens und Erntens auch in der Ehe gilt: Was ich säe, das werde ich auch ernten.

Unser Pastor hat mir da die Augen geöffnet. Er hat ein Zitat vom Apostel Paulus aus der Bibel vorgelesen: ‹Macht euch nichts vor! Gott lässt keinen Spott mit sich treiben. Jeder Mensch wird ernten, was er gesät hat› (Galater 6,7). Übrigens sind die positiven und negativen Wörter, die John eben aufgezählt hatte auch von Paulus aus der gleichen Textstelle. Paulus zählt die negativen Dinge so auf: ‹Was die menschliche Selbstsucht hervorbringt, ist offenkundig, nämlich: Unzucht, Verdorbenheit und Ausschweifung, Götzenanbetung und magische Praktiken, Feindschaft, Streit und Rivalität, Wutausbrüche, Intrigen, Uneinigkeit und Spaltungen, Neid, Trunk- und Fresssucht und noch vieles dergleichen.› Die positiven: ‹Der Geist Gottes dagegen lässt als Frucht eine Fülle von Gutem wachsen, nämlich: Liebe, Freude und Frieden, Geduld, Freundlichkeit und Güte, Treue, Bescheidenheit und Selbstbeherrschung› (Galater 5,19+22). Paulus schreibt die negativen Auswüchse dem Egoismus des Menschen zu. Für die erbauenden Tugenden empfiehlt er wärmstens die Hilfe von Gott. Und dann sagt er: ‹Wer auf den Boden der menschlichen Selbstsucht sät, wird von ihr den Tod ernten. Wer auf den Boden von Gottes Geist sät, wird von ihm unvergängliches Leben ernten› (Galater 6,8). Auf die Ehe übertragen können wir sagen: Wer Negatives in die Ehe sät, der tut das aufgrund seiner Selbstsucht und er wird die Ehe früher oder später abtöten. Wer Positives in die Ehe sät, der kann das am besten tun, wenn Gott ihm hilft, und die Ehe wird lebendig und dauerhaft.»

Anja: «Wie kann Gott helfen?» Eileen: «Er kann dir zum Beispiel Kraft geben, wenn du sie selbst nicht mehr hast. Mit seiner Stärke kannst du deinem Mann nicht gereizt, sondern freundlich antworten. Mir musste Gott vor allem Kraft geben, um für John verzichten zu können. Auch wenn ich für John oder die Kinder auf meine Lieblingsserie im Fernsehen verzichten wollte, schaffte ich das nicht ohne meine Laune an ihnen auszulassen. Doch Gott gab mir immer mehr die Kraft, John und den Kindern den Vortritt zu lassen. Heute haben wir die Staffeln auf DVD, so bin ich nicht mehr auf die Sendezeiten der Fernsehstationen angewiesen.»

John: «Achte daher bei allem, was du tust und sagst, dass du so viel wie möglich Positives säst. Du wirst eine glückliche Ehe ernten können! Es gibt Menschen, die reden bei Freunden schlecht von ihrem Ehepartner. Das ist Negatives säen. Je mehr du Negatives über deinen Ehepartner denkst oder sogar aussprichst, desto mehr wirst du selbst zu glauben beginnen, dass er oder sie tatsächlich eine negative Person ist. Die Folge ist, dass du dich immer weniger auf ihn oder sie einlassen kannst. Kein Wunder also, wenn man sich dann auseinanderlebt. Unterschätze nie die Macht der eigenen Gedanken! Das Unterbewusstsein steuert uns. Wir überlegen ja nicht bei jeder kleinen Entscheidung und Handlung, was wir tun sollen. Wir denken meistens nicht darüber nach, wie die Stimme klingen soll, wenn wir unserer Ehefrau antworten. Wir tun es einfach und der Ton kommt, wie das Unterbewusstsein es vorgibt. Aber zum Glück haben wir die Macht, unser Unterbewusstsein zu beeinflussen. Wenn wir das Unterbewusstsein mit negativen Gedanken über den Ehepartner füllen, wird es uns negative Impulse geben – eben in welchem Ton wir zum Beispiel unseren Ehepartner rufen sollen. Füllen wir unser Unterbewusstsein aber mit positiven Gedanken über den Ehepartner, werden wir viel öfters durch unsere Reaktionen den Boden für Romantik, Zärtlichkeit, Bewunderung und Zweisamkeit vorbereiten. Dies wiederum stärkt die Ehe.»

Saidi forderte sie auf weiterzugehen. Die Bäume machten allmählich

Büschen und kleinen Pflanzen Platz. Langsam durchwanderte die Gruppe eine weite Moorlandschaft. Gegen Mittag wurde der Weg ziemlich steil. Saidi erklärte, dass dies der Aufstieg zum Ona Hill sei. Auf 3415 Meter über Meer befinde sich ein Picknickplatz. Da würden sie ihr Mittagessen zu sich nehmen. Dieser Aufstieg führte die vier in eine kräftemäßige Krise. Sie schleppten sich den Hügel hinauf. Oben angekommen staunten sie nicht schlecht: Der Koch und die Träger hatten einen Picknicktisch für sie reserviert und liebevoll gedeckt. Es hatte nur zwei große Holztische. Viele andere Touristen und Träger waren schon da, mussten aber ihren Lunch am Boden zu sich nehmen. Doch der Hilfsführer von Saidi hatte ganze Arbeit geleistet und war früh am Picknickplatz, so dass er für ihre Schützlinge einen der begehrten Tischhälften ergattern konnte. Es gab Toastbrote, Tomaten, Karotten, Eier, Biskuits und anderes. Die Mittagsrast dauerte etwa eine Stunde. Genügend Zeit also, das zweite Prinzip weiter zu erläutern.

John räusperte sich: «Nun geht es mir schon wieder etwas besser. Die letzte Steigung zehrte ziemlich an meinen Kräften. Aber zum Glück leistet der Magen ganze Arbeit. Sobald Essen hineinkommt, leitet er die Energie an den Körper weiter.» Eileen: «Du wirst auch nicht jünger, John.» John: «Danke für die Erinnerung, mein Schatz. – Also, wo waren wir stehen geblieben. Ach ja, das zweite Kilimanjaro-Prinzip für die Ehe heißt: Die *Einstellung von Mandara* und lautet: Denke positiv von der Ehe und von deinem Ehepartner.

Bei einem Großteil der geschiedenen Paare hat irgendwann das Negative über das Positive gesiegt. Dr. John Gottman, Mitbegründer des Ehe- und Familieninstituts in Seattle, schrieb einmal: ‹Was eine Ehe funktionieren lässt, ist erstaunlich einfach. Glücklich verheiratete Paare sind nicht klüger, reicher oder psychologisch gesehen raffinierter als andere. Aber sie haben in ihrem Alltag eine Dynamik entwickelt, die verhindert, dass die negativen Gedanken und Gefühle (die es bei allen Paaren gibt) die positiven überdecken›.[7] Wenn du vorwiegend positiv vom Ehepartner denkst und fühlst, können negative Erlebnisse deiner Ehe viel weniger Schaden zufügen. Das ist auch mit unserem Körper so, wenn wir den Kilimanjaro besteigen. Ein Körper der grundsätzlich fit und gesund ist, kann auch Strapazen und einen solchen Aufstieg wie gerade eben aushalten. Einen Körper, der aber angeschlagen und kränkelnd ist, kann eine einzige Strapaze bereits ins Bett hauen. Für die

Ehe ist es genauso wichtig, dass die Gedanken über die Ehe und den Ehepartner gesund gehalten und gepflegt werden. So kann eine Krise das Ehepaar nicht gleich umhauen.»

Die Ehe positiv sehen

Saidi kam schnellen Schrittes zu ihrem Tisch und warnte sie: «Achtung, da kommen die Bergdohlen. Passt auf mit den Hühnerbeinchen. Haltet sie nie zu lange in die Luft. Diese Vögel können euch ohne Probleme einen Finger abreißen.» Die vier schauten verdutzt in die Richtung der Vögel. Sie sahen aus wie etwas zu groß geratene Krähen. Da sie satt waren, kam etwas später ein Träger, um den Tisch abzuräumen.

Anja fragte: «Wie kann man eine Ehe positiv oder negativ sehen? Die Ehe an sich *ist* doch einfach, oder nicht?» John: «Nein, die Ehe ist nicht einfach. Sie ist nicht statisch und gleichbleibend. Viele denken, dass, wenn sie einmal verheiratet seien, alles geregelt sei. Das stimmt nicht. Wer eine gute Ehe haben will, der muss sie aktiv gestalten. Wer nichts unternimmt, bei dem bleibt die Ehe nicht gleich. Nein, sie wird schlechter, weil man sich auseinanderlebt. Die Bibel fordert auf: ‹Die Ehe soll von allen geachtet werden› (Hebräer 13,4). Ausformuliert könnte dieser Satz lauten: Die Ehe soll von allen geachtet, wertgeschätzt, in Ehren gehalten und als wertvoll angesehen werden. Oder nach unserem Prinzip: ‹Die Ehe soll von allen positiv gesehen werden.›»

Anja wandte ein: «Aber keine Ehe ist doch nur positiv? Was ist denn mit den negativen Dingen, soll man die einfach ausblenden?» John setzte sich gerade auf und antwortete: «Da hast du recht, keine Ehe ist nur positiv. Aber das Prinzip heißt ja die *Einstellung von Mandara* und nicht die *Ehe von Mandara*. Es geht um die Einstellung, die man zur Ehe und zum Ehepartner hat. Es ist wie bei einem Kompass. Es liegt an uns, ob wir die Laufrichtung am Kompass nach Norden oder nach Süden *einstellen*. Auch wenn wir die Laufrichtung des Kompasses nach Norden ausrichten, verschwindet deshalb der Südpol nicht. Aber wir bewegen uns auf den Nordpol zu. Ebenso können wir die Laufrichtung des Ehe-Kompasses auf das Positive oder das Negative einstellen. Was gewichtest du mehr? Die vielen schönen Seiten deines Partners und deiner Ehe oder die Schwächen? Wer sich mehrheitlich auf die Schwächen konzentriert, wird mit der Zeit nur noch die Schwächen sehen. Dass dir dabei die Freude an der Ehe vergeht, ist wohl klar.» Eileen ergänzte: «Natürlich hat jede Ehe auch negative Aspekte: Man hat weniger Freiheiten, man muss auf jemanden Rücksicht nehmen, man muss auf gewisse Dinge verzichten und so weiter. Wer sich immer auf das konzentriert, was er durch die Ehe verloren hat, der wird unzufrieden und depressiv. Schaut man aber auf das, was man durch die Ehe gewinnt, dann hat die Ehe eine Zukunft.»

John verteilte wieder Kaugummis an alle. Dann sagte er: «Wir haben allen Grund, positiv von der Ehe zu denken. Ich liebe es, mit Eileen verheiratet zu sein. Die tiefe Beziehung, die ich mit ihr pflege, macht einen sehr großen Teil meines Lebensglücks aus. Wenn ich nach Hause komme, ist jemand da. Ich bekomme regelmäßig Zärtlichkeit. Wir haben Kinder, die uns große Freude bereiten und die nun selbst wieder Kinder haben. Wir haben gemeinsame Erinnerungen, die wir immer wieder teilen können. Auch wenn alle anderen nicht an mich und meine Unternehmungen glauben, habe ich doch jemanden, der zu mir hält und mich ermutigt. Wir stärken, bestärken, anerkennen und loben uns gegenseitig. Wir fühlen uns voneinander geliebt. Wir erleben, wie die Sexualität seelisch immer tiefer wird – dies kann nur erfahren, wer in einer lebenslangen Ehe lebt. Ich könnte noch vieles aufzählen, was an unserer Ehe positiv ist. Denke auch positiv von *deiner* Ehe. Deine Ehe ist es wert, erhalten zu werden und darin zu investieren. Deine Ehe ist ein guter Ort. Wenn jetzt vielleicht einiges noch nicht so gut läuft, kann es ja noch besser werden! Lass dir von niemandem einreden, dass eure Ehe nicht viele positive Seiten hätte. Dies ist nämlich eine Lüge. Ein Wanderer am Kilimanjaro kann seinen Blick auch auf die negativen Seiten der Besteigung richten. Klar gibt es vieles, auf das er verzichten muss und das an einem Berg mit Seilbahn und Hotel besser wäre. Aber auch wenn er nur die Anstrengung, das fehlende Toilettenpapier, das minderwertige Trinkwasser und die fehlenden Duschmöglichkeiten sieht, verschwinden dadurch die positiven Dinge nicht: Das Erlebnis, die guten Schlafgelegenheiten, die Natur, die Gemeinschaft mit den anderen, die Freiheit von stressigen Terminen und belastenden Verantwortungen und vieles mehr. Auch in der Ehe kann man seinen Blick entweder auf die negativen Seiten richten oder sich aber bewusst vornehmen, von nun an seinen Kompass auf die positiven Dinge einzustellen.»

Eileen: «Ich persönlich sehe der Zukunft unserer Ehe positiv entgegen, weil ich weiß, dass wir nicht dem Zufall ausgeliefert sind. Ich glaube daran, dass Gott unsere Ehe gewollt hat, dass er sie deshalb auch schützt, dass er uns die Kraft gibt, gute Ehepartner zu sein und dass er uns gut führt. Da nehme ich meine Hoffnung her. In all unseren Ehejahren hat Gott seine Versprechen, die er in der Bibel macht, immer erfüllt.»

Den Ehepartner positiv sehen

Raus aus der Negativspirale

John fuhr fort: «Wer mehrheitlich positiv von seinem Partner denkt, der trägt ganz wesentlich zum Aufbau einer guten Atmosphäre in der Ehe bei. Wir kannten die Kilimanjaro-Prinzipien für die Ehe noch nicht, als wir geheiratet haben. Bei uns hat sehr oft Negatives den Ehe-Alltag bestimmt. Immer wieder haben wir in kurzen Wortwechseln das, was der andere gesagt hat, negativ gedeutet. Eileen war zum Beispiel in Zeitnot und rief mir gestresst zu: ‹Wo hast du die Autoschlüssel hingetan?› Ich ließ mich von diesem gestressten Unterton beeinflussen und dachte sogar, sie sei wütend auf mich. Ich antwortete ebenfalls negativ und mit einer Verteidigungshaltung: ‹Wieso soll ich die Autoschlüssel verlegt haben? Du hast doch das Auto zuletzt gebraucht! Warum bist du so im Stress, hättest du nicht früher an die Autoschlüssel denken können?› Dann antwortete auch Eileen wieder negativ und schon war die Ehe-Stimmung am Boden.

Viele solcher emotionaler Abstürze, so klein sie im Einzelfall auch sein mögen, töten auf die Dauer die Verliebtheit und die Romantik. Das Gefühl, ein Herz und eine Seele zu sein, geht immer mehr verloren. Erst später habe ich gelernt, dass ich positiv, freundlich und wohlwollend bleiben kann, auch wenn in ihrer Stimme ein gestresster oder sogar ein anklagender Unterton enthalten ist. Heute versuche ich zu antworten: ‹Ich weiß nicht, wo die Autoschlüssel sind, aber ich helfe dir gerne suchen.› Meistens finde ich sie dann und bin für Eileen ein Held. Der Abschiedskuss, bevor sie abfährt, ist nicht von der negativen Stimmung, sondern positiv geprägt. Wir gehen in Liebe auseinander, was unsere Ehe stärkt.»

Eileen: «Dadurch, dass du bewusst positiv von deinem Ehepartner denkst, kannst du Konflikte von vorneherein vermeiden oder zumindest entspannen und mildern. Denke also positiv. Gehe davon aus, dass der andere dich lieb hat, auch wenn seine Stimme etwas böse geklungen hat. Reagiere freundlich und zuvorkommend. So kannst du eine Negativspirale verhindern. Negativ eingestellt zu sein, führt oft zu Missverständnissen. Man missversteht die negative Schwingung in der Stimme als einen Angriff gegen sich selbst. Dann hält man eine Verteidigungsrede oder startet einen Gegenangriff. Wenn du deinem Ehepartner gegenüber aber positiv eingestellt bist, reagierst du im Zweifelsfall immer wohlwollend und für den anderen!»

John: «Leider fallen Ehepaare immer wieder in das Muster, zuerst das Negative in Betracht zu ziehen und sogar das Negative zu erwarten. Es gibt einen Witz, der dies gut illustriert: Ein Mann möchte in seiner Wohnung einen Bilderrahmen aufhängen. Leider hat er keinen Hammer zur Hand. Da er schon einige Male einen Nachbarn Hämmern gehört hat, entschließt er sich, zu ihm zu gehen und ihn um den Hammer zu bitten. Während er die Treppe hochgeht überkommen ihn Zweifel: ‹Was ist, wenn er mich nicht leiden kann und mir den Hammer nicht geben will? Warum würde er ihn mir nicht ausleihen wollen? Hat er vielleicht etwas gegen mich? Ich habe ihm doch nichts getan. Aber wenn er ein falsches Bild von mir hat? Was denkt er wohl über mich? Also ich würde meinem Nachbarn sofort helfen, ist doch selbstverständlich. Schon unglaublich, dass es Menschen gibt, für die das nicht selbstverständlich ist.› So spinnt er die Gedanken weiter, bis er die Klingel betätigt und der Nachbar öffnet. Da schreit der Mann seinen verdutzen Nachbarn an: ‹Behalten sie doch ihren Hammer selbst!›» Saidi schmunzelte. Eileen erklärte: «Bei uns war das oft ganz ähnlich. Ich habe mich in etwas hineingesteigert, ohne John zu fragen, ob es wirklich so für ihn ist. Zum Beispiel möchte ich den Tisch nach dem Essen sofort abräumen und in der Küche Ordnung schaffen. Wenn John also sagte, er würde den Tisch abräumen, aber dann zuerst auf die Toilette ging oder sonst etwas machte, so nahm ich an, dass er den Tisch doch nicht abräumen wollte oder es vergessen hatte. So tat ich es wütend selber. Einmal habe ich ihn zur Rede gestellt. Ich sagte ihm, dass es mich ärgert, wenn er verspricht, den Tisch abzuräumen und es dann trotzdem nicht tue. John behauptete daraufhin, er habe noch nie vergessen den Tisch abzuräumen. Ich gab zurück: ‹Klar, schon tausend Male!› Er: ‹Nein, jedes Mal wenn ich es machen wollte, hattest du es bereits erledigt.› Wir fanden heraus, dass er ein anderes Zeitempfinden besitzt, was das Abräumen betrifft.» John: «Ich hetze den ganzen Tag im Geschäft von einem Termin zum anderen. Da möchte ich es am Abend zu Hause gemütlich angehen lassen. Nach dem Essen möchte ich nicht gleich aufspringen und zur nächsten Pflicht übergehen. Ich möchte vielmehr die Dinge in einer Reihenfolge erledigen, mit der die Gemütlichkeit nicht zu kurz kommt.»

Eileen: «Ich musste also lernen, das Geschirr auf dem Tisch stehen zu lassen, wenn John versprach, dass er es abräumen wird.» Anja: «Hat er sein Versprechen daraufhin jeweils gehalten?» Eileen: «Jedes Mal! Meine Wut war also völlig unbegründet und unnötig. Ich habe in negativer Haltung schlechte Manieren bei John vermutet und damit Negatives in unsere Ehe gesät. Damit war die Stimmung für den Rest des Abends negativ geprägt. Ich hätte nicht ohne Rücksprache mit John vom Negativen ausgehen dürfen. Ich habe genau wie der Mann ohne Hammer reagiert. Nonverbal habe ich ausgedrückt: ‹Behalt doch deine Freizeit selber, dann räume ich eben ab.› Wenn einer von uns heute feststellt, dass der andere von etwas Negativem ausgeht, sagt er: ‹Behalte doch den Hammer selber.› Dann müssen wir beide lachen und die angespannte Stimmung ist gelöst.» Roger schmunzelte und fragte: «Welcher von beiden sagt das?» Eileen antwortete: «Das können beide sein. Manchmal spüre ich: John geht von etwas Negativem aus, das bei mir gar nicht vorhanden ist. Dann sage ich ihm das. Manchmal merke ich aber auch, dass ich John mit negativem Unterton antwortete, dann sage ich zu mir: ‹Behalt doch deinen Hammer selber.› Und auch so ist die Stimmung sofort wieder viel lockerer und freundschaftlicher.»

John: «Ihr müsst natürlich nicht genau das sagen, aber pflegt unbedingt solche Insider-Ausdrücke, die euch gegenseitig zum Schmunzeln oder sogar zum Lachen bringen. Sie helfen, die negative, angespannte Stimmung zwischen einem Paar zu lösen. Wenn Eileen und ich uns gegenseitig anschuldigen und uns rechtfertigen, kann einer von uns durch eine Bemerkung oder eine Gestik uns aus dieser negativen Spirale herausreißen.» Eileen: «Vielfach kannst oder musst du auch spontan etwas erfinden, um euch aus der Negativität zu befreien. Als John und ich uns früher im Argumentieren mit viel negativen Untertönen gegenseitig herunterzogen, machte John manchmal ganz unerwartet einen Purzelbaum. John drückte damit sein Gefühl aus, dass wir uns im Gespräch auf dem falschen Weg befanden. Und meistens hatte er recht. Wir haben dann gelacht oder uns auch einfach in die Arme genommen und später die Diskussion mit Wohlwollen und mit einer positiven Einstellung wieder aufgenommen.»

John: «Ein Insiderwitz, der uns beide immer wieder zum Lachen bringt, ist *das Lachen ohne zu lachen*. Als Eileen noch ein kleines Mädchen war, ging sie einmal mit ihrem Vater spazieren. Sie kamen an einem Heim für depressive Menschen vorbei. Sie fragte ihren Vater, was für Menschen hier wohnen würden. Da sie *depressiv* noch nicht verstand, sagte ihr Vater: ‹Das sind Menschen, die nicht mehr lachen können.› Die kleine Eileen konnte sich das nicht vorstellen. Sie hatte noch kein Verständnis von Gefühlen und Stimmungen. Sie dachte, diese Menschen könnten wegen ihrer Muskeln nicht mehr lachen. Sie fragte sich: ‹Was machen die wohl, wenn jemand einen Witz erzählt?› Dann versuchte sie zu lachen, ohne die Gesichtsmuskulatur zu bewegen. Wenn nun einer von uns beiden den anderen in einer zu ernsten Situation zum Lachen bringen will, dann beginnt er zu lachen ohne die Gesichtsmuskulatur zu bewegen und sagt dabei: ‹Der Witz ist ja so lustig! Ich kann fast nicht mehr vor Lachen!› Dies ist gar nicht so einfach, denn schnell beginnt man richtig zu lachen und kann die Gesichtsmuskulatur nicht mehr entspannen. Solche Kleinigkeiten können viel zur positiven und wohlwollenden Stimmung eines Ehepaars beitragen und Negativspiralen durchbrechen.»

Trotz Schwächen

John fuhr weiter: «Auch wenn man uns dies nicht ansieht: Eileen und ich haben Schwächen.» Er schmunzelte. «Zu Beginn unserer Ehe haben mich einige ihrer Schwächen sehr gestört. Ich dachte, dass diese noch zu einem richtigen Problem zwischen uns werden würden. Doch je länger wir verheiratet waren, desto mehr haben wir uns arrangiert. Das heißt, wir haben uns aneinander gewöhnt und uns auch verbessert. Ich habe einige von Eileens Schwächen, die mich zu Beginn irritiert hatten, sogar vergessen und nicht mehr gesehen. Wir haben gelernt, dass es am besten ist, wenn ich die Aufgaben übernehme, wo meine Stärken liegen und Eileen dort, wo sie ihre Stärken hat. Natürlich gibt es auch

Aufgaben, die beiden nicht liegen. Die teilen wir unter uns auf. Einige Schwächen des anderen stören uns manchmal gar nicht persönlich. Aber weil wir darüber nachdenken, was wohl der Arbeitskollege oder ein Freund von uns denkt, wenn der Ehepartner dies oder jenes tut, lassen wir uns negativ beeinflussen. Dabei vergessen wir oft, dass es doch viel wichtiger ist, mit unserem Ehepartner gut auszukommen als mit diesen anderen Leuten! Jeder Mensch hat Schwächen. Warum sollte man sich beim Partner also auf sie konzentrieren? Freuen wir uns lieber an den Stärken und ehren den anderen immer wieder durch die Bewunderung dieser Stärken. Dies stärkt den Zusammenhalt und die Liebesgefühle in der Ehe.»

Eileen: «Es gibt einen ganz einfachen Trick, wie wir unsere Ehe positiv beeinflussen können: Notiere dir auf einem Stück Papier alle positiven Eigenschaften deines Ehepartners und alle Vorteile, die es bringt, mit deinem Ehepartner verheiratet zu sein. Lies diese Liste immer wieder durch. Denke immer mal wieder bewusst über die guten Eigenschaften und über die Stärken deines Ehepartners nach! Dies wird eure Ehe bereichern. Es wird sogar die Gefühle für deinen Ehepartner positiv beeinflussen. So können mit etwas Disziplin sogar ganz erloschene Gefühle für den Ehepartner wieder mit Romantik und Liebe gefüllt werden.»

Roger wandte ein: «Was ist, wenn der Partner einem aber wirklich viele Gründe gibt, um negativ von ihm zu denken?» Er schaute zu Anja und fügte hinzu: «Nicht, dass das bei dir so wäre! Ich denke da an einen Kollegen, der von seiner Frau wirklich ausgenützt und schlecht behandelt wird.» Anja grinste Roger an: «Ich weiß, wen du meinst.» Eileen: «Solche Fälle gibt es leider auch. Man muss zwischen Schwächen und offensichtlichen Missständen unterscheiden. Schwächen haben alle. Da muss man geduldig sein, Liebe zeigen und sie dann zum richtigen Zeitpunkt und auf die richtige Art ansprechen. Missstände hingegen sind psychische oder physische Gewalt, Drohungen, Missbrauch von Drogen oder Alkohol und ähnliches. Da kann man meistens nicht vermeiden, Hilfe von einer Fachpersonen in Anspruch zu nehmen. Darauf sollte der andere mit Nachdruck bestehen.»

John: «Positiv eingestellt zu sein, ist besonders in heiklen Bereichen wichtig. Wenn du eine Schwäche deines Ehepartners ansprechen willst, dann tust du dir und deinem Partner viel zuliebe, wenn du die ganze

Sache von einer positiven Seite her aufziehst und das Schwergewicht auf das Gute legst. Dein Partner wird ermutigt, an der Schwäche zu arbeiten. Denn erstens stärkt ein von Wohlwollen geprägtes Gespräch die Verbundenheit und die Freundschaft. Aus Liebe zu dir möchte sich dein Ehepartner bessern. Zweitens wird dein Partner dadurch ermutigt, weil er weiß, dass du nicht nur seine Schwächen siehst. Falls das Gespräch stark negativ geprägt ist, stellt sich schnell das Gegenteil von Ermutigung ein, nämlich Entmutigung. Der Angeschuldigte ist von den Forderungen und der negativen Sichtweise des Ehepartners überfordert und ist nicht bereit, an seinen Schwächen zu arbeiten, weil er denkt: ‹Es hat keinen Sinn.›»

Eileen: «Eines der verletzlichsten Themen ist die Sexualität. Eigentlich ist es ganz normal, dass ein Mann und eine Frau unterschiedliche sexuelle Bedürfnisse und Wünsche haben. Wenn John seine Anliegen zu unserer Sexualität äußerte, interpretierte ich sie trotzdem oft negativ. Ich fühlte mich von ihm abgelehnt und reagierte verletzt. Sei auch hier deinem Ehepartner und eurer gemeinsamen Intimität gegenüber positiv eingestellt. Selbstverständlich sollst du deinem Ehepartner sagen, wenn für dich ein Wunsch zu weit geht und es dir unangenehm ist. Aber mache nie die sexuellen Bedürfnisse und Anliegen deines Ehepartners lächerlich oder schlecht. Wenn dir deine Frau oder dein Mann eine sexuelle Bitte oder Avance abschlägt, dann beziehe das nicht auf dich persönlich.»

Damit geht's besser

Saidi wollte langsam weitergehen. Sie rafften sich auf und wanderten für weitere zwei Stunden den Berg empor. Immer öfters sahen sie mehrere Meter hohe Pflanzen. Eileen fragte Saidi: «Was sind das für Bäume mit den dicken Stämmen?» Saidi korrigierte sie: «Das sind keine Bäume! Das sind Pflanzen. Sie heißen Senecien. Dies ist auch nicht ein Stamm, das sind abgedorrte Blätter, die sich ringsherum am Stiel aufreihen. Damit schützen sie sich vor der Kälte.» Kurze Zeit später entdeckten sie ihr Tagesziel: die Horombo Hütten. Saidi führte sie zu ihrer Hütte. Die Träger brachten sofort heißes Wasser, damit die Wanderer sich waschen konnten. Dies war auch nötig, denn die trockene Luft und der braune, feine Staub des Weges, hatten die Beine trotz langer Hosen bis über die

Knie braun eingefärbt. Nach dem Waschen servierte der Koch in der Aufenthaltshütte Popcorn, Erdnüsse und heißes Wasser mit Schokolade und Milchpulver. John kam wieder auf die *Einstellung von Mandara* zu sprechen: «Um die eigene Ehe und den Ehepartner positiv zu sehen, gibt es einige Tipps und Tricks, die dies unterstützen. Wir erklären euch dazu fünf Punkte. Vermutlich gibt es noch mehr, aber diese fünf sind wesentlich, um eine positive Einstellung aufzubauen und zu erhalten.»

1. Behandle deinen Ehepartner mit Respekt!

Eileen schaute zu John und fragte: «Beginnst du mit dem Thema Respekt in der Ehe?» John setzte sich gerade auf und begann: «Behandle deinen Ehepartner immer mit Respekt. Dadurch zeigst du, dass du ihn positiv siehst und ihm fällt es leichter, dich positiv zu sehen.» Roger erhob seine Augen, als wollte er etwas fragen. John deutete mit der Hand, dass er sprechen sollte. Roger begann: «Ich habe beobachtet, dass es mir keine Mühe macht, meinem Chef Respekt entgegenzubringen, meiner Frau hingegen schon manchmal. Habt ihr eine Erklärung dafür, warum das so ist?»

John pflichtete ihm bei: «Das kann ich gut nachvollziehen. Ich glaube, dass es dafür zwei Gründe gibt. Erstens behandeln wir Menschen, die über uns stehen, mit mehr Respekt, als solche, die unter uns stehen. Einen Vorgesetzten behandeln wir respektvoller als einen Untergebenen. In der Ehe ist es leider sehr oft so, dass wir uns selbst *über* unseren Ehepartner stellen. Dadurch verlieren wir den Respekt vor dem anderen. Zweitens kennt uns unser Ehepartner so gut, dass wir vor ihm kein Image mehr aufrechterhalten müssen. Beim Vorgesetzten sind wir für den weiteren Verlauf unserer Karriere darauf angewiesen, dass wir uns von unserer besten Seite zeigen. Bei einem Untergebenen hingegen nicht.» Roger erzählte: «Das kann ich bestätigen. Ich arbeitete als Student in einem Kino. Oft wurde ich von Kinobesuchern wegen irgendetwas um Hilfe gebeten. Mit der Zeit fiel mir auf, dass ich die Menschen je nach ihrer Stellung und nach ihrem Aussehen ganz unterschiedlich behandelte. Einem Anliegen einer bekannten Persönlichkeit widmete ich mehr Aufmerksamkeit als einer verwirrten und schmuddelig gekleideten Person. Ich realisierte, dass es mir mehr um meinen eigenen Vorteil ging, wenn ich jemanden respektvoll behandelte. Gegenüber Menschen, von denen ich dachte, dass sie mir nichts zurückgeben können, hatte ich es nicht nötig, ein gutes Image zu pflegen. Hingegen zeigte ich bei Menschen, die mir vielleicht einmal von Nutzen sein konnten, meine schönste Seite.» John fuhr fort: «Genau darum geht es. Wir müssen lernen, unsere Mitmenschen nicht nach dem zu behandeln, was sie uns bieten können, sondern wie Gott sie sieht. Für Gott ist jeder Mensch wertvoll. Jesus sagte einmal: ‹Ich versichere euch: Was ihr für einen meiner geringsten Brüder oder für eine meiner geringsten Schwestern getan habt, das habt ihr für mich getan› (Matthäus 25,40). Wir sollen also nicht nur dann unsere Ehepartner respektvoll behandeln, wenn wir etwas von ihnen möchten.»

Anja hing einem Wort nach, das John gesagt hatte. Sie fragte: «Du sagtest, wir würden unsere Ehepartner nicht mit Respekt behandeln, weil wir uns über sie erheben. Wie meinst du das genau?» John überlegte kurz. Dann antwortete er: «Oft behandeln wir unsere Ehepartner respektlos. Dies würden wir im Alltag nur mit Unterlegenen tun – was man eigentlich auch nicht tun sollte. Also mit untergeordneten Mitarbeitern, mit Kindern, Mitmenschen aus tieferen sozialen Schichten und so weiter. Gott wusste, dass es in der Ehe großen Schaden anrichtet, wenn die Ehepartner sich übereinander erheben. Deshalb steht in der Bibel ein ganz einfaches Rezept: ‹Ordnet euch einander unter, wie es die Ehrfurcht vor Christus verlangt› (Epheser 5,21). Dies ist eine simple Anweisung, aber doch so schwer umzusetzen. Wer sich dem Ehepartner unterordnet, der beginnt ihn mit Respekt zu behandeln.» Anja runzelte die Stirn: «Was hat das mit Christus zu tun?» John erwiderte: «Ohne Gott ist es schwierig sich anderen Menschen unterzuordnen. Unsere selbstzentrierte Natur stellt sich immer wieder über die anderen. Also bietet uns Gott eine Hilfe an: Die Ehrfurcht vor Jesus Christus hilft, uns anderen unterzuordnen.» Roger schaute ungläubig zu John: «Wie soll das helfen?» John fuhr fort: «Weil Jesus Christus deinen Ehepartner über alles liebt. Für Gott ist dein Ehepartner sehr wichtig. Er hat deinen Ehepartner gewollt und geschaffen. Für ihn ist dein Ehepartner genauso wertvoll wie die bekannteste, einflussreichste und zahlungsfähigste Person in deinem Land. Dies gilt übrigens auch für dich selbst! Schaue deinen Ehepartner also aus der Sicht Gottes an. Wie sieht er deinen Ehepartner? Anja ist sehr, sehr wertvoll für Gott. Er liebt sie über alles. Sie ist ihm sehr wichtig. Wie kannst du es wagen, sie von oben herab zu behandeln? Behandle sie respektvoll.»

Anja fragte: «Steht aber nicht irgendwo in der Bibel noch etwas davon, dass die Frau sich ihrem Mann unterordnen soll? Dies ist doch veraltet, oder?» Eileen schüttelte den Kopf: «Nein, dies ist überhaupt nicht veraltet. Nach dem Zitat, das John vorhin erwähnt hatte, führt Paulus noch genauer aus, was diese Unterordnung jeweils für Mann und Frau bedeutet. Gott sagte, jeder solle sich dem anderen unterordnen. Dann beinhaltet das doch auch, dass sich die Frau dem Mann unterordnet, oder nicht?» Roger erwiderte energisch: «Aber sind nicht genau deswegen so viele Frauen unterdrückt worden, weil die Kirche diese Unterordnung gepredigt hat?» John: «Ja, leider wurde die Unterordnung oft missbraucht. Dies hat aber nichts mit der Bibel zu tun, sondern mit der Machtgier der Menschen. Die Bibel lehrt das Gegenteil von Unterdrückung und Ausbeutung. Es ist genauso irrsinnig, die Religionen grundsätzlich abzulehnen und Atheist zu sein, nur weil im Namen der Religionen viele Kriege geführt wurden. Denkst du im Ernst, dass es weniger Kriege gegeben hätte, wenn das Christentum nicht nach Europa gekommen wäre? Denkst du im Ernst, dass es friedlicher auf der Welt wäre, wenn alle an nichts Übernatürliches glauben würden? Wenn es keinen Gott gibt, dann gibt es auch keine höhere Macht, vor der sich die Menschen verantworten müssen. Dann gelten einfach das Recht und das Überleben des Stärkeren, wie es die Evolutionstheorie lehrt. Dies ist nichts anderes als sich über andere zu erheben und sie zu unterdrücken. Auch wenn sich Hitler Christ genannt haben soll, handelte er doch nach dieser atheistischen Ideologie. Die Theorie der höheren und reinen Rassen entstammt direkt einer atheistischen Lehre und widerspricht den Aussagen der Bibel. Unter Hitler hat diese Idee zu Millionen von ermordeten Menschen und zu Krieg geführt. Ebenso wurde der Kommunismus als atheistisches System gepriesen. Unter Stalin und Lenin wurden viele Menschen ermordet und unterdrückt. Es sind also nicht Religionen oder Ideologien, die Kriege verursachen, sondern die Machtgelüste der Menschen. Alle diese Menschen hätten wohl genauso gut einer anderen oder keiner Religion angehören können. Wenn sie die Chance zur Machtergreifung bekommen hätten, wären sie in den Krieg gezogen. Genauso ist es mit dem Wort *unterordnen* aus der Bibel. Es stimmt, dass es aus dem Zusammenhang gerissen und missbraucht wurde. Der wahre Grund für diese Missstände liegt nicht an diesem Wort, sondern an der Herrsch- und Selbstsucht des Menschen. Es ist also unser persönlicher Verlust, wenn wir uns nicht selbst auf die Suche nach dem wahren Zusammenhang dieses Wortes machen. Dabei entdecken wir einen wertvollen Schatz für unsere Ehe, den es zu bergen gilt. Aus persönlicher Erfahrung kann ich sagen, dass derjenige Erfolg haben wird, der die Anweisungen der Bibel ernst nimmt.»

Anja war noch nicht ganz überzeugt und forderte weitere Erklärungen: «Worum geht es nun genau? Wie ist diese Unterordnung zu verstehen?» Eileen erläuterte: «Psychologen haben herausgefunden, dass Frauen vor allem Sicherheit und Annahme suchen, aber dass es das Grundbedürfnis der Männer ist, Bedeutung zu erlangen. Paulus hat dies schon lange vor den modernen Psychologen verstanden und seinen Satz ‹Ordnet euch einander unter› auf Mann und Frau so angewendet, dass diesen unterschiedlichen Grundbedürfnissen Rechnung getragen wird. Der Mann sucht Bedeutung. Wir Frauen haben es in der Hand, die Voraussetzungen zu schaffen, dass unseren Männern dieses Grundbedürfnis gestillt wird. Umgekehrt können unsere Männer den Weg ebnen, damit unser Grundbedürfnis nach Sicherheit gestillt wird. Paulus' Rezept ist es, dass der Mann der Ehe und der Familie gegen außen vorstehen soll. Er soll seine Familie gegen Angriffe und Anfeindungen schützen. Er soll auch die Verantwortung übernehmen, wenn jemand aus seiner Familie etwas verbockt hat. Wenn er diese Aufgabe wahrnimmt, fühlen sich seine Frau und die Kinder sicher. Dies kann er aber nur tun, wenn er nicht von seiner Frau bevormundet wird. Sie muss sich ihm unterordnen. Sonst sieht er aus wie ein Hampelmann, der von seiner Frau herumkommandiert wird. Die Leute denken bald einmal: ‹Warum kommt sie nicht selbst und regelt das? Er sagt ja so oder so nur, was sie ihm zuvor eingebläut hat.› Wenn Frauen ihre Männer herumkommandieren, wird deren Grundbedürfnis nach Bedeutung garantiert nicht gestillt. Wie wir schon gestern erklärt haben, neigen Männer dazu, die Bedeutung außerhalb zu suchen, wenn sie in ihrer Ehe keine Bedeutung erhalten. Zum Beispiel in der Karriere, im Hobby oder im Sport. Oder sie ertränken die Bedeutungslosigkeit im Alkohol oder versuchen, sie mit einer weichen oder harten Droge zu überdecken. So oder so wirkt sich dies kontraproduktiv und zerstörerisch auf die Ehe aus. Paulus sagte eigentlich nichts anderes als: ‹Frauen, lasst eure Männer ganz Mann sein! Nehmt eurem Ehemann keinen Bereich weg, in dem er die Verantwortung tragen möchte.›»

John: «Dass sich die Frau dem Mann unterordnen soll, heißt aber nicht, dass sich der Mann *über* sie stellen soll! Paulus hat gesagt: Ordnet euch *einander* unter! Paulus fordert in diesem Abschnitt den Mann auf, seine Frau so zu lieben, wie Jesus seine Nachfolger liebt. Dabei hat Jesus immerhin sein Leben für seine Nachfolger hingegeben. Die Liebe des Mannes für seine Frau soll also auch aufopfernd sein. Wenn eine Frau spürt, dass ein Mann sich für sie aufopfert, dann fühlt sie sich geborgen! Paulus sagt weiter, dass der Mann sich darum kümmern soll, dass es seiner Frau gut geht. Es ist doch so: Wenn wir eine Frau sehen, die heruntergekommen und schlecht gekleidet ist, dann denken wir: ‹Was ist das wohl für ein unfähiger Mann?› Wenn aber der Mann heruntergekommen und schlecht gekleidet ist, denken wir: ‹Was für eine arme Frau!› Also Roger: Ordne dich deiner Frau unter. Das heißt: Liebe und respektiere sie, sei aufopfernd ihr gegenüber und behandle sie gut. Und Anja: Ordne dich deinem Mann unter. Das heißt: Liebe ihn, zeige ihm Respekt, indem du ihn Bedeutung erlangen lässt. Ein Mann, der Bedeutung in seiner Ehe erhält, wird alles daran setzen, dass dies so bleibt, indem er versucht, die Bedürfnisse seiner Frau zu stillen, wo er nur kann!»[8]

*****

Eileen lenkte das Thema in eine andere Richtung: «Es geht also darum, dass jeder den anderen höher achtet als sich selbst. Dadurch kann er den Respekt zeigen, der nötig ist, um positiv vom Ehepartner und von der Ehe zu denken. Aber wie schwer ist es doch manchmal, aus einem Streit mit dem Ehepartner auszubrechen, wenn gegenseitig Anschuldigungen und Rechtfertigungen gemacht werden. Dies ist aber nur so, weil wir uns über den anderen erheben. Wir denken, dass unser Recht, verstanden zu werden, wichtiger sei als das Wohl des anderen. Aber dabei wäre es gar nicht so schwer, aus einem Streit auszubrechen! Dies zeigt das einfache Beispiel, wenn mitten im Streit das Telefon klingelt. Obwohl man zuvor respektlos mit dem Ehepartner argumentiert hat, kann man plötzlich ganz freundlich und respektvoll ein Telefongespräch führen. Es kommt also auf die Einstellung an.

Wenn du das nächste Mal in eine respektlose Auseinandersetzung mit deinem Ehepartner verwickelt bist, dann stelle dir vor, dass das Telefon klingeln würde und du deinem Chef Rede und Antwort stehen müsstest. Versuche nun auf dieser Ebene mit deinem Ehepartner zu reden.»[9]

Anja entgegnete: «Das leuchtet ein. Aber manchmal kocht es so in mir, dass ich nicht einfach den Hebel umstellen und freundlich sein kann.» John stimmte ihr zu: «Je nachdem, wie tief der Konflikt zuvor war, brauchen wir manchmal zusätzlich eine Auszeit. Eine Zeit, in der sich beide besinnen und beruhigen können. Dies ist nicht in erster Linie wegen der aufgescheuchten Seele nötig, sondern vor allem für den Körper. In einem Streit steigert sich der Puls und der Körper zeigt die verschiedensten Stresssymptome. So bringt man kaum einen wohlwollenden Ton heraus. In einem Theaterstück, in dem wir beide mitspielten, musste Eileen in einer Szene während eines Streits wütend die Fenster putzen. Am Ende kam dann ein Satz, den sie sehr sanft und langsam sagen musste. Weißt du noch, wie schwer das für dich war?» Eileen erinnerte sich: «Ja, mein Puls war vom Schrubben so hoch, dass ich nur mit größter Anstrengung langsam und sanft sprechen konnte.» John fuhr fort: «Sanft und rücksichtsvoll miteinander sprechen zu können, ist jedoch eine Voraussetzung, um den *Draht zueinander* zu finden. Deshalb ist es manchmal gar nicht so schlecht, wenn man sich zuerst die Zeit nimmt, den Körper zu beruhigen. Dies kann alleine geschehen, aber auch zu zweit. Ein Ehepaar sagte uns, dass sie dies zu einem Ritual gemacht hätten. Wenn sie in eine emotionale Auseinandersetzung geraten sind, nehmen sie sich Zeit, um einander gegenseitig zu massieren. Dabei sagen sie kein Wort. Erst wenn beide durchmassiert sind, setzen sie sich hin, sprechen über den Konflikt und suchen nach einer guten Lösung.»

*****

Eileen: «Wer seinem Ehepartner keinen Respekt erweist und ihn nicht höher achtet als sich selbst, der wird früher oder später mit Verachtung zu kämpfen haben. Wer für einzelne Verhaltensweisen, Einstellungen oder sogar Äußerlichkeiten seines Ehepartners Verachtung empfindet, dessen Ehe ist gefährdet. Verachtung äußert sich zum Beispiel in sarkastischen oder zynischen Bemerkungen auf Kosten des anderen, im Augenrollen, Verhöhnen, in respektlosen Witzen und Bemerkungen und im Verfluchen.[10] Alarmglocken sollten bei dir ertönen, wenn du merkst, dass du mit deinen Aussagen oder Taten bezwecken willst, den anderen seelisch zu verletzen. Wenn dies der Fall ist, dann hast du den Respekt verloren und Verachtung hat sich breit gemacht. Verachtung hat die Macht, ein Ehepaar zu spalten. Eine gelingende Ehe lebt davon, dass beide ihren Ehepartner als wertvoll betrachten und ihn deshalb mit Respekt behandeln.» John ergänzte: «Wer nicht positiv vom Partner denkt, der denkt negativ von ihm. In der Mitte ist lediglich Ignoranz, und diese ist immer auch negativ. Heute wird vieles unter dem Deckmantel der Toleranz toleriert. Nicht selten ist diese Toleranz in Wirklichkeit aber nichts anderes als Ignoranz.»

2. Sei zufrieden und sage danke

John lehnte sich zurück und begann mit einem neuen Punkt: «Ich weiß nicht, wie das bei euch in der Schweiz ist. Bei uns jedenfalls gibt es sehr viele Menschen, die grundsätzlich immer unzufrieden sind. Egal wie viel Geld sie haben und wie groß ihr Haus ist, sie wollen immer noch mehr und beklagen sich über diesen und jenen Missstand. Diese Menschen haben etwas sehr Wichtiges im Leben nicht gelernt: Dankbar und zufrieden zu sein.» Eileen erinnerte sich: «Wir haben kürzlich unfreiwillig die Begegnung eines Ehepaares mitbekommen. Wir tranken auf einer Restaurantterrasse einen Kaffee, als wir ein fürchterliches Geräusch hörten. Eine junge Frau hatte auf einem Balkon eines benachbarten Gebäudes einen großen Blumentopf aus Ton umgekippt und zerschlagen. Sie sah verdattert aus, als sie in die Wohnung verschwand und kurze Zeit später mit Besen und Kübel zurückkehrte. Es dauerte einige Zeit, die große Unordnung von Tonscherben und Erde aufzuräumen. Als sie fast fertig war, blieb sie plötzlich versteinert stehen. Kurze Zeit später betrat ein junger Mann den Balkon. Ihrem Gesicht konnten wir ablesen, dass sie Angst vor der Reaktion dieses Mannes hatte. Dieser schaute sich alles an, dann sagte er freundlich: ‹Danke, dass du dich unseres Balkons angenommen hast. Das hätten wir beide schon lange mal machen müssen.› Die Erleichterung war ihr ins Gesicht geschrieben. Sie entschuldigte sich daraufhin dafür, dass sie seinen teuren Tontopf kaputt gemacht hatte. Er half ihr, Ordnung zu schaffen, dann verschwanden sie in der Wohnung.»

John erklärte: «Dieses Beispiel zeigt deutlich, welche positive Wirkung Dankbarkeit auf das Ehe-Klima hat. Du erleichterst es deinem Ehepartner sehr, die Ehe und dich positiv zu sehen, wenn du mit deinem Leben zufrieden und für deinen Ehepartner dankbar bist.» Eileen ergänzte: «Ja, eine wichtige Art dem anderen Respekt entgegenzubringen, ist ihm immer wieder und für alles *danke* zu sagen. Es ist überhaupt nicht übertrieben, für jedes einzelne Essen zu danken. Dankbarkeit ist eine wichtige Tugend. John und ich danken Gott jeden Tag für alles, was er uns geschenkt hat. Zum Beispiel dafür, dass ich leben darf und mit John verheiratet bin, dass ich Liebe geben und bekommen kann. Dies alles verdanke ich Gott. Ich versuche, das Leben nicht als selbstverständlich anzusehen. Ich bin darauf angewiesen, dass Gott die Naturgesetze aufrecht erhält und dass er die Sonne scheinen lässt. Unser Pastor sagte jeweils: ‹Wer weiß, dass das Leben nicht selbstverständlich ist, dem fällt es viel einfacher, auch die Ehe und das was der Ehepartner tut, nicht als selbstverständlich anzusehen und regelmäßig danke zu sagen.›»

3. Mache die Ehe zu einem sicheren Hafen

John: «Einige meiner Lieblingsgeschichten der Bibel sind die Abenteuer, die Paulus auf seinen Reisen erlebt hat. Einmal war er als Gefangener auf einem Schiff. Sie machten Halt in einem Hafen in der Nähe von Lasäa. Er warnte den Hauptmann und den Kapitän, dass es zu spät wäre, um loszusegeln. Bald würden die gefährlichen Winterstürme hereinbrechen und bis dahin würden sie niemals einen sicheren Hafen erreichen. Der Kapitän und der Hauptmann hörten nicht auf ihn. Sie stachen in See und gerieten in übelste Seenot. Wie die Geschichte ausgegangen ist, könnt ihr in der Apostelgeschichte Kapitel 27 nachlesen. Ein Schiff ist nur in einem schützenden Hafen vor Stürmen sicher.

Umgangssprachlich spricht man vom Heiraten als *in den Hafen der Ehe einlaufen*. Jeder Mensch ist in seinem Leben immer wieder Stürmen ausgesetzt: Stürmen am Arbeitsplatz, zwischenmenschliche Stürmen mit Nachbarn oder Verwandten, finanziellen oder gesundheitlichen Stürmen. Wie gut ist es, wenn man aus diesen Stürmen heraus nach

Hause in einen sicheren Hafen kommen kann. – Leider sind aber nicht alle Ehehäfen sichere Orte, die Geborgenheit, Ruhe und Entspannung bieten. Ehen, in denen Zoff und Streit herrscht, gleichen Häfen, in denen anstatt ruhigem Wasser hoher Wellengang herrscht und die angebundenen Schiffe hin und her geworfen werden. Wie soll man die Ehe und den Ehepartner positiv sehen, wenn der eigene Ehehafen selbst unsicher und stürmisch ist? Wie viel besser ist es doch, wenn die Ehe ein Ort ist, in dem man vor auswärtigen Stürmen geschützt ist. Wo einem die Probleme der Arbeit nichts anhaben können und wo die Konflikte mit der Mutter oder der Nachbarin nicht hineinkommen. Die Ehe soll ein Ort sein, wo du positiv sein kannst, auch wenn alles um dich herum negativ ist. Hier bist du sicher und geborgen.»

Eileen: «Ein Ehepaar kann ganz bewusst seine Ehe zu einem solchen sicheren Hafen machen. Das Wichtigste dabei ist, dass sich beide als ein *Team* sehen. Wir beide gegen den Rest der Welt! Und eben nicht wir gegeneinander. Für John ist die Ehe nur ein sicherer Hafen, wenn ich ihm gegenüber loyal bin. Also wenn ich ihm nicht vor anderen in den Rücken falle. Ein Ehepartner sollte in der Gegenwart von anderen Menschen nie Partei gegen seine Frau oder seinen Mann ergreifen! Aber auch wenn ihr alleine seid und dir dein Ehepartner das Leid der Stürme draußen klagt, dann stelle dich in erster Linie auf die Seite deines Ehepartners.»

John: «Loyalität ist, dass wir beide gegen alle anderen zusammenhalten. Dies meinen wir natürlich im friedlichen Sinne. Wenn zum Beispiel Anja von ihrem Chef ungerecht behandelt wurde und dir, Roger, dies erzählen will, dann beziehe nicht Stellung für den Chef, sondern halte zu deiner Frau.» Roger räusperte sich und fragte: «Aber vielleicht ist ja Anjas Chef tatsächlich im Recht. Dann kann ich dies Anja wohl erklären?» John winkte ab: «Frauen wollen in erster Linie verstanden werden. Sie erzählt dir von ihrem Problem mit ihrem Chef nicht, weil sie dich als Richter anrufen will, sondern weil sie von dir verstanden werden will. Mal ganz ehrlich, was ist wichtiger: Dass sich deine Frau von dir angenommen fühlt und dadurch eure Ehe gestärkt wird oder dass Anja die Seite des Chefs versteht? Nun, wenn du Verständnis gezeigt hast, dann kannst du schon ganz weise und sanft eine Frage stellen, die Anja eine weitere Betrachtungsweise des Problems gibt.»[11]

Eileen ergänzte: «In den ersten Ehejahren hatten wir nicht begriffen, dass wir ein Team sind und zusammenhalten sollten. Wir hatten zwar schnell begriffen, dass es nicht gut ist, wenn wir uns gegenseitig in den Rücken fallen. Aber uns war oft nicht bewusst, dass wir auch zu Hause auf der gleichen Seite stehen. Bei vielen Streitereien fiel uns auf, dass wir nicht füreinander, sondern gegeneinander waren. Wir verhielten uns wie Konkurrenten und Kontrahenten, anstatt wie ein Team, das niemand besiegen kann. Wenn sich heute ein Streit anbahnt, dann sagen John oder ich manchmal: ‹Hey wir sind nicht gegeneinander, wir sind füreinander. Wir sind ein Team. Weißt du noch? Wir zusammen gegen den Rest der Welt!› Dann raufen wir uns zusammen und beginnen den Streitpunkt oder das Problem als Team zu lösen, anstatt als Gegner.» John: «Für mich ist es einer der schönsten Punkte an der Ehe: Dass ich nach Hause fahren kann, egal wie steif der Wind mir tagsüber auch ins Gesicht geblasen hat, und dabei weiß, dass ich dort angenommen und sicher vor diesen Stürmen bin.»

*****

Saidi erklärte ihnen, dass sie sich nun ausruhen könnten und dass es um 18:00 Uhr Abendessen geben würde. Sie standen vom Tisch auf und gingen hinaus. Die Aussicht auf das Wolkenmeer, das immer höher stieg und schon fast die Hütten erreicht hatte, war imposant. Eileen versuchte es zu fotografieren. Sie merkte aber bald, dass es Stimmungen gibt, die so eindrücklich sind, dass man sie nicht mit einem Fotoapparat eingefangen kann. Anja fühlte sich nach dem Aufstehen ziemlich schwindlig und ihr Herz schlug schneller als sonst. Saidi meinte, dass dies normal sei. Ihr Körper müsse sich zuerst an die Höhe und an den weniger großen Sauerstoffgehalt in der Luft gewöhnen: «Genau aus diesem Grund haben wir morgen einen Akklimatisationstag eingeplant. Das heißt, wir werden ein wenig hoch wandern und dann wieder hierher zurück. Dann übernachten wir nochmals in den Horombo Hütten. Du wirst sehen, morgen wirst du dich auf dieser Höhe schon wesentlich wohler fühlen!» Alle vier zogen sich in ihre Hütte zurück und ruhten sich aus. Um 18:00 Uhr gingen sie zurück in die Aufenthaltshütte. Unterwegs bestaunten sie wieder die Wolkenwand, die sich nun vor ihren Hütten aufgetürmt hatte. Der Sonnenuntergang verwandelte die grauen Wolken in ein gigantisches Farbenspiel. Saidi wies ihnen im vollen Speisesaal ihren Platz zu. Es gab auch an diesem Abend wieder viel zu viel zu essen. Und auch diesmal war es sehr gut.

4. Pflege die Freundschaft zum Ehepartner

Nach dem Essen fuhr John mit seinen Ausführungen fort: «Eine Ehe kann auch nur als Lebens- und Überlebensgemeinschaft geführt werden. Es gibt leider viele Ehepaare, die den gleichen Haushalt, vielleicht auch das gleiche Konto teilen, gemeinsam Kinder haben, die aber nicht Freunde sind. Echte Freunde teilen das Leben auch auf seelischer Ebene. Auch die anderen Ehepaare reden viel miteinander. Dabei tauschen sie aber nur Informationen aus. Sie besprechen Termine und Aufgaben, tratschen über andere Menschen und diskutieren die neusten Sport- und Klatschmeldungen. Aber ein Austausch der Seelen über persönliche Empfindungen und Lebensträume findet kaum statt. In diesen Ehen ist das *ein Herz und eine Seele sein* verloren gegangen.» Anja gab zu: «Euch beiden sieht man an, dass es bei euch nicht so ist.» Eileen lächelte: «Danke. Ja, wir sind dicke Freunde! Wir genießen jede Minute miteinander. Ist dein Ehepartner auch dein engster Freund, dann fühlst du dich so wohl, als wenn du alleine wärst. Du kannst ganz dich selbst sein, ohne dich verstellen zu müssen.»

Roger wandte ein: «Wie wird man Freunde? Dies ist ja anscheinend nicht so einfach, oder?» John erzählte: «Wir haben darüber ein gutes Buch gelesen. John Gottman, von dem wir euch auch schon Dinge erzählt haben, schreibt über verschiedene Punkte, die eine Freundschaft zwischen Ehepartnern ausmachen. Er ist überzeugt, dass das Herz jeder Ehe die Freundschaft ist.[12] Lest doch dieses Buch einmal zusammen. Es enthält auch viele einfache Übungen, die ein Ehepaar zusammen machen kann. Gottmann weist zum Beispiel nach, dass eine Freundschaft entstehen kann, wenn man **Zuneigung und Bewunderung** übt und pflegt. Dies sind sehr wertvolle Gefühle. Wenn du deinem Ehepartner Zuneigung spüren lässt und ihn bewunderst, bist zu viel weniger in Gefahr, ihn oder sie zu verachten. Mache dir täglich bewusst, was dein Ehepartner gut kann und wie wertvoll er oder sie für Gott ist. Zuneigung zeigt sich in ganz kleinen Details des Alltags. Eine Freundschaft zeigt sich darin, dass das Paar, wenn es zusammen ist, immer wieder kurz miteinander in Kontakt tritt. Ein Blickkontakt, ein kurzer Wortwechsel:

‹Hast du gesehen?› – ‹Ja. Schön, gell.› Oder eine spontane Berührung beim Vorbeigehen. Jede dieser kleinen Kontaktaufnahmen ist ein Puzzleteil für die Freundschaft. Auch wenn das einzelne noch so unbedeutend ist, wächst dadurch doch eine starke Verbundenheit. Diese Kleinigkeiten zeigen mir, dass Eileen innerlich mit mir verbunden und sie sich meiner Gegenwart bewusst ist. Dies ist die Romantik des Alltags. Falls Zuneigung und Bewunderung nachgelassen haben, gibt es eine gute Nachricht: Man kann sie wieder einüben! Allein an einem einzigen Tag ereignen sich massenhaft Momente an denen ich mich unbewusst entscheide, ob ich mich Eileen zu- oder mich von ihr abwende. Es liegt an mir, dass ich so viele Chancen wie nur möglich nutze, um mich ihr zuzuwenden. Jedes Mal, wenn ich mich Eileen zuwende, biete ich ihr gleichzeitig die Möglichkeit, dass auch sie sich mir zuwendet. Wenn das geschieht, dann springt ein ganz kleiner Funke über. Je öfters dies etwas Lustiges ist, umso besser! Der Sex am Abend eines Tages, der voll von kurzen Kontaktaufnahmen war, ist viel besser, als wenn man den Tag getrennt verbrachte oder zusammen war, aber die Gelegenheiten für Kontaktaufnahmen verpasst hatte.» Eileen: «Zuneigung und Bewunderung kann man auch sehr gut darin zeigen, dass man während des Essens den Fernseher und das Radio ausschaltet. John legt oft die Zeitung beiseite, wenn ich mich an den Tisch setze. So haben wir die Zeit, um miteinander zu reden. Manchmal lesen wir die Zeitung auch gemeinsam und tauschen uns darüber aus.»

Eileen schnitt einen neuen Punkt an: «Am Anfang unserer Ehe hatten wir immer wieder Machtkämpfe: Wer hat die bessere Idee? Wessen Meinung ist wohl die schlüssigere? Ich weigerte mich manchmal regelrecht, die Ideen oder die Meinungen von John gut zu finden. Besonders, wenn ich dahinter eine Beeinflussung durch seine Familie oder seine Freunde spürte. Ich musste aber lernen, meinen Stolz aufzugeben und mich John unterzuordnen. Ich musste es zulassen, mich von Johns **Ideen und Meinungen** beeinflussen zu lassen. Eine Kollegin sagte mir einmal: ‹Wenn John etwas gut findet, versuche ebenfalls das Positive daran zu sehen. Es ist überhaupt keine Schande und auch kein Zeichen von Schwäche, wenn du deine Meinung seinem Standpunkt anpasst. Im Gegenteil dies ist sogar ein Zeichen, dass du eine stabile Persönlichkeit besitzt.› Da hat sie recht. Wer mit sich im Reinen ist, dem fällt kein Zacken aus der Krone, wenn er zugibt, dass er die Meinung oder die Vorlieben seines Ehepartners übernommen hat. Nur wer krampfhaft ein Image aufrechterhalten muss, dem er eigentlich gar nicht entspricht, ist an allen Fronten damit beschäftigt, sich nicht von anderen beeinflussen zu lassen.»

John ergänzte: «Diese Machtkämpfe haben unsere Ehe belastet. Wir mussten beide regelmäßig um die Erfüllung unserer Wünsche und Ideen kämpfen. Dies hat es uns schwer gemacht, uns gegenseitig unterzuordnen. Seit Eileen und ich gelernt haben, uns gegenseitig in die Wünsche und Ideen des anderen hineinzudenken, finden wir viel schneller Kompromisse und gute Lösungen. Wir sind ein Team. Wir sind nicht gegeneinander, sondern miteinander!»

Eileen streckte sich und begann ein drittes Thema: «**Gemeinsame Unternehmungen** fördern ebenso die Freundschaft in der Ehe. Eileen und ich merkten nach gemeinsamen Ferien immer, dass sich unsere Freundschaft vertieft hatte. Dies war bei Ferien im Ausland so, aber auch bei Ferien zu Hause. Einfach dadurch, dass wir Zeit miteinander verbrachten, wurde unsere Basis größer. Wir spürten stärker, wie es dem anderen geht. An Arbeitstagen verbringen wir nur die Zeit miteinander, in der John am müdesten ist. Da er kein Abendmensch ist, teilt er nach der Arbeit also genau die Tageszeit mit mir, in der er am wenigsten in Form ist.» John bestätigte dies mit einem Kopfnicken: «Aber in den Ferien kann ich Eileen endlich meine beste Tagesform schenken.» Eileen fuhr fort: «Ich freue mich immer sehr darauf! Die Freundschaft wird gefördert, je mehr Zeit wir miteinander verbringen und wir uns dabei an der Gemeinschaft des anderen freuen. Verbringt Zeit miteinander, redet, spielt, spaziert, macht Ausflüge oder wozu ihr Lust habt. Einkaufstouren sind für einige Ehepaare auch geeignet, aber wir haben festgestellt, dass Einkaufen anderen psychologischen Gesetzen unterworfen ist als die andere Aktivitäten. Das muss jedes Ehepaar für sich herausfinden, aber für uns gilt eine Einkaufstour nicht als gemeinsam verbrachte Zeit.»

John: «Arbeitet unbedingt an eurer Freundschaft! Das wird eure Ehe unheimlich bereichern.»

5. Vergebt einander immer wieder!

Plötzlich ging das Licht aus und alle im Speisesaal saßen im Dunkeln.

Roger witzelte: «Mal schauen, wie lange die brauchen, um das zu reparieren.» Nach kurzer Zeit kamen Träger von den verschiedenen Reisegruppen und brachten Kerzen. John fragte ihren Träger: «Warum gibt es keinen Strom mehr?» Dieser erklärte freundlich: «Wir haben Sonnenkollektoren auf dem Dach. Diese produzieren Strom für die Beleuchtung in der Aufenthaltshütte. Heute gab es nicht so viel Sonne ...» Dies leuchtete der Reisegruppe ein. Auch der Führer einer großen Reisegruppe aus Südkorea brachte Kerzen. Er hatte Mühe, mit seinen Schützlingen zu kommunizieren. Er erzählte John, dass keiner von ihnen Englisch spräche und er auch kein Koreanisch. Ihr Koch servierte ihnen zwar ein mehrgängiges Menü. Doch sie packten lieber Büchsen mit Essen aus ihrer Heimat aus und aßen daraus.

Eileen sprach nun den fünften Punkt an, der dazu beiträgt, die Ehe und den Ehepartner positiv zu sehen: «Wenn zwei eng zusammenleben, dann treten sie einander zwangsläufig auf die Füße. Das ist nicht zu umgehen. Seht euch die Koreaner an. Sie sind so viele, dass sie ganz eng auf den Bänken um den Tisch sitzen müssen. Da ist es ganz normal, dass sie sich beim Schneiden oder Aufstechen des Essens mit den Ellbogen berühren. Zusammenleben geht nur, wenn wir Nähe zulassen. Aber genau diese Nähe bringt es mit sich, dass es auch Reibereien gibt. Wir besuchten vor einiger Zeit mit einem Wohnmobil alte Freunde in den USA. John und ich lebten gut zwei Wochen in diesem kleinen Raum. Buchstäblich sind wir uns auf die Füße getreten. In diesem schmalen Gang, der von vorne bis hinten durchs Wohnmobil führte, war dies auch nicht verwunderlich.

In der Ehe lebt man nicht nur körperlich auf engem Raum zusammen, sondern auch seelisch. Auch seelisch tritt man einander auf die Füße. Der eine tut oder sagt etwas, das den anderen verletzt. Um den Ehepartner immer noch positiv sehen zu können, muss man lernen zu vergeben. Ich habe bei meinen Eltern nicht gelernt, was echte Vergebung bedeutet. John hatte mehr Glück. Seine Eltern haben es ihm vorgelebt. Ich bin ihnen dankbar, so konnte John es in unsere Ehe mitbringen. Einander zu vergeben heißt, dass das, was zuvor trennend zwischen uns gestanden ist, aus dem Weg geräumt wird. Schuld trennt. Sie trennt auch Ehepartner. Wer einfach darüber hinweggeht, der lässt sie da stehen. Mit der Zeit wird dieser trennende stinkende Haufen so groß, dass er hervorbricht und großes Unheil in der Ehe anrichtet. Ehepaare, die ein Leben lang glücklich sein wollen, müssen unbedingt lernen, wie sie einander echt vergeben können. Vergeben hilft, Negatives immer wieder auszuräumen, dadurch kann die Ehe wieder positiv gesehen werden.»

Anja wandte sich fragend an Eileen: «Was hatten Johns Eltern, was deine Eltern nicht hatten?» Eileen freute sich, diese Frage zu beantworten: «Das ist eine gute Frage. Es klingt vielleicht etwas komisch, aber meine Eltern kannten Gott nicht. Johns Eltern aber schon. Gott ist nämlich ein Meister im Vergeben. Wer Gott und seine Art zu vergeben kennt, der kann sie leichter auch in seiner Ehe umsetzen. Die Schuld trennt nicht nur Menschen, sie trennt auch die Menschen von Gott. Dazu muss ich etwas ausholen.» Eileen lehnte sich zurück und fuhr fort: «Adam und Eva haben Schuld auf sich geladen, weil sie das Vertrauensverhältnis zu Gott zerbrochen haben. Bildlich gesprochen: sie sind Gott mächtig auf die Füße getreten. Die Bibel nennt die Schuld gegen Gott Sünde. Das Neue Testament der Bibel wurde ursprünglich in griechischer Sprache geschrieben. Das griechische Wort für Sünde bedeutet, das Ziel zu verfehlen. Also eigentlich seiner Bestimmung nicht nachzukommen. Die Lebensbestimmung der Menschen wäre, mit Gott in einer Beziehung zu leben, doch sie entschieden sich dagegen. Dadurch haben sie ihre Bestimmung verfehlt, also gegen ihren Schöpfer gesündigt.» Sie beugte sich nach vorne und stützte sich auf den Tisch: «Jetzt kommt seine Vergebung ins Spiel: Der Apostel Paulus formulierte treffend: ‹Der Lohn, den die Sünde zahlt, ist der Tod. Gott aber schenkt uns unverdient, aus reiner Gnade, ewiges Leben durch Jesus Christus, unseren Herrn› (Römer 6,23). Jesus nahm die Strafe, die wir verdient hätten, auf sich. Und Gott bietet an, uns zu vergeben!

Wenn ich zugebe, dass ich vor Gott schuldig bin, dass ich mein Ziel, meine Bestimmung, für die ich geschaffen wurde, verfehlt habe und ihn um Vergebung bitte, dann vergibt er gerne. Der Apostel Johannes schrieb in einem Brief: ‹Wenn wir aber unsere Verfehlungen eingestehen, können wir damit rechnen, dass Gott treu und gerecht ist: Er wird uns dann unsere Verfehlungen vergeben und uns von aller Schuld reinigen› (1. Johannes 1,9). Wenn Gott vergibt, dann ist sie weg – für immer. Vergeben und vergessen, wie man so schön sagt. Die Bibel gebraucht verschiedene Bilder für das endgültige Vergessen der Schuld: Gott wirft die Sünde hinter seinen Rücken und zertritt sie (Jesaja 38,17,

Micha 7,19). Er legt die Sünde weg, soweit der Osten vom Westen entfernt ist und er versenkt die Schuld im tiefsten Meer (Psalm 103,12, Micha 7,19).

Dies ist ein deutlicher Unterschied zu der Art der Vergebung, die ich zu Hause gelernt hatte. Bei uns wurde nicht vergeben und vergessen. Sobald sich die Stimmung etwas beruhigt hatte, ging einfach jeder seiner Arbeit nach und tat so, als wäre nichts geschehen. Aber die Schuld wurde nicht weggeräumt. Beim nächsten Streit kam alles wieder hoch. Man fuhr dort weiter, wo man das letzte Mal aufgehört hatte. Irgendwann war der Berg so hoch, dass meine Eltern ihre Ehe und ihren Ehepartner nur noch negativ sahen.» John wandte ein: «Bei uns war dies in der Tat ganz anders. Meine Eltern gerieten sich zwar auch in die Haare und hatten Unstimmigkeiten. Aber anschließend haben sie sich immer wieder versöhnt und einander vergeben. Ich habe nie miterlebt, dass meine Eltern einander oder uns Kindern alte Vergehen wieder vorgehalten hatten. Meine Mutter sagte jeweils: ‹Wenn uns Gott vergibt, warum sollten wir einander nicht auch vergeben?›» Roger runzelte die Stirn: «Wenn Gott einem vergibt, aber man macht wieder einen großen Mist, was ist dann?» Eileen: «Dann vergibt er wieder. Ein Schüler von Jesus fragte ihn einmal, wie oft einer dem anderen vergeben soll. Dieser dachte, wenn er sieben Mal das gleiche jemandem verzeiht, dann sei er großzügig. Aber Jesus antwortete etwas anderes: ‹Nein, nicht siebenmal, sondern siebzigmal siebenmal!› (Matthäus 18,22). Jesus meinte damit, man solle unzählige Male vergeben. Wenn er dies von uns Menschen fordert, dann wird er wohl selbst auch so handeln.

Für die Ehe bedeutet dies, dass wir lernen müssen, dem anderen richtig und ganz zu vergeben. Ich musste das wirklich lernen. Mit dem Verstand kämpfte ich gegen Gedanken, die alte Sachen von John wieder hochkommen lassen wollten. Seit ich nun schon oft selbst Gottes Vergebung erlebt habe, kann ich dies auch viel besser bei John anwenden.» John zeigte auf das Buch auf dem Tisch: «Die Bibel gibt noch einen ganz praktischen und guten Tipp zum Thema Vergebung: ‹Versöhnt euch wieder und lasst die Sonne nicht über eurem Zorn untergehen› (Epheser 4,26). Wir haben uns gegenseitig versprochen, dass wir uns wenn immer möglich wieder versöhnen wollen, bevor wir zu Bett gehen. Erstens können wir dann viel besser schlafen und zweitens jeden Tag aufwachen und die Ehe und den Ehepartner positiv sehen. So können wir am Morgen unbeschwert den Tag beginnen.» Eileen: «Es kommt gar nicht darauf an, wer von beiden im Unrecht ist. Mache du grundsätzlich den ersten Schritt auf deinen Ehepartner zu, wenn etwas Trennendes zwischen euch steht. Dies braucht immer Überwindung, aber oft reicht ein Kuss oder du bringst etwas, das er gerne isst oder trinkt und setzt dich hinzu und beginnst mit den Worten: ‹Es tut mir leid. Ich liebe dich.› Vergeben zu können, ist eine der wichtigsten Fähigkeiten von Ehepaaren, die ein Leben lang glücklich verheiratet sein wollen.»

Hilf deinem Partner, positiv von dir und eurer Ehe zu denken

John: «Du kannst deinem Ehepartner wesentlich helfen, dich und eure Ehe positiv zu sehen. Zeige deinem Partner regelmäßig deine positiven Seiten! Roger, hilf aktiv im Haushalt mit, erst recht wenn sie dich nicht darum gebeten hat. Studien haben ergeben, dass Ehefrauen in einem Streit eine viel tiefere Herzschlagfrequenz haben, wenn ihre Ehemänner ihnen regelmäßig im Haushalt helfen.[13] Diese Frauen sehen die Ehe positiver als die anderen und darum zeigt ihr Körper während einer Unstimmigkeit weniger starke Stresssymptome. Das Gute daran ist, dass diese Frauen weniger anklagend klingen. Dies führt dazu, dass der Mann weniger in eine Abwehrhaltung verfällt und sich rechtfertigen muss. Mithilfe im Haushalt steigert also wesentlich die positive Atmosphäre in der Ehe.»

Eileen: «Aber auch sonst: Viele Menschen geben irgendwelchen Umständen und Personen die Schuld dafür, dass die Atomsphäre in der Ehe schlecht ist und dass man die Ehe und den Ehepartner in einem negativen Licht sieht. Wer hat es in der Hand, dies zu ändern? Vor allem du selbst. Wenn du nichts daran änderst und dich von der positiven Seite zeigst, wer macht es dann? Mache du immer den ersten Schritt und übernimm Verantwortung dafür, dass eure Ehe besser wird. Du kannst deinem Partner helfen, positiv von dir zu denken. Liebe ihn, zeige ihm Respekt, sage immer wieder danke, mache eure Ehe zu einem sicheren Ort für deinen Ehepartner und sei der beste Freund. Und vor allem sei fröhlich! Entscheide dich dazu, fröhlich zu sein. Denke an schöne Dinge und sei dankbar. Denn wer will schon einen Ehepartner, der mies gelaunt ist? Du hast es in der Hand, dass dein Ehepartner sich bei dir wohl fühlt. Die praktischen Tipps dazu geben wir euch morgen.»

Warum ist das nicht selbstverständlich?

Roger rutschte auf seinem Platz hin und her. Dann sagte er: «Es ist logisch, dass eine Ehe am besten funktioniert, wenn man seinen Ehepartner positiv sieht. Aber warum fällt das so schwer? Warum sehe ich Anja doch so oft als Konkurrentin?» John schaute ihn verständnisvoll an: «Das hat mehrere Gründe. Die zwei wichtigsten schauen wir morgen genauer an. Erstens der Stolz und die Selbstsucht, denen jeder Mensch verfallen ist, und zweitens versuchen wir, unsere tiefsten Sehnsüchte und Bedürfnisse an falschen Orten zu stillen, nämlich bei jemandem, der dies nie vollumfänglich tun kann. Nur so viel: ‹Ich bin zu stolz, um zuzugeben, dass ich im Unrecht bin.› Schon sieht man in der Frage nach der Schuld den Partner als Gegner. Weil ich selbstsüchtig bin, denke ich, ich hätte das Recht von Eileen verstanden zu werden. Schon ist der Ehepartner ein Konkurrent um die Frage, wer wem zuerst Verständnis zeigen muss. ‹Ich will, dass meine Bedürfnisse nach Annahme, Liebe und Bedeutung von meinem Ehepartner gestillt werden. Ich schaue, dass ich für mich so viel wie möglich aus unserer Beziehung herausholen kann. Wenn ich das von meinem Ehepartner nicht empfange, dann setze ich Druck auf und verweigere ebenfalls Liebe und Annahme.› Der ursprüngliche Sinn der Ehe, einander eine Hilfe zu sein, geht dabei verloren. Diese Hilfe bezieht sich nicht nur auf den Haushalt, sondern vielmehr auch auf die zwischenmenschlichen Bedürfnisse des Ehepartners. Daraus folgt: ‹Ich selbst will keine Hilfe sein, sondern der König. Ich will, dass der andere mir dient, mir Recht gibt, mir Verständnis entgegenbringt, mich annimmt und mir Bestätigung gibt. Solange er das tut, kann ich die Ehe und den Ehepartner ohne große Mühe positiv sehen. Aber wehe, wenn meine Bedürfnisse nicht gestillt werden, wenn mein Ego nicht auf seine Rechnung kommt, dann sehe ich den Ehepartner in dieser Sache schnell negativ.›» Eileen fuhr dazwischen: «John, du greifst vor. Das gehört doch schon zum dritten Prinzip.» John: «Ja, stimmt. Aber es gibt noch einen anderen Grund, warum man den Partner oft negativ sieht. Nicht selten geschieht es einfach wegen Missverständnissen.»

Missverständnisse

John spielte Eileen mit einem Kopfnicken den Ball zu. Sie begann: «Jeder Mensch sieht die Dinge um sich herum aus seiner eigenen Perspektive. Die Wahrnehmung ist immer unterschiedlich. Erst wenn man darüber spricht, beginnen sich die unterschiedlichen Sichtweisen einander anzugleichen. Ich sehe zum Beispiel, dass der Abfalleimer nach draußen gebracht werden sollte. John hingegen sieht, dass wir in den nächsten zwei Tagen nicht zu Hause essen werden, daher kaum weiterer Abfall entsteht und deshalb das Hinausbringen nicht die oberste Priorität hat. Ich bitte also John den Abfalleimer nach draußen zu bringen, weil er voll ist. John sagt aber, dass er zurzeit Wichtigeres zu tun habe. Was ich nicht verstehen kann, weil der Eimer ja voll ist. Ich denke also, dass John einfach nur faul ist und seine Aussage eine Ausrede sei. Dies ist ein Missverständnis. John ist nicht faul, er hat nur eine andere Prioritätenliste. Weil er wusste, dass wir in den nächsten zwei Tagen kaum weiteren Abfall produzieren würden, wollte er zuerst etwas erledigen, das heute noch fertig gestellt werden musste. Erst als wir darüber gesprochen hatten, sah ich seine Betrachtungsweise und verstand sein Verhalten.»

John ergänzte: «Missverständnisse entstehen auch dadurch, dass jeder Mensch anders ist. Ein Einzelkind ist sich ganz andere Dinge gewöhnt als das Mittlere von drei Geschwistern. Jemand, der sich oft gegen seine Geschwister behaupten und um Aufmerksamkeit der Eltern buhlen musste, erlebt es anders, wenn der Ehepartner Ansprüche erhebt, als jemand, der unter den Geschwistern keine Konkurrenz erlebte. Unbewusst wird er an die Kämpfe aus der Kindheit erinnert, wenn der Ehepartner sich in den Vordergrund drängt. Oder ein anderes Beispiel für Unterschiede: Ich empfinde es als sehr schön, wenn Eileen und ich im gleichen Raum sind. Für mich spielt es nicht einmal eine große Rolle, ob wir zusammen sprechen oder nicht. Ich genieße einfach ihre Anwesenheit. Wenn wir den ganzen Abend so zusammen waren und ich der Meinung war, dass wir nun wieder einmal etwas Zeit miteinander verbracht hatten, kommt Eileen mit der Bitte: ‹Können wir noch etwas Zeit miteinander verbringen?› Ich antworte: ‹Aber wir haben doch den ganzen Abend miteinander verbracht. Ich war doch da!›» Eileen pflichtete bei: «Ja genau. Ich habe ein ganz anderes Empfinden was Zweisamkeit betrifft als John. Ich habe nur dann das Gefühl, wirklich Zeit mit John verbracht zu haben, wenn wir zusammen sprechen und uns dabei in die Augen sehen konnten. Auf diese Weise spüre ich seine Seele. Ich spüre, wie es ihm wirklich geht.» John: «Als wir uns dessen noch nicht bewusst waren, ging ich jeweils davon aus, dass wir nun genügend Zeit miteinander verbracht haben und verabschiedete mich. Eileen hingegen fühlte sich alleine.» Eileen: «Ich dachte, dass ich dir wohl nicht wichtig bin, wenn du einfach still an deinem Schreibtisch etwas machst und dich dann verabschiedest. Dies führte soweit, dass ich mich von ihm nicht mehr geliebt fühlte. Er schenkte mir in meinen Augen keine Aufmerksamkeit. Dabei meinte er die ganze Zeit, er habe doch reichlich Zeit bei mir verbracht und so seine Wertschätzung ausgedrückt.

Gary Chapman hat dazu ein gutes Buch geschrieben. Es heißt: *Die fünf Sprachen der Liebe*. Es geht darum, dass alle Menschen Liebe auf unterschiedliche Arten zeigen und dementsprechend auch empfinden. Einige fühlen sich geliebt, wenn sie ein Geschenk erhalten. Anderen hingegen sagt ein Geschenk gar nichts. Einige fühlen sich geliebt, wenn sie zärtlich berührt werden oder wenn ihnen jemand hilft. Bei wieder anderen wird der Liebestank aufgefüllt, wenn sie Lob und Anerkennung erhalten oder wenn ihnen jemand Zeit und volle Aufmerksamkeit schenkt. Schon oft gab es in Ehen Missverständnisse, weil die Liebe, die der eine ausgedrückt hat, beim anderen nicht angekommen ist. Das Verflixte daran ist, dass du also deinem Ehepartner Liebe zeigen kannst, aber wenn du die falsche Liebessprache wählst, der andere sich dabei doch nicht geliebt fühlt. Meine Liebessprache ist zum Beispiel Zweisamkeit. Das heißt, ich fühle mich geliebt, wenn ich volle Aufmerksamkeit bekomme. Johns Liebessprache ist aber Anerkennung und Hilfsbereitschaft. Er zeigte mir seine Liebe, indem er mir viel half.» John lächelte verlegen: «Aus Liebe zu Eileen baute ich sehr viel an unserem Haus. Ich wollte ihr durch mein Anpacken meine Liebe ausdrücken. Aber irgendwann hatten wir dann Krach im Haus. Eileen sagte mir, sie möchte gerne mehr Zeit mit mir verbringen. Sie fühle sich nicht mehr so geliebt wie früher. Ich konnte kaum glauben, was ich da hörte. Ich schuftete mir aus Liebe zu ihr meine Hände wund und sie behauptete, sie fühle sich nicht mehr so geliebt wie am Anfang.» Eileen: «Wegen des Umbaus hatte er in der Tat weniger Zeit, um mir zuzuhören. Da ich keine ungeteilte Aufmerksamkeit mehr von ihm erhielt, füllte sich mein Liebestank weniger. Es löste bei mir also genau das Gegenteil von dem aus, was John ausdrücken wollte. Im Verstand konnte ich es schon nachvollziehen, dass es gut gemeint war, aber es rutschte nicht ins Herz.» John: «Sie fühlt Liebe, wenn ich mich zu ihr hinsetze und ihr in die Augen schaue. – Auf diese Weise sind schon viele Liebesbeziehungen erkaltet. Liebe wäre noch massenhaft vorhanden gewesen, aber es gab ein Missverständnis in der Interpretation der Liebesbeweise. – Aber Achtung! Bei deinem Ehepartner kann es gerade umgekehrt sein. Vielleicht fühlt sie sich geliebt, wenn du ihr den ganzen Haushalt erledigst oder ihm beim Waschen des Autos hilfst. Zusammen reden und einander dabei in die Augen schauen, findet er vielleicht schön, füllt aber nicht seinen Liebestank!»

Eileen: «Finde also heraus, welche Liebessprache dein Ehepartner spricht und versuche so oft wie nur möglich, deine Liebe zu ihm oder ihr auf diese Weise auszudrücken. Dies kann zu Beginn anstrengend sein, vor allem wenn es nicht deiner Liebessprache entspricht. Aber es ist wirklich so, dass die Liebe dadurch beim anderen viel besser ankommt. Dadurch hilfst du deinem Ehepartner, dich und die Ehe positiv zu sehen. Es gibt auch eine gute Seite an der Geschichte! Wir können die Liebessprache bewusst ausnutzen, um bei unserem Ehepartner Gefühle für uns zu wecken. Wenn sich die Ehepartner geliebt fühlen, dann ist schon vieles in der Ehe gerettet!»

John: «Eine andere Art von Missverständnissen entsteht, wenn man annimmt, zu wissen, was der andere denkt oder was seine Motive sind. Zwischen Eileen und mir hat es oft Missstimmungen gegeben, weil wir einfach angenommen haben, zu wissen, was im anderen vorgeht. Aber es ist eine romantische Vorstellung, dass man die Wünsche einander von den Augen ablesen kann. Dies ist sogar gefährlich und hat schon einigen Ehen den Atem gekostet. Warum hat uns Gott wohl einen Mund geschenkt? Damit wir unsere Wünsche und Anliegen äußern und uns bei unserem Ehepartner nach dessen Bedürfnissen und Herzenswünschen erkundigen können. Ich las zum Beispiel die Zeitung, während Eileen noch etwas erledigte. Als sie fertig war, nahm sie an, dass ich jetzt lieber die Zeitung lese, als ihr zuzuhören. Deshalb schwieg sie und hat mich nicht unterbrochen. Ich hätte jedoch liebend gerne an ihrem Tag Anteil genommen, doch weil sie noch mit etwas beschäftigt war, hatte ich die Zeitung zur Hand genommen und zu lesen begonnen.» Eileen: «Und weil du gelesen hast, bin ich weiterhin einer Beschäftigung nach der anderen nachgegangen. So war der Abend gelaufen und wir haben wegen eines Missverständnisses beide nicht bekommen, was wir eigentlich wollten: Ich wollte von meinem Tag erzählen und du wolltest mir gerne zuhören.» John: «Wir haben aber gelernt, einander klarer zu sagen, was wir voneinander möchten. In diesem Fall könnte das so aussehen, dass ich sage: ‹Ich hätte jetzt Zeit. Wenn du fertig bist, komm doch zu mir und erzähle mir von deinem Tag.› Dann macht Eileen ihre Dinge fertig, während ich etwas in der Zeitung blättere. Wenn sie fertig ist, kommt sie zu mir und ich lege die Zeitung zur Seite.

Solche Missverständnisse gibt es viele, wenn man nicht miteinander spricht. Man nimmt einfach an zu wissen, was der andere denkt. Doch vielfach liegt man daneben. Vor allem dann, wenn man vom Negativen ausgeht. Eine wichtige Regel lautet: Gehe im Zweifelsfalle immer von dem aus, was für die Ehe positiv ist. Eileen sollte also besser annehmen, dass ich gerne die Zeitung weglegen und ihr zuhören möchte. Das, was wir annehmen, bestimmt nämlich unser Verhalten. Gehen wir vom Positiven aus, dann leiten wir auch alles in die Wege, dass dieses Positive eintreffen kann. Gehen wir jedoch vom schlechten Fall aus, dann verhalten wir uns genau so, dass dieser Fall tatsächlich auch eintrifft. In unserem Beispiel hatte Eileen also angenommen, dass ich ihr nicht zuhören möchte. Weil sie das gedacht hat, hat sie immer neue Dinge in Angriff genommen, anstatt zu mir zu kommen. Ihre Befürchtung, dass ich den ganzen Abend Zeitung lesen würde, ist dadurch eingetroffen. Wäre sie aber vom Positiven ausgegangen, dass ich nur den Artikel zu Ende lesen würde und nicht die ganze Zeitung, wäre sie gekommen und wir hätten miteinander reden können. Selbst wenn ich doch lieber die Zeitung fertig gelesen hätte, hätte Eileen mich vermutlich dazu bringen können, ihr zuzuhören, wenn sie das Positive für die Ehe angenommen hätte.»

Eileen: «Uns hilft es, den Abend oder die freie Zeit zu planen. Wenn zwei ohne nachzudenken in den Abend hinein leben, dann können sie sich ihre Wünsche auch nicht mitteilen. Der Abend verstreicht und keiner bekommt, was er gewollt hat, weil er es selbst nicht wusste. Planen hilft, Missverständnissen und unerfüllten Bedürfnissen aus dem Weg zu gehen. Dies ist wichtig, weil ich so den Ehepartner und die Ehe positiv sehen kann.»

Eine kalte Nacht

Saidi erzählte ihnen alles Wichtige für die Nacht und den nächsten Tag. Daraufhin schloss John das Thema ab: «Das zweite Kilimanjaro-Prinzip der Ehe heißt die *Einstellung von Mandara*, weil man ab den Mandara Hütten nur mit der richtigen Einstellung das Ziel erreicht. Genau so ist es auch in der Ehe. Es ist wichtig, dass wir an unserer Einstellung zur Ehe und zum Ehepartner arbeiten. Daher beinhaltet das zweite Prinzip: ‹Denke positiv von deinem Ehepartner und deiner Ehe.› Deine Einstellung und deine Gedanken haben direkte Auswirkungen auf dein Verhalten und dies entscheidet über Glück und Unglück in der Ehe. Sucht euch Leute, die auch positiv von ihrem Ehepartner und ihrer Ehe reden. Meidet hingegen Leute, die nur Schlechtes in ihrer Ehe sehen und in eurer Anwesenheit ihren Ehepartner kritisieren. Sie werden euch ebenso herunterziehen! Freunde zu haben, die einen positiv beeinflussen, ist etwas sehr Wertvolles!

Morgen haben wir hier bei den Horombo Hütten unseren Ruhetag. Vielleicht findet ihr die Zeit jeder für sich eine Liste zu schreiben. Schreibt dort alles auf, was an eurer Ehe und eurem Ehepartner positiv ist. Dann denkt über diese Dinge nach und sei bewusst dankbar für diese Dinge – jeder für sich. Mir hat diese *Dankbarkeits-Liste* sehr geholfen, um eine positive Einstellung zu meiner Frau und unserer Ehe zu finden. Das Positive in der Ehe kommt nicht von alleine, da muss man schon auch etwas dafür tun. Was das ist, sehen wir im dritten Kilimanjaro-Prinzip der Ehe: *Der Einsatz ab Horombo*.»

Anschließend lösten sie die Tischgemeinschaft auf. Es war sehr kalt draußen. Die Wasserhähne bei den Toilettenanlagen begannen schon zuzufrieren. Es musste also unter null Grad Celsius sein. Alle vier gingen früh zu Bett. Bereits um 19:30 Uhr steckte jeder in seinem Schlafsack. Anja und Roger waren sehr dankbar, dass sie sich für die warmen Schlafsäcke entschieden hatten. Zuerst wollte Roger, um Gepäckgewicht zu sparen, lediglich mit einem leichten Schlafsack anreisen. Anja kaufte sich aber kurz vor der Abreise noch einen guten Daunenschlafsack, den sie in einem Sportgeschäft zum halben Preis gefunden hatte. Als Anja ihrem Mann am Abend von diesem Kauf erzählte und sagte, dass es noch einen zweiten gehabt hätte, rief Roger gleich an, um ihn zu reservieren. Nun war er wirklich sehr froh über diese Wärme.

Um der Höhenkrankheit vorzubeugen, wird am Parkeingang auf großen Schildern empfohlen, täglich mindestens vier bis fünf Liter Wasser zu trinken. Dies hatte zur Folge, dass die vier Bergsteiger in der Nacht einige Male in die Kälte hinaus zur Toilette gehen mussten. Den warmen Schlafsack zu verlassen, brauchte jedes Mal große Überwindung.

Vor dem Einschlafen gingen Roger und Anja viele Gedanken durch den Kopf. Roger versuchte sich an den Zeitpunkt zu erinnern, wo die negativen Gedanken über Anja überhand genommen hatten. Er musste zugeben, dass diese unzufriedene, negative Haltung sein Verhalten beeinflusst hatte. Er war immer seltener auf Anja zugegangen, um sie zu umarmen. Sie hatten begonnen, sich auseinander zu leben. Er fasste sich ein Herz und begann über Anjas guten Eigenschaften nachzudenken. Er erinnerte sich plötzlich daran, dass er vor ihrer Heirat bereits einmal eine solche Liste erstellt hatte. Dort hatte er alle Gründe aufgeführt, warum sie beide zusammenpassen. Zeile um Zeile erinnerte er sich wieder an die Gründe für sie als Paar. Je länger er wach auf seiner Matratze lag, desto mehr realisierte er, dass ihre Ehe, wenn sie nochmals von vorne beginnen könnten, nicht die schlechtesten Vorzeichen hätte. Doch schnell überfielen ihn auch wieder die negativen Gefühle, die sich in den letzten Monaten angestaut hatten. Würde er diese überwinden können? Er dachte darüber nach, was John und Eileen ihnen über die Vergebung erzählt hatten. Wenn dies wirklich funktionieren würde, wenn echte Vergebung tatsächlich einen Neuanfang möglich machte, dann hätten sie vielleicht eine Chance. Roger schwankte zwischen Hoffnung und Resignation hin und her, bis er schließlich einschlief. Hätte er gewusst, dass Anja sich ganz ähnliche Gedanken machte, hätte die Hoffnung ein kleines Stückchen mehr Gewicht erhalten.

Der Einsatz ab Horombo

Am nächsten Morgen um 7:15 Uhr servierte der Koch warmen Tee ans Bett: Der dritte Tag hatte begonnen. Dreiviertel Stunden später fanden John, Eileen, Anja und Roger zum Frühstück zusammen. Heute war ihr freier Tag. Saidi nannte es Akklimatisationstag. Der Körper hat so mehr Zeit, um sich an die Höhe und die anderen Druckverhältnisse zu gewöhnen. Anja hatte gelesen, dass Wanderer, die diesen Ruhetag auslassen, weniger Chancen hätten, den Uhuru-Peak zu erreichen. Aber die vier lagen heute nicht auf der faulen Haut. Saidi führte sie bis auf 4200 Meter über Meer und wieder zurück zu den Horombo Hütten. Zuerst war es neblig und bewölkt. Feiner Nieselregen brachte zusätzliche Feuchtigkeit. Anja und Roger zogen sich über ihre warme Kluft die Regenkleider an. So machten sie sich auf den Weg. Saidi führte sie langsam den Berg hoch. Nach einer Weile zeigte sich die Sonne und es wurde spürbar wärmer. Anja und Roger mussten die Regen- und Kältemontur wieder ausziehen und nun den ganzen Weg über mittragen. Nach etwas mehr als einer Stunde erreichten sie die *Zebra Rocks*. Das sind große Felsen, die vom Wasser mit schwarzen und weißen Streifen überzogen wurden. Einige Touristen, die ebenfalls einen Ruhetag einlegten, kehrten hier wieder um. Doch Anja und Roger wollten unbedingt weiter gehen. Saidi sagte, dass sei typisch für Schweizer: «Die sind sich das von ihren Bergen gewöhnt.» John und Eileen gingen auch mit. Anja schrieb später in ihr Tagebuch: «Ich merkte gut, dass die Luft dünner wurde. Ich bekam etwas Atemprobleme. Roger spürte lediglich einen leichten Druck auf dem Kopf. Die letzten Höhenmeter bis zu unserem heutigen Ziel waren für mich sehr hart. Mein Herz schlug wie wild. Ich dachte, dass ich morgen zu den Kibo Hütten wirklich langsam gehen, gut atmen und viel trinken musste.»

Nach ungefähr zwei Stunden erreichten sie eine Weggabelung. Sie waren nun unterhalb des Mawenzi-Gipfels auf ungefähr 4200 Meter über Meer. Das Kilimanjaro-Massiv besteht aus drei Vulkanen. Der höchste ist der mittlere, der Kibo mit 5895 Meter über Meer. Auf der einen Seite ragt der Shira Vulkan 3950 Höhenmeter empor und auf der anderen steht der Mawenzi mit 5149 Meter über Meer. Die Mandara Route führt bis nach den Horombo Hütten dem Mawenzi entlang und hält dann am vierten Tag direkt auf den Kibo zu. Die Aussicht von hier oben war wundervoll: Im Rücken der Mawenzi. Unter ihnen der *Sattel*. Dies ist die Ebene zwischen den beiden Gipfeln. Vor ihnen majestätisch der schneebedeckte Kibo mit ihrem Ziel, dem Uhuru Peak. Saidi deutete auf eine Linie, die auf dem Sattel erkennbar war: «Dort sieht man den Weg, den wir morgen gehen werden. Er führt hinauf bis zu den Kibo Hütten auf 4700 Meter über Meer.» Roger konnte sich einen Kommentar nicht verkneifen: «Diesmal wird es ziemlich durch die Wüste gehen.» Anja klärte ihn auf: «Das ist die Alpin-Steinwüste, eine von sechs verschiedenen Höhenzonen, die wir durchwandern.»

Nachdem sie diese wundervolle Aussicht genossen hatten, stiegen sie wieder bis zu den Horombo Hütten ab. Nebel kam auf und es begann wieder leicht zu nieseln. Sie wurden freundlich von ihren Trägern mit warmem Waschwasser empfangen. Um 14 Uhr bekamen sie ihr Mittagessen. Danach fragte Roger: «So, was machen wir mit dem freien Nachmittag?» Anja antwortete: «Jetzt haben wir genügend Zeit, damit John und Eileen das dritte Kilimanjaro-Prinzip der Ehe erklären können.» John und Eileen waren damit einverstanden. John begann: «Gut, der einzige Haken ist, dass ich etwas Unschönes unseres morgigen Tages vorweg nehmen muss.» Roger: «Und das wäre?» John blickte zu Eileen und sagte kleinlaut: «Es wird anstrengend.» Roger und Anja schauten sich an. Eileen sagte: «Das wissen wir doch, John. Den Kilimanjaro zu besteigen *ist* anstrengend.» John: «Nun, wir haben es heute schon erlebt, als wir bis auf 4200 Meter über Meer hoch wanderten. Die Luft wird dünner und das Atmen wird schwieriger. Das dritte Kilimanjaro-Prinzip der Ehe heißt: *Der Einsatz ab Horombo*. Es ist kein Zufall, dass wir gerade bei den Horombo Hütten einen Ruhetag einlegen. Der Körper muss sich erst an diese Höhe gewöhnen. Bis zu den Horombo Hütten kann ein gesunder Körper gut an einem Tag hoch- und wieder runter gehen. Diese Höhe erklimmt man ja auch bei euch in der Schweiz in einem Tag. Aber je weiter man über die Horombo Hütten hinaus geht, desto länger braucht der Körper, um sich an die neue Höhe zu gewöhnen. Man nennt dies Adaptation. In meinem Reiseführer steht dazu: ‹Adaptation [...] ist die sofort einsetzende Reaktion des Körpers auf geänderte Umweltbedingungen wie z.B. die Höhe. Bestimmte Körpervorgänge werden hierbei enorm angekurbelt, eine Art Notaggregat wird angeworfen. Die Belastung für den Organismus ist sehr hoch, selbst wenn Sie nur stehen und sich nicht bewegen. Der Wanderer ist – Training hin, gute Kondition her – bei weitem nicht voll leistungsfähig.›[14] Hier bei den Horombo Hütten benötigt der Körper 4 bis 5 Tage, um sich ganz an diese Höhe zu gewöhnen und die volle Leistungsfähigkeit zurückzuerhalten. In dieser Zeit wird die Anzahl roter Blutkörperchen vermehrt. Auf der Höhe von 5000 Metern über Meer benötigt der Körper sogar volle zwei Wochen. Ab 5300 Höhenmetern kann sich der menschliche Körper nicht mehr vollständig an die Höhe gewöhnen. Um unsere normale Leistungsfähigkeit zu erhalten, reicht also ein Tag der Ruhe nicht aus. Das bedeutet, dass wir morgen immer noch unter unserer üblichen Kondition die Kibo Hütten erreichen müssen. Und erst recht haben wir am fünften Tag, wenn wir bis zum Uhuru Peak auf 5895 Meter über Meer hochgehen, nicht unsere übliche Leistungsfähigkeit. Ab den Horombo Hütten wird der Aufstieg auf den Kilimanjaro für unseren Körper zu echter Arbeit. Jeder Bergsteiger muss bereit sein, Kraft zu investieren, wenn er das Ziel erreichen will.

Mit dem ersten Kilimanjaro-Prinzip der Ehe, der *Entscheidung bei Marangu,* haben wir die Entscheidung für die erfolgreiche Ehe gefällt. Mit der *Einstellung von Mandara* haben wir unsere Gedanken auf den richtigen Kurs gebracht. Nun mit dem dritten Prinzip, dem *Einsatz ab Horombo*, müssen wir auf die Entscheidung und die richtige Einstellung Taten folgen lassen. Eine Freundschaft kann ohne großen Aufwand einige Zeit lang funktionieren. Man geht ab und zu miteinander aus, telefoniert und schickt regelmäßig E-Mails. Eine Ehe wird aber nie zu einer lebenslangen glücklichen Einrichtung, wenn sich nicht beide investieren und ihren Einsatz leisten.

Der Weg der Ehe gleicht immer wieder der Anstrengung eines Wanderers oberhalb der Horombo Hütten. Du hast in der Ehe ebenso nicht die volle Leistungsfähigkeit, weil in der Ehe andere *Druckverhältnisse* herrschen als in anderen Beziehungen. Vor anderen kannst du dir Mühe geben und freundlich sein. Aber als Ehepaar lebt ihr so eng aufeinander, dass du früher oder später dein wahres Gesicht zeigen musst. Einen Fremden kannst du mit freundlichen Worten und einen Freund mit einem gelungenen Witz zufrieden stellen. Aber dein Ehepartner benötigt wesentlich mehr. Er oder sie will dein Herz spüren und ganz mit dir verbunden sein. Sie will sich von dir geliebt und er will sich wertgeschätzt fühlen. Jede Ehe übernachtet schon bald nach der Hochzeit in den Horombo Hütten. Ab da ist es vorbei mit den Flitterwochen, wo beide nur genießen konnten. Nun beginnt der Ehe-Alltag. Da beginnt die Beziehungsarbeit. Es gibt ein Sprichwort, das sagt: ‹Wer nicht arbeiten will, der soll auch nicht essen.› Dies gilt auch für die Ehe. Wer nicht bereit ist, sich in die Ehe zu investieren, der sollte besser nicht heiraten. Eine gute Ehe bringt sehr viel Lohn und Erfüllung für die Ehepartner. Ich genieße an unserer Ehe zum Beispiel vor allem, dass ich bei Eileen ganz mich selbst sein darf. Ich muss mich nicht verstellen. Sie kennt mich so gut, dass ich nicht Angst haben muss, dass sie mein wahres Ich doof findet. Bei ihr kann ich mich – bei allem Respekt ihr gegenüber natürlich – geben wie ich bin. Singles können in ihrer eigenen Wohnung auch ganz sich selbst sein, nur habe ich noch Eileen dazu. Alle schönen Dinge der Ehe sind der Lohn der Arbeit. Das Sprichwort könnten wir abändern in: ‹Wer sich nicht in die Ehe investieren will, der soll auch nicht die schönen Seiten der Ehe genießen.› Eigentlich müsste man sagen: ‹Wer sich nicht in die Ehe investieren will, der *wird* die schönen Seiten der Ehe nicht genießen.› Weil ohne Arbeit und Investition die Ehe früher oder später zum Scheitern verurteilt ist.»

Roger: «Das überfordert mich ein wenig. Wo bleibt denn die Freude an der Ehe?» John: «Ich kann dir gut nachfühlen. Ich war oft auch gestresst, wenn es darum ging, an unserer Ehe zu arbeiten. Wenn Eileen ein Anliegen vorbrachte, war ich regelmäßig überfordert und wusste nicht, wie ich ihr je gerecht werden könne. Ihre Wünsche und Bedürfnisse schilderte sie mit hohen Ansprüchen. Bis ich dann in einem Buch gelesen habe, dass Frauen diese Dinge vor allem sagen, weil sie hören wollen, dass wir Männer sie immer noch lieben. Bei aller Arbeit an der Ehe dürfen wir Männer das Wichtigste nicht vergessen: Unseren Frauen immer wieder zu sagen und zu zeigen, dass wir sie lieben. Wir müssen lernen, dabei die Liebessprache unserer Frauen zu sprechen, damit der Liebesbeweis bei ihnen auch ankommt. Solange die Frau sich von uns geliebt fühlt, haben wir Zeit, ohne Überforderung an unserer Ehe zu arbeiten. Umgekehrt gilt dies auch für die Frauen: Solange sie ihren Männern zu verstehen geben, dass sie sie bewundern. Wenn die Liebesbeweise und die Bewunderung fehlen, kann die Arbeit an der Ehe tatsächlich eine Überforderung sein.»

Eileen: «Aber die Ehe ist ja nicht nur Arbeit. Sie ist sehr viel mehr! Es ist wie im Leben: Arbeit ist ein Teil unseres Lebens, aber es gibt auch viele andere Stunden, die genossen werden können. Wer arbeitet, der kann seinen Lohn genießen. Er hat mehr Lebensqualität als jemand, der beschließt, kein Geld zu verdienen.» John: «Genau. Eine Ehe zu führen, bringt sehr viel Erfüllung und Schönheit ins Leben. Wer den Lohn der Ehe auf längere Zeit genießen will, der muss seinen Einsatz dafür leisten. Immer wieder müssen sich verheiratete Personen auf neue Situationen einstellen. Wie sich der Körper auf die neuen Druckverhältnisse in der Höhe einstellen muss, so muss sich jeder Ehepartner mit neuen Begebenheiten abfinden und sich darauf einstellen. Ein Umzug, die Geburt eines Kindes oder ein Stellenwechsel bringt immer neue Herausforderungen. Dies erfordert aktive Arbeit. Eine große Umstellung ist bereits das Zusammenziehen. Die zwei müssen sich völlig neu arrangieren. Die jeweiligen Gewohnheiten müssen sich einander angleichen. Eine Ehe zu führen, benötigt jeden Tag den Einsatz von beiden. Jeder muss sich investieren und an der Ehe arbeiten.»

Eileen: «Morgen werden wir am Wegrand ein Schild mit der Aufschrift ‹Last water point› (letzter Wasserpunkt) entdecken. Bis zu diesem Punkt gibt es immer wieder Quellen, wo der Koch sein Wasser für uns hernehmen kann. Ab hier müssen die Träger aber alles Wasser, das wir benötigen, von Hand hoch tragen. Dies ist harte Arbeit. Leider sehen viele Ehepaare dieses Schild in ihrer Ehe nicht. Die Aufschrift heißt: ‹Ab hier geht es in der Ehe nur, wenn jeder mit Einsatz an der Ehe arbeitet und sich investiert.› Wer dieses Schild übersieht und seinen Einsatz nicht leistet, der lässt die Ehe austrocknen und gleicht einem Bergsteiger, der nach einer Weile merkt, dass er kein Wasser mehr hat. Ohne Einsatz und Arbeit überlebt keine Ehe. Natürlich ist es noch nicht zu spät. Der Wanderer kann zurückkehren und Wasser holen. Aber er erreicht den Gipfel wohl nicht in der geplanten Zeit. Auch in einer Ehe ist es nie zu spät. Aber je früher jeder beginnt, an seiner Ehe zu arbeiten, desto leichter geht es.»

Roger: «Das klingt aber überhaupt nicht romantisch.» Eileen: «Da hast du recht. Aber die Romantik ist der Lohn, den man erhält, wenn man sich investiert hat. An der Ehe zu arbeiten, bedeutet auch an der Freundschaft zu arbeiten. Wer in der Ehe seinen Einsatz gibt, der zeigt dem anderen, dass er ihm wichtig ist. Wenn John und ich an unserer Beziehung arbeiten, dann erleben wir immer wieder, dass auch der Sex schöner wird. Wir haben ja schon über den Unterschied zwischen Adrenalin-Sex und Beziehungs-Sex gesprochen. Sex wird schöner, je mehr wir in die Beziehung investieren. Jemand sagte einmal ‹Sex beginnt beim Frühstück.› Wer bereits am Morgen in die Beziehung investiert und auch während des Tages Einsatz für die Ehe leistet, der hat gute Chancen, dass er oder sie am Abend guten Sex haben wird. Dies gilt nicht nur für einen Tag. Dies gilt auch für die ganze Ehe. Je länger wir bereits in die Beziehung und die Freundschaft zum Ehepartner investieren und daran arbeiten, desto stabiler ist die Grundlage für eine erfüllende Beziehungs-Sexualität.»

John: «In den meisten Lebensbereichen ist uns völlig klar, dass uns Erfolg nicht einfach so in den Schoss fällt. Für den Erfolg in der Schule müssen wir lernen. Später im Beruf ist harte Arbeit nötig, um vorwärts zu kommen. Wer ein Geschäft aufbauen will, muss einiges investieren. Wer den Kilimanjaro besteigen will, der muss große Einsatzbereitschaft mitbringen und hart am Erklimmen des Kibo arbeiten. Dies gilt auch für die Ehe, obwohl es vielen gerade da nicht bewusst ist. Von nichts kommt nichts. Dies trifft auch auf die Ehe zu.» Eileen: «Ich habe bereits erzählt, dass mein Vater Bauer war. Er konnte nur etwas ernten, wenn er zuvor auch etwas gesät hatte. Er kann nicht einfach auf seinen Feldern herumspazieren und darauf warten, dass Mais wächst. Wenn er nichts tut, dann wächst aber trotzdem etwas: nämlich Unkraut. In der Ehe ist es genau gleich: Wer nichts tut, bei dem wächst Unkraut. Dies wird die Ehe vergiften und langsam zerstören. Wer in der Ehe Romantik, Zuneigung und Vertrautheit ernten will, der muss zuvor seinen Einsatz leisten. Er muss den Boden pflegen und gute Samen säen. Das heißt, ich muss an der Ehe arbeiten.»

John: «Eileen und ich wissen, dass für uns eine Scheidung nicht in Frage kommt. Deshalb bleibt uns nichts anderes übrig, als das Beste aus unserer Ehe zu machen. Wir tun alles, um zusammen zu bleiben. Wir investieren uns in unsere Ehe und arbeiten daran. Leider gibt es viele, die den Punkt in ihrer Ehe erreichen, an dem sie eine Scheidung in Betracht ziehen. Dementsprechend investieren sie sich nicht mehr in die Ehe und provozieren so die Scheidung erst recht. Wer die Scheidung als Option offen lässt, der beschleunigt sie sogar! So wird diese Befürchtung zu einer selbsterfüllenden Prophezeiung. Das einzige, was dagegen hilft, ist die klare *Entscheidung bei Marangu* für die lebenslange Ehe und den Ehepartner.»

Drei Arbeitsbereiche

Anja fragte: «Was für einen Einsatz muss ich also leisten?» John antwortete: «Es gibt drei Bereiche, in denen Einsatz nötig ist: Erstens, arbeite an dir selbst. Zweitens, tue, was dich betrifft, alles für die Ehe. Drittens, arbeitet zusammen an eurer Ehe. Jedes Ehepaar steht an einem anderen Punkt und hat andere Baustellen. Da wir euch zu wenig kennen, geben wir euch Gedankenanstöße, woran in einer Ehe gearbeitet werden könnte. Ihr müsst selbst entscheiden, wo ihr zuerst beginnen wollt.»

Eileen begann: «Die Ehe besteht nur aus zwei Personen. Das heißt, wenn du an deiner Ehe arbeitest, dann ist bereits die Hälfte der Ehe daran die Ehe zu verbessern! Im Staatswesen haben wir oft das Gefühl, dass der einzelne Mensch nicht viel ausrichten kann. Wenn ich mich entscheide, Kanada zu verbessern, dann bin ich erst eine zu 33 Millionen. Da kann mich schon mal das Gefühl der Ohnmacht überfallen: ‹Was kann *ich* schon bewirken?› Dieses Gefühl spüren auch viele in ihrer Ehe. Doch völlig zu Unrecht! Du machst die Hälfte der ganzen Ehe aus! Wenn *du* nicht bereit bist an eurer Ehe zu arbeiten, dann ist bereits die Hälfte verloren. Die Chance ist groß, dass dein Ehepartner gleich denkt wie du, und schon arbeitet niemand an eurer Ehe. *Du* hast es in der Hand, eure Ehe zu verbessern. Du kannst diese Verantwortung auf nichts und niemanden abschieben. Beginne also heute, dich in deine Ehe zu investieren.»

Anja: «Das klingt ja alles gut. Aber woher weiß ich, dass sich auch tatsächlich etwas verändert? Wie soll ein einzelnes freundliches Wort oder ein ‹Danke› die Ehe verbessern?» Eileen: «Man kann es leider nicht wissen. Tue einfach alles Positive für eure Ehe, auch wenn du noch keine Verbesserung siehst. Vertraue darauf, dass Veränderungen kommen werden, wenn du fortwährend Positives säst. Stecke dir für heute nicht zu hohe Ziele. Nimm einen Schritt nach dem anderen. Aber mach jeden Tag einen kleinen Schritt. Auch viele kleine Schritte ergeben eine große Distanz. Wenn du zum Uhuru Peak hoch schaust und einen oder zwei Schritte auf ihn zu machst, scheint er in deinen Augen nicht näher als zuvor zu sein. Aber wenn du den ganzen Tag einen Schritt vor den anderen setzt, siehst du den Gipfel am Abend schon entscheidend näher.

Unser Zeitgeist verlangt nach schneller Erfüllung unserer Wünsche. Wir wollen alles sofort haben. Durch die moderne Technik wie das Internet und die schnellen Transportmittel, können wir uns tatsächlich viele Wünsche sofort erfüllen. Um diese Reise zu organisieren, konnte ich dank des Internets innert Sekunden eine Nachricht nach Afrika senden. Ungeduldig habe ich auf die Antwort gewartet. Tatsächlich einen Tag später hatte ich eine E-Mail im Posteingang. Früher hätte ich mehrere Wochen auf eine Antwort gewartet. Aber da wir uns diese hohen Geschwindigkeiten gewohnt sind, denken wir bereits nach einer Woche Ehe-Arbeit, dass endlich entscheidende Verbesserungen eintreffen müssten. Wenn dies nicht der Fall ist, schmeißen wir die Flinte ins Korn und sagen: ‹Es hat keinen Sinn, das wird nie besser.› Aber gerade bei Veränderungsprozessen müssen wir Geduld und Beharrlichkeit üben. Das Sprichwort sagt richtig: ‹Steter Tropfen höhlt den Stein.› Wer bereits nach wenigen Tropfen den Stein wegnimmt, der sieht nicht, wie sich der Stein unter den Tropfen zu verformen beginnt.

Ein anderes Sprichwort sagt: ‹Gut Ding will Weile haben.› Es gibt viele gute Dinge, die wir schnell machen können. Doch die Freude an ihnen ist ebenso schnell wieder vorbei. Das Besteigen eines kleinen Hügels außerhalb deiner Stadt dauert nicht lange und die Aussicht ist bestimmt auch schön. Aber dieser Ausflug wird nicht gleich tief in Erinnerung bleiben wie unsere Kilimanjaro Besteigung. Für diese Reise haben wir uns längere Zeit vorbereitet, einiges Geld ausgegeben und betätigen uns nun sechs Tage lang körperlich intensiv. Dieser größere Einsatz bringt auch einen längerfristigen Lohn.

Ein romantischer Tag ist durch die Anstrengung beider Ehepartner möglich. Aber die Romantik ist schnell vorbei, wenn Probleme oder Unstimmigkeiten auftauchen. Eine romantische Ehe aufzubauen, braucht mehr als einen Tag. Wenn du jeden Tag in das gegenseitige Vertrauen, in die Vertrautheit und die Freundschaft investierst, dann wachsen diese kontinuierlich, werden stabil und für Krisenzeiten sicher. Gib also nicht zu schnell auf! Bleib dran und lass dich von Rückschlägen nicht entmutigen. Mache jeden Tag einen Schritt auf dem Weg zu einem besseren Ehepartner. Aber das Schöne an der Ehe ist, dass nebst der langsamen Veränderung auch kurzfristige Erfolge gesehen werden können. Bereits ein tiefes Gespräch mit deinem Ehepartner kann euch für diesen Tag wieder näher zusammen bringen. Diese kleinen Erfolge helfen, die Hoffnung auf die langfristige Verbesserung der Ehe aufrecht zu erhalten.»

Arbeite an dir selbst

John: «Beginne mit der Arbeit an der Ehe am besten bei dir selbst. Da du selbst die Hälfte der Ehe ausmachst, ist es für die Ehe wichtig, dass du eine gute Person bist. Das Ziel sollte sein, jeden Tag ein besserer Ehepartner zu werden. Es ist egal, welche Art von Ehepartner du jetzt bist. Beginne aber heute jeden Tag Fortschritte zu machen. Es ist wichtiger, an dir selbst zu arbeiten als an eurer Ehe. Kürzlich benötigten wir einen neuen Kleiderständer für unsere Gäste. Anstatt einen zu kaufen, zimmerte ich selbst einen, der genau in unsere Wohnung passte. Ich sah ihn bereits fertig vor mir: ein schöner Kleiderständer aus Holz. Ich suchte in unserem Schopf einige passende Holzstücke. Doch ich fand nur alte, morsche Bretter. Ich merkte schnell: Auch wenn ich einen noch so guten Nagel nehme, der Kleiderständer würde nach einiger Zeit auseinanderfallen. Es hätte auch nichts gebracht, wenn ich einen größeren Nagel gekauft hätte. Das Holz war zu morsch.

Oft raten Ehe-Ratgeber, dass man an der Ehe arbeiten soll. Das ist gut, das raten wir euch auch. An der Ehe zu arbeiten ist wie am Nagel zu arbeiten. Für einen Kleiderständer ist ein guter Nagel wichtig. Wenn dieser rostig ist, hält die Garderobe ebenfalls nicht lange. Aber oft wird am Nagel herumgedoktert, ohne das verwendete Holz einmal genauer anzuschauen. Am besten hält der Kleiderständer, wenn ich zwei gute Holzstücke und einen guten Nagel nehme. Genauso reicht es nicht, wenn ihr an eurer Ehe arbeitet, aber jeder sich selbst vernachlässigt. Je ausgeglichener du bist, desto ausgeglichener ist eure Ehe. Je positiver, romantischer, je bereiter zu vergeben du selbst bist, desto positiver, romantischer und bereinigter ist auch eure Ehe. Wenn du schwerwiegende Charakterschwächen hast, dann leidet eure Ehe darunter. Wenn beide Ehepartner Mühe haben, dem anderen seine Wünsche formulieren zu können, wie soll dann die Ehe ihnen die

Wünsche erfüllen? Wenn keiner der beiden nach einem Streit von sich aus auf den anderen zugeht, dann geht niemand auf den anderen zu. Du siehst, es kommt in der Ehe sehr stark auf dich an! Werde also ein immer besseres Holz. Eines, das den Nagel halten kann. Wenn du an dir arbeitest, dann wird dadurch automatisch auch eure Ehe besser!

Auch wenn es anstrengend klingt, an sich selbst zu arbeiten, ist es doch eine ganz gute Nachricht: Was ist einfacher? An etwas zu arbeiten, das man selbst in der Hand hat und über das man bestimmen kann – also an sich selbst –, oder an einer anderen Person, die so oder so einen eigenen Willen hat? Du hast es selbst in der Hand, dass eure Ehe besser wird. Arbeite an dir!»

Eileen deutete auf die Bibel, die John bei sich auf dem Tisch liegen hatte: «Jesus wurde gefragt, was das Wichtigste sei, das Menschen beachten sollten. Darauf antwortete er zwei Dinge: ‹Liebe den Herrn, deinen Gott, von ganzem Herzen, mit ganzem Willen und mit deinem ganzen Verstand! Dies ist das größte und wichtigste Gebot. Aber gleich wichtig ist ein zweites: Liebe deinen Mitmenschen wie dich selbst!› (Matthäus 22,37-39). Das Verhältnis zu Gott und die Liebe zu den Mitmenschen seien die zwei wichtigsten Dinge für einen Menschen. Als Kind habe ich mich gefragt, warum ich meine Mitmenschen *wie mich selbst* lieben soll. Warum kann ich sie nicht einfach lieben? Warum sollte ich sie nicht sogar mehr lieben als mich selbst? Als ich erwachsen wurde, stellte ich fest, dass die Lösung ganz einfach ist: Nur wer mit sich selbst im Reinen ist, ist fähig, gute Beziehungen mit anderen Menschen einzugehen. Wenn du selbst Mühe mit dir hast, wenn du dich selbst nicht annehmen kannst, wie willst du das von anderen erwarten? Wenn du dich nicht erotisch fühlst, verhältst du dich auch nicht erotisch. Wie soll dein Ehepartner dich erotisch wahrnehmen? So wie wir uns fühlen, so kleiden und geben wir uns. Das färbt auf den anderen ab. Gott liebt dich über alles, warum solltest du dich nicht selbst auch lieben?»

Anja runzelte die Stirn: «Klingt das alles nun nicht sehr egoistisch? Ich soll nur um mich selbst kreisen?» John winkte ab: «Wie Jesus sagte, braucht es drei Dinge: Erstens die Liebe zu Gott. Er ist es, der dir helfen will, deine Selbstsucht zu überwinden. Zweitens brauchst du Selbstannahme und ein gesundes Selbstbewusstsein. Dies ist nötig, um eine stabile Persönlichkeit zu bilden, die fähig ist, den Ehepartner zu lieben. Und drittens die Liebe zu unseren Mitmenschen.

Bei der Selbstliebe und der Liebe zu den Mitmenschen kann man es übertreiben. Es gibt solche, die die Selbstverliebtheit überspannen. Sie verwirklichen sich selbst ohne Rücksicht auf den Ehepartner und die Kinder. Wir hörten schon Sätze wie: ‹Ich lasse mich von dir trennen, weil ich mich selbst weiterentwickeln will.› Das ist Egoismus pur und nimmt jede Grundlage für das Vertrauen in die Ehe. Andererseits gibt es aber auch diejenigen, die sich selbst vernachlässigen und sich nur um die anderen kümmern. Auch dadurch sind schon viele Ehen gescheitert. Komplette Opferung seines Selbstbildes und Selbstwertes für den Ehepartner oder andere Menschen ist wie eine tickende Zeitbombe. Irgendeinmal bricht die vernachlässigte Persönlichkeit aus der Ehe aus. In der richtigen Weise sich selbst aufgeben, können nur Menschen, die ganz tief in Gott verwurzelt sind. Das ist das Ziel.»

Eileen: «Selbstannahme darf nie Selbstzweck sein. Es gibt aber viele verheiratete Menschen, die ein Probleme mit sich selbst haben und so ihrer Ehe schaden: Süchte, Unzufriedenheit, Depressionen, Arbeitsüberlastung, Wutausbrüche, Selbstmitleid, innere Leere, unvergebene Schuld, schlechte Angewohnheiten, schlechte Manieren und vieles mehr. Arbeite unbedingt entschieden an diesen Dingen! Du wirst sehen, wie deine Ehe von alleine besser wird, wenn du schon nur einige dieser Dinge überwinden kannst. Wenn jemand noch nicht verheiratet ist, kann es bei größeren Problemen mit der eigenen Persönlichkeit gut sein, mit dem Hochzeitsfest zuzuwarten. Diese Person sollte zuerst an sich arbeiten. Wer aber schon verheiratet ist, der mache das Beste daraus. Wenn du keine Chance siehst, dass die Arbeit an dir selbst Verbesserung bringt, dann empfehle ich dir, professionelle Hilfe in Anspruch zu nehmen. Damit kannst du deine Ehe retten. Aber jetzt geht es darum, wie wir selbst an uns arbeiten können, um bessere Ehepartner zu werden.»

1. Werde ein besserer Ehepartner!

Eileen: «Als Kind war ich oft eifersüchtig auf meine ältere Schwester. Sie sieht sehr gut aus. Immer wenn wir auf Partys eingeladen waren, kam sie schnell mit verschiedensten Menschen ins Gespräch. Ich dagegen stand während der ersten Hälfte der Party meistens alleine in einer Ecke und langweilte mich. Ihre äußere Schönheit zog schnell

Blicke an und ermöglichte ihr viele Kontakte. Ich hingegen ging in der Masse unter. Doch meistens drehte sich das Blatt im Laufe der Party. Sie war immer die erste, die nach Hause gehen wollte. Ich aber fand oft jemanden, mit dem ich ein tiefes und langes Gespräch führen konnte. Wir heirateten beide im gleichen Jahr. Erst viele Jahre später gestand sie mir, dass sie damals auf mich eifersüchtig war. Ich konnte es zuerst kaum glauben. Warum sollte diese Schönheit auf mich eifersüchtig sein? Sie erklärte es mir: Sie erhielt ihr ganzes Leben lang immer wieder Komplimente für ihr Aussehen. Sie fühlte sich wertvoll, weil sie schön war. Ihr Mann konnte sie aber nun auch bereits am Morgen sehen, wenn sie noch ungeschminkt und unfrisiert war. Er sah sie auch, wenn sie von der Haus- oder Gartenarbeit verschwitzt und dreckig war. Als er ihr auch noch vorzuwerfen begann, dass sie zu viel Zeit im Badzimmer verbrachte und er doch liebend gern mit ihr auch tiefe Gespräche führen möchte, fühlte sie sich nicht mehr geliebt. Gleichzeitig sah sie, wie John und ich uns von Anfang an von Herz zu Herz austauschen konnten. Sie bekam Angst vor dem Älterwerden. Was konnte sie ihrem Mann überhaupt noch bieten, wenn ihre Schönheit abnehmen würde? Würde er sie immer noch lieben?

In der Eheberatung lernte sie, dass sie für ihren Ehemann nicht nur wertvoll ist, wenn sie äußerlich schön ist, sondern vor allem, wenn sie innerlich schön ist. Auf die Dauer kann ihr Ehepartner ihre äußere Schönheit nur genießen, wenn es dahinter auch eine innere Schönheit gibt! Natürlich soll sie sich unbedingt auch äußerlich für ihren Ehepartner schön machen! Ihr Ehemann sagte ihr mit Nachdruck, dass er sie nicht nur wegen ihres Aussehens geheiratet habe, sondern vor allem, weil ihm ihre Persönlichkeit Eindruck gemacht habe. Er liebe an ihr, dass sie wisse, was sie wolle. Sie sei offen und könne schnell auf Menschen zugehen. Dies beeindruckte ihn. Er könne sich keine Ehefrau vorstellen, die Angst vor Menschen hätte. Meine Schwester sagte, was sie daraus gelernt hatte: ‹Die innere Schönheit ist der Grund, warum jemand gerne mit dir zusammen ist. Ich muss weiter an meiner inneren Schönheit arbeiten. Ich hatte nie Mühe zu erhalten, was ich wollte oder mit Menschen in Kontakt zu kommen. Daher war ich nie gezwungen, an meiner inneren Schönheit zu arbeiten. Aber als ich geheiratet habe, war dies plötzlich anders.›

Der Eheberater gab ihr eine Liste von Eigenschaften, die die innere

Schönheit ausmachen. Er empfahl ihr, an diesen Eigenschaften zu arbeiten.» John: «Es waren die Eigenschaften, die Paulus in der Bibel auflistete: ‹Liebe, Freude und Frieden, Geduld, Freundlichkeit und Güte, Treue, Bescheidenheit und Selbstbeherrschung› (Galater 5,22f). Setze auch du dich einmal in einer ruhigen Minute hin und nimm dir jedes einzelne dieser Wörter nacheinander vor. Überlege dir Situationen aus deiner Ehe, die zeigen, dass du diese Eigenschaft ausübst und Situationen, die zeigen, dass du sie nicht ausübst. Schreibe diese auf.

Zum Beispiel *Friede*: Kommt es vor, dass du während einer Meinungsverschiedenheit auf den anderen zugehst und ihm einen Kompromissvorschlag machst und so Frieden stiftest? Kommt es vor, dass du in einem Streit deinem Ehepartner wirklich zuhörst, wenn er seine Sicht der Dinge darlegt, ohne dich zu rechtfertigen oder den anderen weiter anzuklagen?

Oder die Eigenschaft *Geduld*: Gibt es Situationen, in denen du geduldig wartest, bis der andere seine Hausarbeiten zu erledigen beginnt? Wie sieht es mit der Geduld aus, wenn dein Ehepartner sich nicht rechtzeitig für einen Termin bereit macht? Hast du Geduld mit deinem Ehepartner, wenn er seinen aus deiner Sicht falschen Standpunkt noch nicht überdacht hat? Wenn du deinen Ehepartner um Hilfe gebeten hast, kannst du warten, bis er frei ist um zu helfen? Hast du Geduld, wenn dein Ehepartner eine Arbeit nicht so schnell und gekonnt ausführen kann, wie du es könntest?

Oder *Freundlichkeit*: Wie reagierst du, wenn dein Ehepartner in einem unfreundlichen Ton eine Frage stellt? Kannst du freundlich antworten? Formulierst du deine Bitten freundlich und höflich oder fordernd? Rede ich in freundlichem Ton, selbst wenn ich gestresst oder unter Druck bin?

Selbstbeherrschung: Kannst du dich selbst beherrschen, wenn dich etwas wütend macht? Kannst du dich selbst beherrschen und die Schwächen deines Ehepartners nicht erwähnen oder auf ihnen herumhacken, auch wenn es dich dazu drängt? Kannst du Nörgeln sein lassen, auch wenn deine Gefühlslage dich dazu zwingen will? Hast du deine Blicke, Phantasien und Flirtgefühle zu anderen Personen unter Kontrolle?

Liebe: Siehst du vor allem, was dein Ehepartner dir geben kann, oder siehst du ihn als liebenswürdige Person? Wie reagierst du, wenn dein Ehepartner dir nicht gibt, was du von ihm erwartest? Versuchst du die Liebesbeweise richtig zu verstehen, auch wenn sie nicht deiner Liebessprache entsprechen? Zeigst du deinem Ehepartner, dass der Liebesbeweis angekommen ist? Versuchst du, seine Liebessprache zu sprechen? Bist du bereit zu geben und zu helfen, ohne eine Liste über das Geben und Nehmen zu führen? Kannst du von Herzen geben, ohne eine Gegenleistung zu fordern? Entscheidest du dich immer wieder, deinen Ehepartner zu lieben, egal wie die Umstände sind und wie deine Gefühlslage zurzeit aussieht?

Freude: Strahlst du eine Fröhlichkeit aus oder vergiftest du mit einem grimmigem Gesichtsausdruck und pessimistischen Äußerungen das Ehe-Klima? Freust du dich an deinem Ehepartner und führst du dir immer wieder vor Augen, was er alles für Qualitäten hat? Zeigst du diese Freude auch immer wieder?

Güte: Konzentrierst du dich immer wieder auf das Gute deines Ehepartners und stellst seine Mängel und Schwächen in den Hintergrund? Schenkst du deinem Ehepartner ungeteilte Aufmerksamkeit, wenn er dir ein Anliegen, ein Erlebnis oder etwas, das sein Herz bewegt, mitteilen möchte und signalisierst du dein Interesse auch indem du das Buch zur Seite legst oder die Arbeit unterbrichst und ihn anschaust? Vergibst du deinem Ehepartner Missgeschicke, ohne ihn spüren zu lassen, wie enttäuscht du bist? Stellst du dir immer wieder die Frage, was du zum Wohlbefinden deines Ehepartners beitragen könntest? Wie könnte ich ihm eine besondere Freude machen? Was braucht er im Moment von mir? Zum Beispiel eine Massage, einen warmen Tee, ein offenes Ohr, eine Verwöhnung, ein liebes Wort, eine zärtliche Berührung?

Treue: Tust du das, was du deinem Ehepartner versprochen hast, auch wenn es eine Kleinigkeit ist und dein Ehepartner es nicht sehen kann? Behältst du den Inhalt eures Eheversprechens auch nach mehreren Ehejahren noch im Gedächtnis? Bist du großzügig im Geben von Unterstützung, Liebe, Umsorgung, auch in schwierigen Zeiten? Bleibst du sexuell, aber auch was Gefühle für andere Personen betrifft, deinem Ehepartner treu?

Bescheidenheit: Kannst du zugunsten deines Ehepartners verzichten? Kannst du dich mit deinen persönlichen Wünschen zurückhalten, so dass die Ehe und der Ehepartner genügend Raum in deinem Leben erhalten? Kannst du dich zurücknehmen, wenn du mit Freunden zusammen bist, und dabei deinen Ehepartner in ein positives Licht rücken, anstatt Witze oder negative Bemerkungen auf seine Kosten zu machen, nur um selber besser dazustehen?

Wenn du eine Liste erstellt hast, dann wähle einen Punkt aus, an dem du in nächster Zeit arbeiten willst. Klebe dir irgendwo, wo du täglich daran vorbei gehst, einen Erinnerungszettel hin.»

Eileen: «Die äußere Schönheit können wir nur zum Teil beeinflussen. Auch bei der inneren Schönheit gibt es Aspekte, die angeboren oder tief in uns antrainiert sind. Es gibt verschiedene Unterscheidungsarten von Persönlichkeitstypen. Zum Bespiel unterscheidet man Optimisten und Pessimisten, Extrovertierte und Introvertierte, konfliktfähige und nicht konfliktfähige Menschen, korrekte und unkonventionelle, sachbezogene und warmherzige Personen. Je nach Modell haben die Persönlichkeitstypen andere Namen. Die einen unterscheiden Melancholiker, Sanguiniker, Phlegmatiker und Choleriker, andere definieren Menschen über das DISG: der dominante D-Typ, der initiativen I-Typ, der stetige S-Typ und der gewissenhafte G-Typ. Egal was du bist, du kannst aus jedem dieser Typen einen innerlich wunderschönen Menschen machen. Einige sind zwar eher pessimistisch, andere eher optimistisch veranlagt. Oder einige haben es lieber geordnet und so wie sie es kennen. Andere lieben möglichst viel Abwechslung und sind spontan. Vielleicht siehst du vor allem die Bedürfnisse deiner Mitmenschen oder du siehst in erster Linie das Ziel, das erreicht werden muss. Egal wie du bist, mache das Beste daraus! John und mir hat es sehr, geholfen uns mit unseren Persönlichkeitstypen auseinanderzusetzen. Es lohnt sich, gemeinsam ein Buch zu diesem Thema zu lesen oder sogar bei einem Berater einen Persönlichkeitstest zu besprechen. Dadurch habe ich zu verstehen gelernt, warum ich in manchen Situationen so reagiere, warum mir gewisse Dinge Mühe machen. Es gibt Antworten darauf, wer ich bin, warum ich was mag und wie ich in Bezug auf andere Menschen ticke.»

2. Stolz und Selbstsucht aufgeben

John: «Wenn du nicht weißt, woran du als erstes arbeiten sollst, dann gibt es zwei Dinge, die alle Menschen betreffen: Unseren Stolz und die Selbstsucht. Der Stolz hindert uns, uns dem anderen ganz zu öffnen und zu unseren Schwächen zu stehen. Nur wer zugibt, dass er Schwächen hat, kann auch daran arbeiten und sich verbessern. Die Selbstsucht in uns sagt: ‹Ich will möglichst viel für mich aus dieser Beziehung herausholen. Es muss für mich stimmen. Ich will auf meine Rechnung kommen. Der andere soll doch jetzt einen Schritt auf mich zu machen. Er soll mal zeigen, dass er mich liebt.›

Das Problem des Stolzes und der Selbstsucht geht tief in uns hinein. Wir können beide nicht von heute auf morgen beheben. Eileen und ich sind sogar der Überzeugung, dass es ohne die Hilfe Gottes nicht möglich ist, sich selbst darin wesentlich zu bessern. In unserer modernen Gesellschaft herrscht überall wo man hinsieht Selbstsucht. Sogar unser staatliches System der Solidarität ist so aufgebaut, dass jeder für seinen eigenen Vorteil schauen muss. Was habt ihr in der Schweiz für Sozialversicherungen?» Roger konnte einige aufzählen, ohne nachdenken zu müssen: «Die Altersvorsorge, die obligatorischen Krankenkassen, die Invalidenversicherung und die Arbeitslosenversicherung.» John fuhr fort: «Diese wurden ursprünglich aus dem Gedanken der Solidarität geschaffen. Wer mehr Glück hat, der soll dem helfen, der weniger Glück hat. Heute sind diese Institutionen per Gesetz vorgeschrieben. Man hat keine Wahl. Man *muss* solidarisch sein. Doch der Haken ist: Die Auszahlung erfolgt nicht automatisch. Jeder muss selbst schauen, wenn er etwas von dieser Solidarität haben will. Verpasst du die Einsendefrist für den Antrag auf Hilfe und Unterstützung, erhältst du in diesem Jahr keine. Jeder in diesem System ist gezwungen, ein bestimmtes Maß an Selbstsucht an den Tag zu legen, wenn er auch einmal profitieren will. Der eigentliche Gedanke der Solidarität ist zugunsten von Individualismus und Egoismus verloren gegangen. Früher war Solidarität noch ein gelebter Wert. Die Großeltern und Eltern mussten von den Kindern finanziell unterstützt werden, es gab noch keine Versicherung für die Altersvorsorge. Dies ist nur ein Beispiel für den heutigen Individualismus und für die von der Gesellschaft geförderte Selbstsucht.

Diese Haltung überträgt sich leider auch auf viele Ehen: Ich muss schauen, dass ich so viel wie möglich für mich rausholen kann. Wenn ich nicht für mich schaue, komme ich zu kurz. Dies führt zu Undankbarkeit und dazu, dass man Buch führt, wer wie viel getan hat, um vom anderen mindestens ebenso viel zu fordern. Aber in der Ehe schreibt der Staat nicht vor, wer wie solidarisch sein muss. In der Ehe kann noch *echte Solidarität* gelebt werden. Der Stärkere nimmt Rücksicht auf den

Schwächeren und hilft, wo er kann.»

Eileen: «Jesus kämpfte in seinen Reden immer wieder für echte Solidarität. Bei ihm heißt es nicht: Der Stärkere gewinnt oder wer am meisten für sich herausholen kann, hat das Leben im Griff. Gott hat ein ganz anderes Verständnis von Größe. Jesus sagte: ‹Wer unter euch am größten ist, soll euer Diener sein. Denn wer sich selbst groß macht, wird von Gott gedemütigt, und wer sich selbst gering achtet, wird von ihm zu Ehren gebracht› (Matthäus 23,11-12). Bei uns ist derjenige der Größte, der sich bedienen lässt. Bei Gott hingegen derjenige, der dient. Gott ist ja bekanntlich der Größte im ganzen Universum. Er hat alle Sterne und Galaxien erschaffen und ihnen sogar Namen gegeben. In einem Lied in der Bibel heißt es: ‹Er allein kennt die Zahl der Sterne, er ruft sie alle mit Namen. Unser Herr ist gewaltig, groß ist seine Macht, seine Einsicht hat keine Grenzen› (Psalm 147,4). Und doch ist er selbst ein Diener der Menschen geworden (vgl. Römer 15,8). Ohne seine Hilfe und seine Unterstützung würden wir nicht leben und hätten auch keine Aussicht auf ein Leben nach dem Tod mit ihm. Er ist das Vorbild für wahre Solidarität. Deinen Stolz und deine Selbstsucht überwindest du, indem du Gottes Maßstab von Größe anwendest: Sei ein Diener. Diene deinem Ehepartner. Gott kann dir helfen, deine Selbstsucht und deinen Stolz zu überwinden.»

John: «Der Stolz ist der größte Feind der Liebe. Ich kenne Stolz sehr gut. Ich hatte lange Jahre große Mühe, mich Eileen von meiner verletzlichen Seite zeigen zu können. Ich konnte meine Fehler nicht zugeben, weil ich zu stolz war. Ich konnte meine Gefühle nicht zeigen, weil dies mein Bild von einem echten Mann nicht zugelassen hätte. Lange Zeit dachte ich, ich wäre einfach eine Persönlichkeit, die nicht imstande ist, ihre Gefühle zu zeigen. Doch dann habe ich festgestellt, dass ich sehr wohl Gefühle zeigen könnte, es aus Stolz aber nicht zulassen wollte. Ich war nicht bereit, mich vor meiner Frau klein und verletzlich zu zeigen.» Eileen unterbrach ihn: «Ich hatte auch mit Stolz zu kämpfen. Ich wollte immer alles besser wissen als John. Ich konnte nicht zugeben, dass ich vielleicht im Unrecht war. Aber dann habe ich gelernt, dass die Liebe und Freundschaft in der Ehe sich erst richtig entfalten kann, wenn ich mich immer wieder bewusst zurücknehme und John den Vortritt lasse.

Das Gegenteil von Stolz ist Demut. Sie fördert die Ehe. Stolz und

Selbstsucht führen zu Konkurrenzdenken. Bei jedem Problem gibt es einen Wettkampf, wer nun im Recht ist oder wer den Fehler gemacht hat. Demut hingegen rechnet mit der Möglichkeit, dass beide ein wenig Recht haben und beide einen Teil zum Konflikt beigetragen haben. Wer demütig ist, der geht auf den anderen zu und bietet ihm die Hand zur Lösung an. Stolz hingegen will das Problem auf Kosten des anderen lösen. Dies verhindert eine harmonische Ehe. Weil ich stolz war, hatte ich große Mühe, Korrektur annehmen zu können. Wenn John mir einen Verbesserungsvorschlag machte, war ich zu stolz, zuzugeben, dass meine Wahl vielleicht schlechter war. Dies führte zu einigen unschönen Szenen. Ich setzte meinen Kopf durch, aber stellte im Nachhinein fest, dass John recht gehabt hatte. Ich war ganz alleine schuld, dass es so herausgekommen war.»

Roger: «Warum sind der Stolz und die Selbstsucht in jedem Menschen so hartnäckig drin? Also bei mir jedenfalls?» John: **«Der Stolz und die Selbstsucht sind Schutzmauern.** Mit Stolz versuchen wir, uns davor zu schützen, Bedeutung und Anerkennung zu verlieren. Wer seinen Stolz aufgibt und sein wahres Ich zeigt, der verliert sein gut gepflegtes Image und macht sich verletzlich. In der Ehe äußert sich das so, dass wir zu stolz sind, um Vergebung zu bitten. Zu stolz, um den ersten Schritt zu machen und zu sagen, dass wir unseren Partner brauchen. Es gibt einen schönen Satz: ‹Ist dein Ruf mal ruiniert, lebst du frei und ungeniert.› Das heißt, solange dein Stolz dir befiehlt, dass du dein Image schützen musst, bist du ein Gefangener. Du bist abhängig von dem, was andere über dich denken. Andere bestimmen dein Leben, obwohl du dies eigentlich genau nicht willst. Wenn du aber deinen Stolz aufgibst und dich vor deinem Ehepartner und anderen Menschen zum Narren machst, wirst du frei. Du brauchst dein super Image nicht mehr mit allen Mitteln aufrecht zu erhalten. Endlich kannst du tun, was richtig und gut ist, anstatt was deinem Ansehen nützt. Leider opfern viele Leute ihre Ehe und viel persönliche Freiheit, um ihren Stolz nicht aufgeben zu müssen.

Mit der Selbstsucht meinen wir, uns vor dem Zu-Kurz-Kommen schützen zu können. Wer seine Selbstsucht aufgibt und beginnt für andere zu leben, der steht in der Gefahr zu verlieren, was er vorher dank seinem egoistischen Verhalten bekommen hat. Oft denken wir dabei an oberflächliche Dinge, wie das größere Stück Kuchen oder den besseren Sessel vor dem Fernseher. Aber die Verlustangst geht viel tiefer. Im Grunde geht es hier um die tiefsten Bedürfnisse jedes Menschen. Wir haben Angst, Liebe, Sicherheit und Annahme, Bedeutung, Anerkennung und Sinn zu verlieren. Wir möchten bedingungslos geliebt werden. Aber da dies Menschen nie perfekt tun können, schützen wir uns vor Verletzungen, indem wir selbstsüchtig handeln. Um das Loch der fehlenden tiefen und bedingungslosen Liebe zu überdecken, gehen wir selbstsüchtig Beschäftigungen, Vergnügen und Süchten nach. Mit Selbstsucht versuchen wir, uns Liebe oder oftmals deren Ersatzvergnügen zu sichern. Um das Problem des Stolzes und der Selbstsucht in den Griff zu bekommen, müssen wir uns zuerst einmal klar werden, wo und wie wir diese beiden Grundbedürfnisse zu stillen suchen.»

Eileen: «Das Problem des Stolzes geht noch tiefer. Stolz trennt die Menschen, genau wie Schuld. Stolz trennt die Menschen auch von Gott. Der Mensch ist zu stolz, um Gott als Herr über sich anzuerkennen. Man will selbst die oberste Autorität sein. Wenn du schon nicht demütig gegenüber deinem Ehepartner sein kannst, dann sei es wenigstens gegenüber Gott. Es braucht Demut, um zugeben zu können, dass man Gott braucht, um einen Sinn im Leben finden zu können. Wer sich Gott unterordnet, der bekommt von Gott durch seinen Heiligen Geist auch die Kraft, seinen Stolz dem Ehepartner gegenüber abzulegen. Denn Gott liebt deinen Ehepartner genauso wie dich. In seinen Augen ist er genauso wertvoll wie du.»

3. Wo stille ich meine Grundbedürfnisse?

John: «Jeder Mensch hat Bedürfnisse, die gestillt werden müssen. Es gibt solche, die zwingend befriedigt werden müssen, damit wir leben können. Dazu gehören die körperlichen Bedürfnisse nach Sauerstoff, Flüssigkeit und Nahrung. Dann gibt es Bedürfnisse, die wir nicht zum Überleben brauchen, aber es trotzdem schön ist, wenn sie erfüllt werden, wie zum Beispiel das aktive Ausleben der Sexualität oder das Bedürfnis nach Erfolg. Weitere Bedürfnisse sind Anerkennung, Spaß oder Mitgefühl.

Die meisten Menschen heiraten, weil sie damit mehrere Bedürfnisse stillen wollen. Das ist auch gut so, denn Gott hat Mann und Frau so geschaffen, dass sie einander ergänzen. Eine Ehe ist in der Tat dazu da, dass gewisse Bedürfnisse gestillt werden. Aber können wir das von unseren Ehepartnern fordern? Haben wir einen Rechtsanspruch auf die Erfüllung unserer Bedürfnisse? Die meisten verhalten sich leider so: Sie verweigern zum Beispiel ihrem Ehepartner Liebe und Zuneigung, wenn sie selbst diese von ihrem Ehepartner nicht erhalten. Es stellt sich also eine ganz wichtige Frage: *Welches sind meine Bedürfnisse und wo versuche ich sie zu stillen?* Die ehrliche Antwort zeigt die Grundlage für Probleme bei mir selbst und in der Ehe.

Zwei Bedürfnisse gehören zu den grundlegenden jedes Menschen: Einerseits *Liebe*, dazu gehören Sicherheit und Treue und andererseits *Sinn*, dazu gehören Bedeutung, Anerkennung und dass ich eine sinnvolle Aufgabe habe. Diese Bedürfnisse zu stillen ist, ohne dass wir es merken, unser oberstes Ziel. Die Motivation in unseren täglichen Entscheidungen, sind nicht selten diese beiden Bedürfnisse.

Das **Grundbedürfnis nach Liebe** beinhaltet verschiedene Aspekte: Ich brauche es, angenommen zu sein, wie ich bin. Ich brauche es, für jemanden wertvoll zu sein. Ich brauche es, von jemandem geliebt zu werden, der treu ist und diese Liebe nie zurückzieht. Ich brauche Sicherheit, also eine sichere Liebe.

Das **Grundbedürfnis nach Bedeutung** ist tief in jedem Menschen drin: Ich sehne mich danach, dass mein Leben einen Sinn hat. Ich sehne mich nach Tätigkeiten, die für jemanden eine Bedeutung haben.

Sind diese beiden Grundbedürfnisse gestillt, können uns andere unerfüllte Bedürfnisse nicht so schnell aus der Bahn werfen. Die Frage ist nur: Wer erfüllt mir diese Bedürfnisse? Wer nicht verheiratet ist, geht vielleicht davon aus, dass diese beiden Bedürfnisse in der Ehe gestillt werden. Das stimmt zum Teil auch. Man wird von seinem Ehepartner geliebt – nicht immer ganz so, wie man ist, aber trotzdem. Viele Ehepartner sind in ihrer Liebe zum anderen tatsächlich treu, aber trotzdem stoßen sie ihren Ehepartner immer wieder bewusst oder unbewusst zurück. Für meine Familie zu sorgen, kann tatsächlich eine bedeutungsvolle Tätigkeit sein.»

Eileen: «Ich war genau so jemand. In meiner Kindheit habe ich leider nie die ganz tiefe Annahme erlebt. Aber ich träumte immer davon, dass ich einmal einen Prinzen heiraten würde, bei dem dann alle meine Sehnsüchte gestillt werden. Zusätzlich wurden diese überhöhten

Wünsche an meinen zukünftigen Ehemann noch durch romantische Romane verstärkt. Als ich John kennenlernte, habe ich mich zum ersten Mal so richtig geliebt gefühlt. Er hat mir sehr viel Aufmerksamkeit entgegengebracht. Ich bin aufgeblüht wie eine Frühlingsblume an der Sonne. Mein größter Wunsch war es, zu heiraten und Kinder zu haben. Ich dachte, Kinder aufzuziehen würde meinem Leben Sinn und Bedeutung geben. – Aber dann heirateten wir. John war schon damals ein sehr guter Ehemann. Trotzdem fühlte ich mich immer wieder von ihm abgelehnt. Seine Aufmerksamkeit ließ nach der Hochzeit nach. Er war nun nicht mehr auf mich konzentriert und darauf, mich heiraten zu können. Sein Fokus, das verstehe ich heute, ging weiter zum nächsten Ziel. Er musste nun eine Existenz für seine Familie aufbauen. Zuvor war sein Blick ganz auf mich gerichtet gewesen. Doch jetzt blickte er von mir fort zum nächsten Ziel. Das dachte ich jedenfalls. In Wahrheit stand er jetzt neben mir und wollte mit mir zusammen in die Zukunft blicken. Damals verstand ich das noch nicht. Ich fühlte mich zurückgestellt: ‹Jetzt hat er mich erobert. Nun erobert er die Berufswelt. Ich war also nur ein Puzzleteil in seinem Leben, aber nicht das Wichtigste.› Heute weiß ich, dass John es nur gut gemeint hat. Natürlich hätte er mir auch dann noch mehr Aufmerksamkeit schenken können, aber er ist auch nur ein Mensch. Ich hatte zu große Erwartungen in John was mein inneres Wohlergehen anbelangte. Auch als Mutter fühlte ich nicht die tiefe Erfüllung, die ich erhofft hatte. Obwohl ich sagen kann, dass gerade die Geburten unserer Kindern zu den eindrücklichsten Erfahrungen meines Lebens zählen. Auch mitzuerleben, wie aus hilflosen Babys zuerst Kleinkinder, dann Teenager und schließlich Erwachsene werden, hat mir sehr viel gegeben. Aber trotz all des Schönen hat es meine ganz tiefsten Bedürfnisse nicht vollumfänglich gestillt.

Es ist eine große Illusion, wenn man denkt, dass ein Mensch die tiefsten Bedürfnisse nach Liebe und Bedeutung stillen kann. Niemand ist perfekt. Kein Mensch kann mir meine Bedürfnisse voll und ganz stillen. Auf der Suche nach Befriedigung erlebte ich von John immer wieder Zurückweisung. Es waren ganz unbedeutende Dinge und doch haben sie mich verletzt. Zum Beispiel kam er manchmal von der Arbeit nach Hause und setzte sich vor den Fernseher und schaute sich einen Eishockeymatch an oder er begann gleich die Zeitung zu lesen. Ich war den ganzen Tag nur um Kinder herum und hatte noch kein einziges Wort mit einer erwachsenen Person gesprochen. Ich sehnte mich danach, John von meinen Erlebnissen und Überlegungen erzählen zu können. Es ist klar, dass mich das wütend machte. Das ist nur ein Beispiel. Heute weiß ich, dass auch John seine Gründe für sein Verhalten hatte. Er hatte den ganzen Tag sehr viel um die Ohren. Er hastete von einer Sitzung zur nächsten und von einem Verkaufsgespräch zum anderen. Er brauchte jetzt einen kurzen Moment der Ruhe und Erholung, bevor er sich mir zuwenden konnte. Ich dachte: ‹Wenn nur John sich anders verhalten würde, dann würden meine Bedürfnisse gestillt.› Aber das war ein Irrtum. Auch wenn John sich noch so viel Mühe gegeben hätte, meine tiefsten Sehnsüchte hätte er nie ganz stillen können. Es ist nicht möglich, dass ein Mensch die Bedürfnisse des anderen komplett stillen kann.

Diese Zurückweisungen taten weh. Mit der Zeit zog ich mich zurück und baute einen Schutzwall um mich auf. Ich blockierte jede Erwartung in mir. Zum Beispiel hoffte ich gar nicht mehr, dass ich John am Abend von meinem Tag erzählen konnte. Noch mehr: Ich ging diesen Situationen sogar bewusst aus dem Weg. Ich begann Einkaufstouren und Sportaktivitäten genau zu der Zeit einzuplanen, wenn John nach Hause kam. Wenn er zur Tür hereinschritt, drückte ich ihm die Kinder in die Arme und verabschiedete mich. Ich tat dies, um nicht wieder von John zurückgewiesen werden zu können. So konnte er gar nicht mehr vor den Fernseher sitzen oder sonst etwas für sich tun. Aber dadurch war ich auch nicht mehr in der Lage, Johns Bedürfnisse zu stillen. Wenn er nach Hause kam, waren zwei seiner Bedürfnisse Ruhe und Entspannung. Doch die wurden mit der Aufsicht über die Kinder alles andere als gestillt. Ich begann mir einzureden, dass John den ersten Schritt machen müsse, wenn er mich wirklich liebe. Ich wartete darauf, dass John mir meine Bedürfnisse doch noch stillt. Ich dachte, dass ich seinen Bedürfnissen erst wieder nachkommen konnte, wenn mein Tank wieder genügend gefüllt sei. Wie soll dies aber geschehen, wenn auch sein Tank nicht gefüllt wird? John kam immer später vom Geschäft nach Hause. Er hatte, objektiv gesehen, tatsächlich Aufträge zu erledigen, die weiter weg von Zuhause waren, so dass die Heimfahrt länger dauerte. Aber er war insgeheim froh darüber. Durch die längeren Autofahrten hatte er länger Ruhe, bevor er nach Hause kam. Wegen meiner fehlenden Sensibilität wurde das Zuhause für ihn immer mehr mit Stress und Unruhe verbunden. Obwohl es doch ein sicherer Hafen sein sollte, wo er sich von der stürmischen Arbeitswelt erholen kann.

John und ich begannen unabhängig voneinander, die Erfüllung unserer Sehnsüchte nach Liebe und Bedeutung an anderen Orten zu suchen. John suchte sie in der Arbeit und im Sportverein. Im Job kletterte er die Karriereleiter hoch und versuchte, Bedeutung über die höhere Position und das höhere Gehalt zu erlangen. Im Sportverein trainierte er eine Mannschaft mit behinderten Kindern. Dies war für ihn eine sinnvolle Tätigkeit, die seinem Leben Sinn verlieh. Ich suchte Annahme bei Freundinnen, die sich später aber als Tratschtanten entpuppten. Sie schreckten nicht zurück, auch über mich Wahres und Unwahres weiterzuerzählen, obwohl ich auch zu ihnen gehörte. Zum Glück versuchte keiner von uns beiden, die innersten Bedürfnisse in einer Affäre zu befriedigen. Leider tun das sehr viele Leute. Wir Frauen erleben plötzlich wieder, wie ein Mann uns seine ganze Aufmerksamkeit schenkt, uns ernst nimmt und sehr verständnisvoll ist. Männer fühlen sich von einer fremden Frau angezogen, wenn sie ihm die lang vermisste Bewunderung entgegenbringt. Aber hinterher werden beide bitter enttäuscht. Affären hinterlassen immer viel Chaos. Manchmal nur in den Gefühlen der Betroffenen, aber oft auch in Familien und ganzen Beziehungsnetzen.

Viele merken irgendwann bewusst oder unbewusst, dass diesen tiefen Bedürfnissen in der Ehe und in anderen Beziehungen nicht nachgekommen wird. Die einzige Lösung scheint für viele, einfach nicht daran zu denken und sich abzulenken. Einige fliehen in ihre Arbeit, andere in ihr Hobby oder verbringen viel Zeit mit Kollegen in Kneipen und Bars. Da sie dadurch weniger Zeit mit ihrem Ehepartner verbringen, leidet die Ehe zusätzlich darunter. Andere ertränken ihre Sinnlosigkeit und die fehlende sichere Liebe im Alkohol oder anderen Suchtmitteln. Wieder andere versuchen die innere Leere durch Selbstverwirklichung, Esoterik, fernöstliche Religionen oder Sport wett zu machen.

Gleichzeitig mit dem Versuch, meine Bedürfnisse in Kontakten und Aktivitäten außerhalb der Ehe zu stillen, versuchte ich John dazu zu bringen, mir Liebe und Aufmerksamkeit zu schenken, indem ich ihn manipulierte. Zuerst nörgelte ich an ihm herum. Ich hoffte, dass er dadurch einsähe, was er besser machen sollte. Dies schien aber nicht zu funktionieren. Er zog sich immer mehr zurück. Ist ja eigentlich logisch, dass es keinem Mann Spaß macht, in der Nähe einer nörgelnden Frau zu sein. Ich versuchte ihn auch dadurch zu manipulieren, dass ich eingeschnappt war und für Stunden und manchmal Tage nicht mit ihm redete. Aber auch das nützte nichts. Andere Frauen verweigern ihren Männern Sex und wollen so etwas erzwingen. Aber durch Manipulation wird keine Ehe besser. Auch hier gilt, was wir gestern angeschaut hatten: Was man sät, wird man ernten. Wenn ich Negatives säe, werde ich sicher nicht Positives ernten können.

Weil die Manipulation nicht den gewünschten Effekt erzielte und meine Bedürfnisse immer weniger gestillt wurden, wurde ich zunehmend wütend auf John. Ich ließ bittere Gedanken gegen ihn zu. Ich ließ also das zweite Kilimanjaro-Prinzip der Ehe – *die Einstellung von Mandara* – außer Acht: Denke positiv von deinem Ehepartner und deiner Ehe. Wird auch nur eines der vier Prinzipien nicht angewendet, dann ist es schwierig, eine lebenslange, glückliche Ehe zu führen.»

Wo ist die Quelle der Liebe und des Angenommen-Seins?

Eileen: «Unsere Ehe war damals an einem kritischen Punkt. Wir merkten beide, dass es so nicht weitergehen konnte. Ein Eheberater machte uns darauf aufmerksam, dass dies mit unseren tiefsten Bedürfnissen nach Liebe und Bedeutung zu tun habe. Nach einigem Nachdenken und Selbstbeobachtungen mussten wir ihm Recht geben. Wir machten uns auf die Suche nach einer Lösung für unsere tiefsten Bedürfnisse. Entweder müsste sich jeder Ehepartner selbst aufgeben und die innersten Bedürfnisse austrocknen lassen oder es musste einen anderen Weg geben, wie diese Sehnsüchte gestillt werden können. Ich merkte bald, dass unsere Ehe in großen Schwierigkeiten steckte, wenn es keine befriedigende Lösung gab. Was meinen ganzen Selbstwert betraf, war ich von John und meinen Mitmenschen abhängig. Er konnte mit mir machen, was er wollte. Wenn er mir Liebe entgegenbrachte, dann ging es mir gut, aber ich wurde abhängig von ihm. Wenn er mir die Liebe verweigerte, war ich ausgeliefert. Genauso sehen viele Menschen keine Möglichkeit, dass diese tiefsten Sehnsüchte und Bedürfnisse je wirklich und dauerhaft gestillt werden.

Aber zum Glück hatte John in seinen Eltern gute Vorbilder. Er wusste, dass das innere Austrocknen der Bedürfnisse nicht die Lösung sein konnte. Seine Eltern jedenfalls sahen nicht verbittert und ausgetrocknet aus. Sie strahlten Liebe aus und man sah ihnen von weitem an, dass sie Lebenssinn gefunden hatten. So war es auch beim Eheberater. Er verriet uns, wo er seine tiefsten Sehnsüchte stillt. Was er erzählte, hat uns beeindruckt. Durch verschiedene Gespräche mit Johns Eltern haben wir festgestellt, dass sie genau das gleiche Rezept hatten.»

John: «Seit wir uns selbst bewusst darauf eingelassen haben, hat sich unsere Ehe Schritt für Schritt zum Besseren gewendet. Gott hat den Menschen geschaffen, weil er eine Beziehung mit ihm haben wollte. In genau dieser Beziehung zwischen dem Menschen und Gott wären ursprünglich die Bedürfnisse nach Liebe und Bedeutung voll und ganz gestillt worden. Doch wie wir schon erzählt haben, haben sich die Menschen gegen Gott entschieden. Dadurch kam es zum Bruch in dieser Beziehung und damit auch zum Bruch in der Stillung der Bedürfnisse. Kurz nachdem wir am ersten Tag das Marangu Gate verlassen hatten, sahen wir einheimische Bauern mit ihren Ziegen. Eine Mutterziege hatte ein Junges bei sich. Das Junge bekommt bei seiner Mutter alles, was es zum Leben braucht. Die Ziegenmilch enthält genügend Nahrung und sogar Abwehrstoffe gegen Krankheiten. Was nun, wenn die kleine Ziege von seiner Mutter getrennt wird? Es muss sich mit ungenügender Ersatznahrung zufrieden geben. Es ist längst nicht so gut gegen Krankheiten geschützt wie durch die Muttermilch. – Wir sind wie dieses Ziegenbaby. Bei Gott hätten wir alles, was wir brauchen, aber wir können nicht davon profitieren. Auch wir versuchen nun mit ungenügenden Ersatzmitteln zu dem zu kommen, was wir bräuchten: umfassende Liebe und eine ganzheitliche Bedeutung.

Gott wäre nicht Gott, wenn er nicht selbst eine Möglichkeit geschaffen hätte, dass wir wieder von ihm geliebt werden können. Er lässt uns nicht hängen. Er sandte seinen Sohn Jesus auf die Erde, um uns mit Gott zu versöhnen. Wer dieses Versöhnungsangebot annimmt und Gott über sich als Autorität anerkennt, der hat wieder Zugang zu ihm und dadurch zu tiefer Liebe und Bedeutung. Gott ist absolut treu. Er entzieht uns seine Liebe nie mehr. Seine Liebe ist diese Sicherheit, nach der wir uns sehnen. Er liebt uns, obwohl wir es nicht verdient haben und obwohl er alles Dreckige in uns sieht. Er hat seine Liebe bereits bewiesen, als er für uns am Kreuz gestorben ist. Dort hat er die Schuld, die trennend zwischen uns und Gott stand, auf sich genommen. Dies tut nur jemand, der wirklich liebt. Jesus stillt auch das Bedürfnis nach einem sinnvollen Leben und nach Bedeutung. Sinn erfahren wir dadurch, dass wir Gott kennen lernen und eine Beziehung zu ihm haben. Denn Gott ist ewig. Was wir mit und für ihn tun, das vergeht nicht. Auch wenn alles andere vergeht und wir einmal unseren Körper und diese Erde verlassen müssen, bleibt als einziges die Verbindung zu Gott. Deshalb ist Jesus alleine derjenige, der uns ewigen Sinn geben kann. Zusätzliche Bedeutung erhalten wir darin, wenn wir in Gottes Auftrag anderen Menschen helfen. Paulus sagt darüber: ‹Durch Jesus Christus hat er uns so geschaffen, dass wir nun Gutes tun können. Er hat sogar unsere guten Taten im Voraus geschaffen, damit sie nun in unserem Leben Wirklichkeit werden› (Epheser 2,10). Wer anderen im Auftrag von Gott Gutes tut, der schafft Bedeutendes! In Gottes Augen sind wir bedeutend, weil er uns geschaffen hat, um eine Beziehung mit ihm zu haben. Das waren sein Wunsch und seine Idee. Wenn wir in dieser Bestimmung leben, dann haben wir die volle Bedeutung erlangt.»

Eileen: «Gott ist wie eine Quelle, aus der ohne Unterbruch Wasser fließt. Das Wasser steht für seine Liebe und seine Bedeutung. Als ich die Quelle Gottes noch nicht kannte, war ich an vielen Orten auf der Suche nach Annahme und Sinn. Diese Suche raubte jeweils viel Zeit, die wir besser in die Ehe investiert hätten. Ich suchte abwechslungsweise im Hobby, im Beruf, im Sport, im Vereinsleben und auch in wohltätigen Aktionen nach Erfüllung. Seit Gott meine tiefen Bedürfnisse stillt, kann ich nun alle diese Aktivitäten in einem Maß ausführen, das der Ehe gut tut.» John: «Die Quelle Gottes ist unerschöpflich. Sie hat viel mehr bereit, als ich mir dies je ausdenken konnte. Ich weiß, dass es für jemanden, der die übernatürliche Realität Gottes noch nie erlebt hat, komisch klingen muss. Aber für mich hat sich die Suche nach dieser Quelle sehr gelohnt. Zuvor glich meine Suche nach Annahme, Sinn und Erfüllung eher dem PET-Flaschen-Prinzip. Ich fand immer wieder einmal eine PET-Flasche die eine Portion Annahme oder Bedeutung enthielt. Dies war zum Beispiel ein erfüllendes Projekt im Geschäft, neue Freunde oder ein Erfolg. Aber oft war diese Flasche bald leer getrunken. Das, was mir Erfüllung gab und mich gut fühlen ließ, versiegte und konnte mir bereits nach einer Weile die Erfüllung nicht mehr geben. So musste ich mich auf die Suche nach einer weiteren Flasche machen. Seit ich aber die Quelle von Gott gefunden habe, ist dies anders. Die Quelle läuft und trocknet nie aus. Klar kommt das Wasser manchmal stärker, manchmal schwächer und manchmal gar nicht zu mir. Der Grund dafür ist aber nicht, dass die Quelle versiegt wäre. Ich selbst lasse mich vom Alltag, von Sorgen, von Verletzungen oder auch vom eigenen Erfolg ablenken. Ich vergesse, dass ich mit Jesus Christus verbunden sein darf und mich mit seinen guten Gedanken über mich beschäftigen kann. Dann fließt das Wasser. In dieser Quelle hat es genug für jeden von uns!»

Eileen: «Als ich dies in meinem Leben umgesetzt habe, bin ich von vielen Zwängen befreit worden. Ich versuchte durch Leistungen und wo nötig durch Manipulation, Liebe zu erhalten. Ich lebe jetzt viel entspannter, weil meine tiefsten Bedürfnisse von Gott gestillt werden. Das heißt nicht, dass ich John nicht mehr brauche. Im Gegenteil! Jetzt kann ich die Liebe und Bedeutung, die er mir entgegenbringt, umso mehr genießen. Ich brauche nun keine Angst mehr zu haben, von ihm abgelehnt zu werden. Ich weiß jetzt, dass er mir meine tiefsten Bedürfnisse nie befriedigen kann und auch nicht muss, weil dies nicht seine Aufgabe ist. Seine Aufgabe ist es, mir die Liebe und Bedeutung zu geben, die er geben kann und ich natürlich ihm. Als erstes begann ich meinen Tagesablauf wieder so zu planen, dass John sich nach der Arbeit ausruhen konnte. Dies bewirkte ein kleines Wunder. Fast von einem Tag auf den anderen war John am Abend wieder viel zugänglicher. Eigentlich ist es kein Wunder, denn ein ausgeruhter Ehemann ist viel mehr wert als einer, der nach dem strengen Arbeitstag als erstes gleich noch auf die Kinder aufpassen muss. Es brauchte aber noch einige Zeit, um unsere schlechten und festgefahrenen Muster umzulernen.»

Anja fragte: «Aber wie soll ein Gott, den wir nicht einmal sehen, unsere Bedürfnisse stillen? Ich kann mir das nicht vorstellen.» Eileen antwortete: «Das ging mir genauso. Da man Gott weder sehen noch messen kann, kann man ihn und seine Fülle nur erfahren, wenn man es selbst ausprobiert. Aber was du sehen kannst, sind die unzähligen Menschen, die es gewagt haben, sich auf den lebendigen Gott der Bibel einzulassen. Wenn du so jemanden kennst, dann frage ihn, warum er an Gott glaubt. Oder noch besser, nimm eine Bibel zur Hand und beginne zum Beispiel das Johannes Evangelium zu lesen und lerne so Jesus selbst kennen.» John ergänzte: «Diese Wahrheiten über Gottes

Liebe und seinen Sinn für uns gelten auch, wenn wir sie nicht spüren. Gott liebt uns immer, auch wenn unsere Gefühle verrückt spielen. Dann ist es wichtig, dass wir das Richtige vor Augen haben und unseren Kompass auf die Wahrheit ausrichten. Entweder denke ich: ‹Wenn mein Ehepartner mich zurückweist, dann wird meinem Bedürfnis nach Liebe nicht nachgekommen. Ich bin verletzt, aber ich kann nichts machen, weil ich von meinem Ehepartner abhängig bin.› Oder ich sage: ‹Mein Ehepartner kann mich zurückweisen. Wenn dies geschieht, dann verletzt mich das – vielleicht sogar sehr. Aber egal wie er mich behandelt: Ich bin trotzdem geliebt von Jesus Christus. Wegen seiner Liebe bin ich sicher.›[15] Wenn du eine Beziehung zu Jesus Christus hast, dann kannst du das zweite wählen. Dies wird dir helfen, dich richtig zu verhalten.»

Eileen: «Die Ehe profitiert also ganz entscheidend davon, wenn wir unsere tiefsten Bedürfnisse von Jesus Christus stillen lassen. Wir nehmen so den schweren Druck von unserem Ehepartner, unseren Hunger nach Liebe, Annahme und Bedeutung stillen zu müssen. Durch die Liebe, die wir von Gott erfahren, ist unser Tank genügend gefüllt, um auch unseren Ehepartner lieben und seinen Tank füllen zu können. Dadurch, dass wir nicht mehr von unserem Ehepartner psychisch abhängig sind, brauchen wir keine Angst mehr zu haben, von ihm verletzt zu werden. Wir können Stück für Stück unsere Schutzmauer des Stolzes und der Selbstsucht ablegen und uns ganz unserem Ehepartner öffnen. Erst dadurch werden wir fähig, die Liebe und Bedeutung und die übrigen Bedürfnisse, die unser Ehepartner stillen kann, anzunehmen und ganz an uns herankommen zu lassen. Dadurch, dass wir uns nun unserem Ehepartner öffnen können, hat auch die Romantik und die Freundschaft eine viel bessere Chance zu wachsen. Daher ist eine wirklich erfüllende Ehe aus unserer Sicht nur mit der Hilfe von Gottes Quelle möglich.»

John: «Viele unserer negativen Eigenschaften, Schwächen, Süchte und andere Dinge, die unsere Ehe belasten, haben ihren Ursprung darin, dass unsere innersten Bedürfnisse nicht gestillt werden. Gott alleine kann sie dauerhaft stillen. Dies geschieht jedoch nicht von heute auf morgen. Wir müssen uns selbst Zeit lassen, um Gott kennenzulernen und ihm immer mehr vertrauen zu können. Seine Liebe ist von Anfang an voll und ganz da, aber wir brauchen Zeit, um in uns eine Türe nach der anderen für Gott zu öffnen und seine Liebe in jeden Bereich unseres Lebens hineinzulassen. Mit jeder Situation, in der ich feststelle, dass ich für die tiefsten Bedürfnisse nicht mehr von Menschen abhängig bin, sondern tatsächlich von diesem unsichtbaren Gott berührt und getragen werde, desto mehr beginne ich ihm zu vertrauen und desto mehr glaube ich der Wahrheit, dass ich von ihm geliebt bin und mein Leben durch ihn einen tiefen Sinn bekommt. Dies haben Eileen und ich erlebt und sind überzeugt, dass es auch für euch möglich ist. Aber es braucht natürlich Demut, sich auf Gott einzulassen.»

Eileen: «Nun gibt es noch viele Bereiche in deinem Leben und an deiner Persönlichkeit, wo du dich verbessern kannst. Es gibt viele Bücher, Seminare und auch Predigten, die dir helfen könne, eine bessere Person und damit auch ein besserer Ehepartner zu werden. Der gute Nebeneffekt davon ist, dass du, je weniger Probleme du hast, selbst auch glücklicher wirst. Wir empfehlen dir als erstes, dich mit Gott zu versöhnen und die Befriedigung der Bedürfnisse bei ihm zu suchen. Dann überlege dir, an welcher deiner Schwächen du zuerst arbeiten willst. Beginne gleich heute mit der Umsetzung einer kleinen Verbesserung – immer in der Richtung eines besseren Ehepartners.»

Arbeite du an eurer Ehe

Während John seine Glieder streckte, begann Eileen mit dem nächsten Bereich: «Beim ersten arbeitete ich an mir selbst, nun arbeite ich an unserer Ehe. Beim dritten arbeiten wir dann zusammen an unserer Ehe. Es gibt viele Baustellen, wo du dich für eure Ehe einsetzen kannst. Hier vier wichtige Arbeitsfelder.»

1. Interessiere dich für deinen Partner und für seine Interessen

Eileen: «Etwas, das du für eure Ehe tun kannst, ist die Freundschaft zu stärken. Viele Paare leben sich auseinander, weil sie sich nichts mehr zu sagen haben.» Anja richtete sich auf: «Genau so war es bei uns! Nur, wie erhalte ich aber das Gespräch und das Interesse aneinander in der Ehe am Laufen?» Eileen öffnete hoffnungsvoll ihre Hände: «Ganz einfach. Hast du Roger in letzter Zeit beobachtet, wenn er mit jemandem angeregt in ein Gespräch vertieft war?» Anja nickte: «Klar. Mit seinen

Kollegen kann er stundenlang diskutieren.» Eileen hob fragend die Augenbrauen: «Über was für Themen sprechen sie denn so?» Anja zuckte gleichgültig mit den Schultern: «Alles Dinge, die mich kaum interessieren: Computer, Wissenschaft, Autos, Sport …» Eileen lehnte sich nach vorne: «Du hast das Problem gleich selbst angesprochen: Er redet über Dinge, die dich nicht interessieren. Aber warum redet er mit seinen Kollegen so angeregt darüber?» Roger schaltete sich ein: «Weil es mich interessiert natürlich.» Eileen: «Genau. Es gibt also nur eine Lösung, um auch in der Ehe angeregte Gespräche zu führen: Interessiere dich für deinen Partner und speziell für das, was auch ihn interessiert. Frage ihn aus. Forsche selbst über dieses Thema nach. Lies dazu ein Buch oder schaue dir eine Dokumentation im Fernsehen an. Roger spricht am liebsten von dem, wovon seine Gedanken voll sind. Das ist das, was ihn zurzeit am meisten interessiert.»

Anja runzelte die Stirn: «In der Theorie leuchtet das ein. Aber das klingt für mich nach ziemlich viel Langeweile und Anstrengung.» Eileen pflichtete ihr bei: «Der Anfang ist am schwersten, weil du die Zusammenhänge noch so wenig kennst. Je mehr du weißt, desto interessanter wird es. John interessiert sich zum Beispiel für Eishockey. Ich konnte damit überhaupt nichts anfangen. Seit ich mich aber gezwungen habe, die NHL und den Stanley Cup mitzuverfolgen, habe ich tatsächlich selbst Interesse dafür entwickelt. Dies hat unsere Ehe sehr bereichert. Ich kann nun mit John mitfiebern, wenn seine Lieblingsmannschaft auf dem Spielfeld kämpft. Wir können uns darüber unterhalten, indem wir zum Beispiel gemachte Prognosen über den Ausgang der Spiele und der Meisterschaft zusammen diskutieren. Ebenso hat sich John für meine Interessen geöffnet.»[16] Anja lehnte sich zurück: «Darum heißt das dritte Kilimanjaro-Prinzip also *der Einsatz ab Horombo*.»

John schmunzelte: «Glaube mir, der Anfang ist nicht nur für dich langweilig und anstrengend, sondern auch für Roger. Derjenige, der sich bereits gut auskennt, braucht viel Geduld und Nerven, um seinen Ehepartner in die Geheimnisse einzuführen.» Eileen verwarf die Hände: «Wie oft habe ich John gefragt: ‹Was hatte es mit dieser Regel auf sich? Warum hat der Schiedsrichter abgepfiffen?› Ich liebe es, wenn John mir Dinge erzählt. Solang ich aber überhaupt nichts über seine Interessen weiß, ist es für ihn schwierig, davon zu erzählen.»

John nickte: «Als Eileen noch nichts von Eishockey verstand, bat sie mich manchmal zu erzählen, was mich gerade am meisten beschäftigt. Als ich den Mund öffnete, verstand sie nur Bahnhof. Ich musste ihr jedes Mal die einfachsten Dinge über Eishockey erklären, die mich in diesem Moment überhaupt nicht beschäftigten. Was mich wirklich beschäftigte, konnte ich ihr nicht erzählen. Ihren Wunsch, mein Herz zu spüren, konnte ich ihr also gar nicht erfüllen, da sie nicht genug Hintergrundinformationen hatte. Wir merkten, dass ich ihr nur mitteilen konnte, was mich im Moment bewegte, wenn sie selbst ein kleines Maß an Ahnung über die Grundregeln von Eishockey hatte. Wenn sie sich also für mich interessieren will, muss sie sich zwangsläufig auch mit dem auseinandersetzen, was mich interessiert.»

Eileen: «Eishockey ist natürlich nur ein Beispiel. So war es auch mit dem Beruf. Ich wollte gerne, dass John mir am Abend davon erzählte, was ihn heute bei der Arbeit gefreut oder geärgert hat. Dies konnte er aber oft gar nicht, weil ich meistens nicht verstand, warum das Telefongespräch mit dem einen Kunden nun ein Erfolg oder ein Misserfolg war. Ich hatte zu wenig Hintergrundinformationen, um die Zusammenhänge zu erkennen.

Ich stellte fest, dass ich ihn oft aus egoistischen Motiven gebeten habe zu erzählen, was ihn bewegt. Ich wollte dadurch das Gefühl der Nähe erleben und genießen. Ich war aber nicht bereit, auch etwas dafür zu tun. Ich war nicht bereit, mich wirklich mit Johns Welt auseinander zu setzen. Dies bedeutet nämlich Anstrengung und Aufwand. Dazu war ich aber nicht bereit. Bis mir klar wurde, dass ich ohne meinen persönlichen Einsatz die Nähe zu Johns Herzen nicht erleben kann. Zum Glück wird es aber immer einfacher, sobald man einmal angefangen hat. Je mehr du dich mit den Interessen deines Partners auseinandergesetzt hast, desto schneller kannst du die weiteren Zusammenhänge einordnen.»

John: «Und ganz allgemein: Interessiere dich für deinen Partner. Wie ist es ihm heute ergangen? Was denkt er über diese oder jene Sache? Was ist seine Meinung zur dieser politischen Frage? Was sind seine Träume, seine Pläne und so weiter? Es braucht manchmal etwas Einsatz, um immer wieder nachzufragen. Aber diese Investition in die Ehe lohnt sich! Durch dein Interesse zeigst du deinem Ehepartner einerseits, dass er dir wichtig ist und andererseits eröffnest du eine Möglichkeit für ein Gespräch, das wiederum eure Ehe vertieft.» Eileen:

«Ich bete regelmäßig für John. Ich bete für seine Gesundheit, für sein Wohlbefinden, für seine Arbeit, seine Beziehungen, Bewahrung und vieles mehr. Nebst dem, dass ich glaube, dass Gott meine Gebete hört und erhört, hilft mir dies, um mich gedanklich mit John und seiner Welt auseinanderzusetzen. Ich frage mich jeweils, wie es John wohl geht. Wo er gerade vor Problemen und Herausforderungen steht. Dies ist meine Art, wie ich mich für John interessiere.»

2. Finde heraus, was dein Ehepartner wünscht

Während John fortfuhr, schaute er Eileen demonstrativ von oben bis unten an: «Der nächste Schritt ist: Finde heraus, was dein Ehepartner mag. Was sind seine Vorlieben? Gibt es unerfüllte Wünsche?» Dann wandte er sich an das junge Ehepaar: «Wenn du es herausgefunden hast, versuche sie zu erfüllen! Das können ganz große Wünsche sein, aber vor allem und viel wichtiger, die kleinen alltäglichen Wünsche. Wenn es zwei Wege gibt, etwas zu erledigen, dann mach es doch so, wie dein Ehepartner es gerne hat. Was ist aktuell das Lieblingsessen deines Ehepartners? Koche es ihm oder ihr. Welche Art von Film würde der Stimmung deines Ehepartners momentan am besten entsprechen? Schlage vor einen solchen Film zu schauen. Welche Hausarbeit macht dein Ehepartner am wenigsten gern? Übernimm sie diese Woche.» – Oder gleich für immer», fügte Eileen schmunzelnd an. John fuhr fort: «Welche Fähigkeiten hätte dein Ehepartner schon lange einmal gerne gelernt oder vertieft? Sag ihr, dass du bereit bist, sie im Lernen zu unterstützen. Dies kann finanziell oder auch durch Entlastung bei den Arbeiten für den Haushalt oder mit den Kindern sein. Da sind deiner Kreativität keine Grenzen gesetzt. Dazu musst du dich aber auch immer wieder tiefgehend für deinen Ehepartner interessieren.[17] Nur wenn du weißt, was er oder sie gerne hat, kannst du ihm dies auch erfüllen. Und aufgepasst: Menschen und ihre Wünsche verändern sich. Sie entwickeln sich weiter. Was vor drei Jahren top war, kann heute auf Platz drei stehen oder noch weiter hinten. Finde heraus, was bei deinem Ehepartner heute auf Platz eins ist!»

Eileen: «Da gibt es aber noch etwas zu beachten. Wir haben herausgefunden, dass es zwei verschiedene Sorten von Menschen gibt. Einerseits solche, die nur aussprechen, was sie wirklich wollen. Dies sind oft introvertierte Personen. Sie denken über alles gründlich nach, bevor sie darüber sprechen. Was sie sagen, entspricht dem Resultat ihrer Gedanken. Die andere Gruppe von Menschen – mehrheitlich extrovertierte Menschen – sprechen einfach einmal eine Idee aus. Erst dadurch, dass sie darüber sprechen, denken sie nach, ob ihnen diese Idee auch wirklich entspricht.

Konflikte sind vorprogrammiert, wenn ein introvertierter Mensch einen Wunsch von einem extrovertierten Menschen hört. Der Introvertierte geht davon aus, dass das, was sein extrovertierter Ehepartner gesagt hat, in gleichem Maß bereits das Endresultat seiner Gedanken ist, wie wenn er selbst einen Wunsch äußern würde. Doch beim Extrovertierten hat der geäußerte Wunsch viel eher den Charakter einer Idee. Wenn daraufhin der introvertierte Ehepartner Dinge in die Wege leitet, damit diese Ideen zustande kommen, dann wird er bald enttäuscht feststellen, dass die Idee doch nicht umgesetzt wird. Er fragt sich, was wohl mit seinem Ehepartner los sei. Kauft sie ihm doch extra ein indisches Kochbuch, weil er gesagt hat, er möchte lernen, indisch zu kochen. Nach ein paar Monaten stellt sie fest, dass er ja noch gar nie ein indisches Menü gekocht hat. Sie wird ihm wohl kaum mehr so schnell einen Wunsch erfüllen. Wichtig ist es festzustellen, was für ein Typ dein Ehepartner ist. Ist er introvertiert, denkt still für sich über alles nach und spricht dann seine abschließende Meinung aus oder ist er extrovertiert, bildet seine Meinung, während er darüber spricht? Bei extrovertierten Menschen ist es ratsam nachzufragen, wie ernst dieser Wunsch gemeint ist und – entsprechend seiner Veranlagung – mit ihm über diese Idee zu sprechen. So kann er sich die abschließende Meinung bilden. Wenn diese vorliegt, kannst du dich daran machen, den Wunsch zu erfüllen.» John: «Kleine Zwischenfrage: Sind eigentlich Frauen häufiger extrovertiert als Männer?» Eileen: «Ich weiß es nicht, John. Du lenkst vom Thema ab.» Sie verpasste ihm einen freundschaftlichen Schlag auf den Oberarm. Dann fuhr sie fort: «Erfülle deinem Partner seine Wünsche, auch wenn er es für dich nicht tut.»

3. Setze Prioritäten und mache dich frei für die Ehe

John: «Viele Menschen haben eine Agenda und tragen dort allerlei Termine ein. Jedoch findet man darin selten Termine mit dem

Ehepartner. Einzig vielleicht der Geburtstag oder der Hochzeitstag – und dies auch nur, damit sie sicher nicht vergessen gehen. Das wäre ja zu peinlich! Viele führen ebenso eine To-do-Liste. Dort tragen sie alle Arbeiten ein, die sie erledigen müssen. Aber höchst selten schreibt jemand die Arbeit an der Ehe auf seine To-do-Liste. Warum ist das wohl so?» Roger wagte eine Antwort: «Vermutlich, weil die meisten Dinge, die man erledigen muss, mit Abgabeterminen versehen sind. Man muss das Protokoll bis zur nächsten Sitzung erledigt haben. Oder das Geburtstagsgeschenk muss bis zum Geburtstag da sein. Abgesehen von den Arbeiten im Haushalt gibt es in der Ehe kaum einen fixen Termin, wann etwas erreicht sein muss. Also schreibt man es auch nicht in den Kalender oder auf die To-do-Liste.» John: «Genau. Die meisten unserer Engagements sind mit Terminen und klaren Zielvorgaben versehen. Der Kunde will den Auftrag bis in zwei Wochen erledigt haben. Du hast dich gemeldet, neue Trikots für den Sportverein zu entwerfen und zu bestellen. Die ersten Entwürfe müssen bis zur Vorstandsitzung bereit sein und die fertigen Trikots bis zum Beginn der lokalen Meisterschaft. In der Ehe ist dies anders. Da wissen wir erstens nicht genau, woran wir überhaupt arbeiten sollen, und zweitens bis wann dies erledigt sein muss.»

Anja: «Denkst du, dass diesen Leuten die Arbeit und der Sportclub wichtiger sind als die Ehe?» Eileen: «Nein, das denke ich nicht. Solche Menschen gibt es vermutlich schon, aber bei denen liegt das Problem meistens woanders. Dass die Ehe nirgends in den Terminkalendern oder den To-do-Listen auftaucht, kommt daher, dass viele das dritte Kilimanjaro-Prinzip der Ehe nicht kennen. Sie wissen nicht, dass man sich für die Ehe einsetzen muss. Sie betrachten den Ehering und denken: ‹Ich bin verheiratet.› Dabei merken sie nicht, dass eine glückliche, lebenslange Ehe mehr ausmacht als den Eintrag im Zivilstandsregister oder das gemeinsame Familienbüchlein. Eine Ehe ist mehr, als zusammen zu wohnen. Man wohnt ja auch mit Kollegen in einer Wohngemeinschaft zusammen, aber deswegen ist man nicht mit ihnen verheiratet. Für viele ist die Ehe einfach ein Fakt oder ein Zustand, wie der Tag des Geburtstags oder wie die Nationalität oder die Haarfarbe. Ich bin Kanadier. Da muss ich nichts Weiteres tun, ich bin es einfach. Mein Geburtstag ist Mitte Juni. Dieser Tag steht fest. Für diesen muss ich auch nichts tun, und trotzdem bleibt es mein Geburtstag. Viele denken über ihre Ehe genauso: ‹Ich bin nun verheiratet. Das ist jetzt so.› Sie glauben, dass sie nichts mehr für ihre Ehe zu tun brauchen. Nun verheiratet bleibt man schon, auch wenn man nichts Weiteres tut. Aber der Ehering alleine bedeutet nicht, dass man auch ein Leben lang glücklich verheiratet bleibt. Die Ehe ist eine Beziehung und Beziehungen muss man pflegen! Nur so kann sie sich entwickeln. Ganz ähnlich ist es mit jemandem, der eine Pflanze kauft und im Wohnzimmer aufstellt. Nun ist er vom Zustand her ein Besitzer einer Pflanze. Aber wenn er nichts weiter unternimmt, dann wird die Pflanze früher oder später eingehen. Die Pflanze braucht regelmäßige Pflege. So kann sie wachsen und lange halten.»

John nahm den Faden auf: «Du musst deine Ehe pflegen und dich investieren. Dazu musst du Zeit haben. Wenn dein Terminkalender bereits voll ist und du keine Zeit mehr für die Ehe hast, wirst du früher oder später Probleme bekommen. Wenn deine Aufgabenliste bereits randvoll ist, ist es kein Wunder, wenn du kaum Zeit findest, mit deinem Ehepartner an eurer Ehe zu arbeiten. Wenn jeden Abend mindestens ein Ehepartner außer Haus ist oder wenn man zu Hause ist, der eine noch fürs Geschäft, die Kirche oder den Sportverein arbeiten oder dem Hobby nachgehen muss, dann bleibt keine Zeit für die Ehe übrig. Im Laufe unserer Ehe musste ich mich immer wieder einmal hinsetzen und eine Prioritätenliste schreiben. Ich notierte mir alle meine Engagements und Beziehungen, an denen ich zurzeit dran bin. Es war wichtig, dass ich bewusst auch die Beziehungen zu Eileen, den Kindern, zu Gott, zu den Freunden, Verwandten und Kollegen auf diese Prioritätenliste nahm und nicht nur die Aufgaben. Nebst der Erfüllung, die eine Aufgabe bringen kann, sind es vor allem die Beziehungen, die mein Leben bereichern. Dann habe ich bewusst die Ehe ganz nach oben auf die Liste genommen. Anschließend habe ich mit Eileen unseren Terminkalender angeschaut und mit ihr einen wöchentlichen Termin vereinbart. Am besten hat es funktioniert, wenn wir einen fixen Abend in der Woche für unsere Ehe reserviert haben. Diesen haben wir bewusst nur zu zweit verbracht. Da Eileen die Liebessprache der ungeteilten Aufmerksamkeit hat, haben wir meistens einen Teil des Abends einfach mit Reden verbracht. Weiter haben wir alle paar Monate einen Ehe-Tag in die Agenda eingetragen. An diesen Tagen haben wir jeweils die Kinder zu den Großeltern gebracht und zu zweit einen Ausflug unternommen. Weiter habe ich mir vorgenommen, täglich für meine Frau Zeit zu haben. Dies als eine Zeit, wo wir gegenseitig erzählen konnten, was uns gerade beschäftigt, was wir erlebt haben oder was als nächstes auf uns zukommt.»

Anja unterbrach John: «Du hast gesagt, dass du Gott auch auf die Prioritätenliste genommen hast. Es würde mich interessieren, in welcher Reihenfolge du Gott einordnest – vor Eileen oder nach ihr?» John schaute sie überrascht an. Mit dieser Frage hatte er nicht gerechnet. Dann sagte er: «Dazu hat es schon bei vielen Leuten Verwirrung gegeben. Meine Beziehung zu Gott hat für mich oberste Priorität. Denn Gott ist der einzige, der mir immer bleibt. Von Eileen werde ich beim Tod geschieden. Seit ich Gott vor Eileen auf die Prioritätenliste schreibe, habe ich Eileen aber nicht weniger lieb oder weniger Zeit für sie. Eher im Gegenteil! Wenn ich so leben will, wie Gott es gefällt, dann soll ich meine Frau lieben. Es gibt Menschen, die sagen, dass sie Gott am meisten lieben, dann als zweites die Ehefrau und am drittmeisten die Kinder. Meine Prioritätenliste will ich ganz klar *nicht* so verstanden wissen! Seit ich Gottes Liebe erlebe, kann ich auch Eileen viel besser lieben. Gott und Eileen stehen also nicht in Konkurrenz zueinander. Vielmehr steht meine Beziehung zu Eileen auf der Grundlage meiner Beziehung zu Gott.

Wenn ich die Prioritätenlisten schreibe, dann trenne ich die Beziehung, die ich zu Gott habe, von den Aufgaben, die ich für ihn übernehme – also zum Beispiel in der Kirche oder sonstiges, das durch meinen Glauben und die Nächstenliebe motiviert ist. Meine Beziehung zu Gott steht vor Eileen auf der Prioritätenliste, aber nicht die Engagements! Die kommen erst nach Eileen – und sie kamen auch erst nach unseren Kindern, als diese noch zu Hause wohnten. Die wichtigste Aufgabe ist die eigene Ehe und die Familie. Erst dann kommen die Dienste für die Kirche, den Sportverein, die Politik und so weiter.»

Roger fragte: «Was bringt die Liste praktisch?» John antwortete: «Die Prioritätenliste ist dazu da, dass ich schneller erkennen kann, wo ich nein und wo ja sagen soll. Eine Aufgabe in einem Verein muss ich vielleicht absagen, weil ich merke, dass dadurch die Zeit für die Ehe stark eingeschränkt würde. Wenn ich die Liste vor mir habe, dann sehe ich sofort, dass im Zweifelsfall die Ehe vor dem Verein kommt. Jeder gute Ehepartner muss lernen, zu Dingen außerhalb der

Ehe nein sagen zu können. Oft sind es ganz verlockende Anfragen, solche, die sogar das eigene Prestige verbessern. Als ich noch jung war und noch ganz unten an der Karriereleiter stand, habe ich praktisch alle Anfragen angenommen, bei denen ich hoffte, dass sie mich auf meiner Karriereleiter voranbringen. Aber je älter ich geworden bin, desto mehr habe ich gemerkt, dass dies für meine Ehe nicht gut ist. Ich musste lernen, abzuschätzen, wann es sinnvoll war, auch zu einer verlockenden Aufgabe Nein zu sagen und wann es an der Zeit war, mich zu engagieren.» Eileen: «Einmal musste ich auch aus einer langjährigen Verpflichtung aussteigen, die ich eigentlich gerne gemacht habe. Aber an dem Tag, an dem ich aufhörte, merkte ich plötzlich, wie erleichtert ich war, und wie viel mehr Freiraum ich plötzlich für die Ehe und die Kinder hatte. Es zahlt sich aus, sich immer wieder zu vergewissern, ob die Prioritätenliste mit dem Zeitaufwand übereinstimmt. Ist erstens meine Ehe ganz oben auf der Prioritätenliste? Und stimmt zweitens mein Verhalten, der Terminplan und die To-do-Liste damit überein? Falls nicht, sollte man da dringend etwas ändern. Wenn du merkst, dass es dir große Mühe bereitet, mehr Zeit für deine Ehe frei zu machen, frage dich, welches Bedürfnis diese Aufgaben oder dieser Beruf bei dir stillt, dass du so abhängig davon bist.»

Anja fragte: «Wenn du dich für die Ehe frei gemacht hast, was tut ihr dann in dieser Zeit?» John: «Diese Zeit muss nicht jedes Mal von einem Programm bestimmt sein. In erster Linie ist es wichtig, dass du auch deinen Kopf für die Ehe frei machst. Das heißt, dass du Zeit hast, auch einmal für dich alleine über die Ehe und den Ehepartner nachzudenken. Wer voll mit Beruf und ehrenamtlichen Engagements ausgelastet ist, dessen Denkkapazitäten sind oft auch besetzt, wenn er mit seiner Ehepartnerin zusammen ist. Wenn du Zeit mit deinem Ehepartner verbringst, sei auch ganz mit deinen Gedanken anwesend. Es ist klar, dass es dazu manchmal etwas Zeit braucht. Abschalten kannst du zum Beispiel, indem du deinem Ehepartner davon erzählst oder indem du zwei Mal ums Haus gehst und frische Luft schnappst oder indem du dich für zehn Minuten aufs Bett legst. Was nicht sehr hilfreich ist, wenn du zum Abschalten die E-Mails prüfst oder andere Aktivitäten machst, die wiederum deinen Kopf füllen. Gemeinsam etwas zu unternehmen bringt nicht viel für die Ehe, wenn du nur körperlich anwesend, aber in den Gedanken am Arbeiten bist. Viele Dinge können dich gedanklich gefangen nehmen: zum Beispiel die Arbeitsstelle, Probleme mit den Behörden, deine Geldanlagen und Aktienkurse, problembeladene Beziehungen zu anderen Personen, neue Ideen fürs Hobby und vieles mehr.

Wer Mühe hat, abzuschalten und sich auf seinen Ehepartner zu konzentrieren, der sollte sich ernsthaft Gedanken darüber machen, einige Engagements aufzugeben. Oder bist du vielleicht jemand, der sich sehr weit über die normale Arbeitszeit für deinen Beruf engagiert? Wenn der Beruf dich so in Anspruch nimmt, dass du keine Zeit oder Hirnkapazität mehr für deinen Ehepartner hast, dann frage mal deinen Ehepartner: ‹Wäre es dir lieber, wenn ich weniger Geld nach Hause bringen würde und uns weniger finanzielle Sicherheit bieten könnte, aber dafür mehr Zeit für dich und die Kinder hätte?› Falls dein Ehepartner zustimmt, dann mach es! Ein Stellenwechsel und das Verlieren von Einkommen sind in der Übergangsphase schwierig und mühsam. Sie können sogar zu Spannungen in der Ehe führen, aber es lohnt sich auf Dauer trotzdem. Lebensqualität wird nicht in erster Linie von der Höhe des Gehaltschecks bestimmt, sondern von der Qualität der Beziehungen, die du führst. Ihr müsst euch dabei aber bewusst sein, dass weniger Einkommen auch bedeutet, dass man auf den einen oder anderen Luxusartikel verzichten muss. Wenn der Anspruch an den Lebensstandard nicht im Einklang mit dem Einkommen liegt, ergibt sich einiges Konfliktpotential für die Ehe. Aber trotzdem ist es immer noch besser, auf Luxus zu verzichten, als seine Ehe durch übermäßige Arbeit zu gefährden.»

Eileen: «John und ich haben festgestellt, dass es sehr wertvoll für die Ehe und die Familie ist, wenn man mindestens einmal am Tag gemeinsam isst. Zusammen zu essen heißt, Gemeinschaft zu pflegen. Das bedingt natürlich, dass kein Fernseher oder Radio läuft und John nicht die Zeitung oder die Post liest. Was er übrigens sehr gerne während dem Essen tut!», schloss Eileen schmunzelnd. John: «Ich hab mich gebessert!» Eileen: «Das stimmt. Und ich muss sagen, dass ich die gemeinsamen Essenszeiten mit John sehr genieße. Klar war es nicht immer einfach, als wir noch kleine Kinder hatten. Sie brauchten jeweils viel Aufmerksamkeit, so dass zwischen John und mir kein langes Gespräch entstehen konnte. Damals mussten wir uns bewusst am Abend, als die Kinder im Bett waren, Zeit füreinander nehmen. Wir tranken einen Tee oder aßen zusammen Früchte und haben geschwatzt.»

John: «Dieses Thema ist sehr wichtig. Ich kann dir aus eigener Erfahrung sagen, dass es sich sehr lohnt. Als ich alle meine Engagements zurückgefahren hatte auf ein Maß, das mir Freiraum ließ, um einfach mit meiner Frau und den Kindern zusammen zu sein und mit ihnen zu spielen, wurde ich viel ausgeglichener und wesentlich glücklicher.»
Eileen: «Die Kinder und ich auch!»

4. Tue alles, damit dein Ehepartner gerne mit dir verheiratet ist

John: «Wie die Zeit vergeht! Für den letzten Punkt zu *Arbeite du an deiner Ehe* schlage ich vor, dass wir einige Schritte spazieren gehen. Und zwar Männer und Frauen getrennt. Es gibt noch etwas zu sagen, dass nur entweder den Mann oder die Frau betrifft. Dieser Punkt gehört ganz eng zum zweiten Prinzip: Denke positiv von deinem Ehepartner und eurer Ehe. Aber diesmal umgekehrt: *Tue alles, damit dein Ehepartner positiv von dir und eurer Ehe denken kann.* Seid ihr einverstanden, wenn ich mit Roger einmal um die Hütten gehe und Eileen mit Anja?» Die anderen stimmten zu. Es war in der Tat an der Zeit, sich die Füße zu vertreten. Sie verließen die Gemeinschaftshütte. Bei den ersten Schritten spürten sie wieder die Höhenluft. Das Herz begann wild zu schlagen. Doch nach einer Weile kam der Kreislauf in Bewegung und das Herz beruhigte sich wieder.

Nur für sie: Sei eine Perle für deinen Ehemann

Eileen und Anja wandten sich der Sonne zu und schlenderten in deren Richtung. Die Sonnenstrahlen zeigten sich ab und zu zwischen den Wolkenfetzen. Eileen fragte: «Wie geht es dir bis hierher?» Anja blinzelte als sie ihre Augen zu Eileen hob: «Meinst du mit der körperlichen Anstrengung oder wie es meinem Gemüt geht?» – «Beides.» – «Körperlich geht es mir gut. Ich bin sehr froh, dass wir heute diesen Ruhetag haben und nicht gleich weiter mussten. Und seelisch … Es tut gut, eure glückliche Ehe zu sehen. Wenn ich euch beobachte, dann erhalte ich wieder ein Stück Glauben an die Ehe zurück. Was ihr sagt, ist auch sehr gut, aber das muss ich zuerst noch verarbeiten. Und mit Roger … hier oben ist eine ganz andere Welt. Hier kann ich ihn anders wahrnehmen als zu Hause. Er ist hier viel mehr derjenige, in den ich mich mal verliebt hatte. Das finde ich einerseits schön, aber andererseits bohrt die Frage, wie es sein wird, wenn wir wieder zu Hause sind.» Eileen: «Das ist ganz normal. Jede Veränderung braucht Zeit. Es wird bestimmt nicht alles gut sein, wenn ihr wieder zurück im Alltag seid. Aber du als Frau hast es in der Hand, dass es daheim gut weitergehen kann.» Anja stutzte: «Wie das?»

Eileen blieb kurz stehen und sah Anja an: «Ich möchte dir von Frau zu Frau einige Tipps geben, wie du es Roger einfach machen kannst, positiv von dir zu denken. Als ich dies umzusetzen begann, sagte John, sei er immer verliebter und stolzer auf mich geworden. Ein sehr gutes Buch, das ich zu diesem Thema gelesen habe ist *Created to be his Help Meet* von Debi Pearl. Das hat mein Leben als Ehefrau auf den Kopf gestellt. Sie ist zwar ziemlich radikal, aber dafür nützen ihre Tipps auch wirklich.

Damit dein Ehemann sich bei dir wohl fühlt, ist es am besten, wenn du als Frau ganz Frau bist. Lebe deine Weiblichkeit für deinen Mann aus! Dein Frau-Sein beinhaltet alles, was die geheimnisvolle Anziehungskraft zwischen Mann und Frau braucht. Höre nicht auf diejenigen, die sagen Männer und Frauen müssten möglichst gleich sein. Wenn du deine Weiblichkeit auslebst, weckst du viele Gefühle – um nicht zu sagen Instinkte – in deinem Mann. Dazu gehört der Beschützerinstinkt. Ein Mann möchte jemanden haben, den er beschützen kann. Wenn du meinst, selbst stark und unabhängig wie ein Mann sein zu müssen, dann weckst du diesen Beschützerinstinkt nicht in ihm. Bei einem Mann macht dies aber einen großen Teil seiner Zuneigung und Verliebtheit aus. Du musst also nicht alles im Griff haben. Lass deinen Mann dein Held sein, indem er dir helfen kann. Du musst gegenüber deinem Ehemann nicht die unabhängige Frau spielen. Es zieht ihn zu dir, wenn du ihm zu verstehen gibst, dass du ihn brauchst. Wenn du deinem Mann das Gefühl gibst, dass du alles selbst im Griff hast, dann fragt er sich unbewusst, wofür er überhaupt noch da sei. Ein Mann will gebraucht werden und er möchte, dass seine Leistung für die Ehe und Familie anerkannt wird. Dies ist ein Grundbedürfnis der Männer.

Deine Weiblichkeit weckt auch den Jagdinstinkt im Mann. Er

will dich erobern und setzt alles daran, dein Mann sein zu dürfen. Durch deine Weiblichkeit wirst du für ihn begehrenswert. Auf der Verstandesebene nennt er vielleicht andere deiner Eigenschaften, die er an dir schätzt. Aber sein männliches Unterbewusstsein und seine Gefühlswelt sprechen trotzdem vor allem auf deine Weiblichkeit an. Gott hat dich als Frau geschaffen, du wirst also deine Erfüllung am besten darin finden, wenn du deine Bestimmung als Frau und deine Weiblichkeit für deinen Ehemann ganz auslebst.» Schmunzelnd fügte Eileen an: «Wage es jedoch nicht, diese Tipps an anderen Männern als deinem Ehemann anzuwenden. Denn auch bei ihnen wirst du den Beschützer- und Jagdinstinkt wecken. Dies würde aber zu großen Problemen in deiner und in der Ehe dieser Männer führen. Ich möchte nicht für das Scheitern einer fremden Ehe mitverantwortlich sein!

Wir haben schon beim ersten Prinzip davon gesprochen, dass die Bibel sagt, die Ehepartner sollen sich gegenseitig unterordnen. Paulus führt weiter aus, was das für die Frau bedeutet. Sie soll sich ihrem Ehemann unterordnen, so wie sie sich Jesus Christus unterordnet. Unser Thema ist *Arbeite du an deiner Ehe*. Sich seinem Ehemann unterzuordnen, kann harte Arbeit sein. Gerade wenn er Entscheidungen trifft oder Dinge tut, die wir nicht gut finden. Auch wenn diese Anweisung aus der Bibel heute gar nicht mehr populär ist, so beinhaltet sie doch ein großes Geheimnis, das schon unzählig viele Ehen gerettet hat und aus verkorksten Männern liebevolle Ehepartner werden ließ. Wir Frauen haben sehr viel Macht in unserer Ehe. Wir haben es in der Hand, unsere Ehe in eine positive Richtung zu lenken. Wir sind sogar in der Lage unsere Ehemänner, ihren Charakter, ihr Verhalten und sogar ihre Karriere positiv zu beeinflussen. Das Verrückte ist jedoch, dass wir es nicht durch das Ausüben von Macht und negativer Manipulation erreichen, sondern indem wir uns ihnen unterordnen.» Anja runzelte die Stirn: «Das verstehe ich überhaupt nicht.» Eileen: «Die Logik dahinter ist ganz einfach, jedoch braucht die Umsetzung ziemlich viel Demut und Kraft. Aber das Resultat ist es allemal wert! Wann kommt der Mann lieber zu uns nach Hause? Wenn das Haus aufgeräumt ist oder wenn er in eine große Unordnung kommt? Wenn er aus Erfahrung weiß, dass seine Frau ihn mit Nörgeln und Anweisungen empfangen wird oder wenn er gewohnt ist, dass seine Frau ihn anhimmelt und ihn fröhlich und glücklich begrüßt? Wenn er von seiner Frau herumkommandiert wird oder wenn sie ihn entscheiden lässt? Wenn sie ihm zu verstehen gibt, dass sie ihren Mann schätzt oder wenn sie ihn öffentlich bloßstellt? Die Liste kann beliebig fortgesetzt werden. Die Männer sind ziemlich einfach gestrickt: Gib ihnen allen Grund, dich zu lieben, dann setzen sie alles daran, dass es so bleibt. Sei glücklich und fröhlich für ihn, anstatt zu jammern und zu nörgeln. Er wird gerne zu dir kommen und sich darauf freuen, mit dir zusammen zu sein. Gestalte euer Zuhause schön, so dass er gerne nach Hause kommt. Mache dich schön für ihn, so dass er stolz auf dich ist. Lasse ihn Entscheidungen treffen und trage diese Entscheidung mit, dies gibt ihm Bedeutung. Du zeigst ihm damit, dass du ihm vertraust und er gebraucht wird. Säe viel Fröhlichkeit, Wohlwollen, Schönheit und Anerkennung in deinen Ehemann und du wirst eine gute Ehe ernten können.» Anja wirkte nachdenklich.

Eileen fuhr fort: «Was macht ein Mann, wenn er etwas ganz Wertvolles hat, zum Beispiel eine teure Perle? Er setzt alles daran, dass diese Perle sicher aufbewahrt wird. Er ist stolz, dass er sie hat und zeigt sie auch gerne. Er wird sie immer wieder mit einem Samttuch reinigen und pflegen. Sei du diese Perle für deinen Mann! Mache dich wertvoll. Mache dich für ihn schön – innerlich und äußerlich! Dann wird er dich auch wie eine Perle behandeln. – Es gibt Frauen, die denken, sich wertvoll zu machen, heiße, sich rar und unnahbar zu machen. Das heißt, sie geben sich selbständig, als brauchten sie ihren Mann gar nicht. Sie sagen, der Mann müsse sie immer wieder neu erobern und sich beweisen, damit er sie haben könne. Doch in Wahrheit ist dies lediglich eine Schutzmauer, um nicht verletzt zu werden. Wer sich so verhält, der kennt die Quelle von Jesus Christus nicht, aus der unsere tiefsten Bedürfnisse gestillt werden. Dieses Verhalten macht die Frauen nicht wertvoller für ihre Ehemänner, im Gegenteil: Es treibt einen Keil zwischen die Geschlechter. Es gibt einzig ihnen selbst ein gutes Gefühl, wenn der Mann ihnen zu Füßen liegt und tut, was sie von ihm erwarten. Sie verweigern Sex und verlangen von ihrem Ehemann, dass er seine Liebe doppelt beweist, bevor sie sich öffnen. Dieses Verhalten ist genau das Gegenteil von dem, was die Bibel sagt. Wirklich wertvoll für die Ehemänner sind wir, wenn wir uns ihnen unterordnen und sie Bedeutung erlangen lassen. Dies wird auch den härtesten Kern schmelzen, den unmöglichsten Charakter zur Vernunft bringen und den egoistischsten Mann erstaunen. Warte also nicht, bis dein Mann den ersten Schritt tut.

Mache *du* dich für ihn wertvoll, auch wenn er dich noch überhaupt nicht so behandelt! Es kann bei einem harten Brocken mehrere Jahre dauern. Aber Gott möchte dir die Kraft geben, um dich auch für einen solchen Mann wertvoll machen zu können.»

Anja: «Aber du kennst doch Roger gar nicht. Es gibt Situationen, in denen er dies überhaupt nicht verdient.» Eileen: «Es geht nicht darum, was er verdient und was nicht. Schenke ihm deine Anerkennung, auch wenn er deinen Ansprüchen nicht gerecht wird! Behandle ihn wie einen König, auch wenn er sich wie ein Stalljunge verhält. Indem du ihn als König behandelst, wird er sich auch immer mehr wie ein König benehmen. Je mehr du dich für ihn wie eine wertvolle Perle gibst, desto mehr wird er dich auch wie eine wertvolle Perle behandeln. Ordne du dich ihm unter. Damit machst du es ihm viel einfacher, dass er sich auch dir unterordnet. Für die Frau bedeutet unterordnen, dass sie ihm Anerkennung entgegenbringt und ihn zu Bedeutung kommen lässt. Für den Mann bedeutet unterordnen, dass er dich über alles liebt und dich wie eine wertvolle Perle behandelt. Gottes Anweisung für Ehemann und Ehefrau ergänzen sich wunderbar. Wenn die Frau sich so verhält, animiert das den Ehemann, auch seinen Teil beizutragen. Und wenn der Ehemann seine Frau so liebt und trägt, dann wird dies die Frau dazu bewegen, ihren Mann wertzuschätzen.

Was die Einstellung der Frau auf ihren Mann für einen Einfluss haben kann, zeigt der Film *Revolutionary Road* eindrücklich. Hast du diesen Film mit Kate Winslet und Leonardo DiCaprio gesehen?» Anja verneinte. Eileen: «Frank Wheeler hat alles, was man sich in den 50er Jahren wünschen konnte: Einen Job, ein nettes Haus, zwei Kinder und eine Frau, um den ihn die anderen beneiden. Aber Frank und April Wheeler sind unglücklich. Frank versucht immer wieder mit seiner Frau darüber zu sprechen, aber sie weist ihn zurück. ‹Ich möchte jetzt nicht darüber sprechen›, ist ihre Standardantwort auf alle Probleme. Das Eheleben wird für die beiden immer bedrückender, bis es gegen Ende des Films in der Katastrophe endet: April und Frank werfen sich gegenseitig zutiefst verletzende Worte an den Kopf. April läuft aus dem Haus in den nahen Wald. Nachdem sich Frank ein wenig beruhigt hatte, geht er ihr nach und will sich bei ihr entschuldigen, aber auch diesmal weist ihn seine Frau zurück: ‹Ich will jetzt nicht darüber reden›, antwortet sie. Im ganzen Film wird eindrücklich gezeigt, wie April für ihren Mann nicht die wertvolle Perle ist. Gegen außen spielt sie zwar schön die in den 50er Jahren geforderte Hausfrau, Ehefrau und Mutter, die das Zuhause in Schuss hält. Aber in der Ehe schafft sie es nicht, sich ihrem Mann unterzuordnen. Natürlich macht auch Frank grobe Fehler, doch er sucht immer wieder das Gespräch mit ihr. Sie zeigt ihm aber nur die eiskalte Schulter. – Dann geschieht etwas ganz Sonderbares. Am Morgen nach dem großen Streit steht April in der Küche und fragt ganz lieb, wie Frank seine Frühstückseier haben möchte. Sie bereitet ihm ein wunderbares Frühstück zu und hat dabei eine zuvorkommende und gute Laune. Sie ist ganz anders als sie es all die Jahre zuvor gewesen ist. Sie nimmt Anteil an seinem Leben, indem sie sich an eine wichtige Sitzung erinnert, die er an diesem Tag haben wird. Sie zeigt Interesse an ihm und seinem Job. In seinem Gesicht ist zu erkennen, dass er durch ihr Interesse an Bedeutung gewinnt. Sie fragt ihn darüber aus, was er an seiner neuen Stelle genau machen müsse. Er erklärt es ihr mit leuchtenden Augen. Dass er einen langweiligen und unbefriedigenden Job habe, war ein Dauerthema des Filmes bis zu diesem Punkt. Seine Frau zeigte nie das geringste Interesse an seiner Arbeit, vielmehr bestärkte sie ihn in der Annahme, dass er mit diesem Job ein unbefriedigendes Leben führe. Aber als sie bei diesem Frühstück Interesse an seiner Arbeit zeigt, blüht er förmlich auf. Er muss sogar eingestehen, dass es doch einige interessante Aspekte an seinem Job gibt. April hatte die Macht, innerhalb nur eines Frühstücks die Stimmung der Ehe komplett zu drehen. Das alles nur, indem sie sich für ihren Mann wertvoll, glücklich und schön gab. Indem sie ihm Anerkennung und Bedeutung entgegenbrachte, veränderte er seine Ansicht über sich selbst. Was ihre Motive waren, spielt an dieser Stelle gar keine Rolle und wie der Film ausgeht, das verrate ich dir natürlich auch nicht. Das Verhalten von April Wheeler ihrem Ehemann gegenüber zeigt aber deutlich die Macht, die eine Frau durch ihre Unterordnung ihrem Ehemann gegenüber erhält. Sie kann die Ehe zu einem guten oder einem schlimmen Ort machen. Sie kann erreichen, dass sich ihr Ehemann in der Ehe wohl fühlt oder eben nicht. Du hast dies alles in deiner Hand. Diese Macht entfaltet sich aber nicht durch Autorität und Machtgehabe, sondern durch ‹Liebe, Freude und Frieden, Geduld, Freundlichkeit und Güte, Treue, Bescheidenheit und Selbstbeherrschung.› Also die Eigenschaften, die der Geist Gottes schenkt (Galater 5,22).»

Anja: «Aber was ist mit dem Mann? Kann der tun, was er will?» Eileen: «Ich spreche zu dir von Frau zu Frau. Mir geht es darum, was *du* zur Ehe beitragen kannst. Was die Männer tun können, das erklärt John deinem Ehemann.» Anja: «Du sagtest, ich solle für Roger fröhlich und glücklich sein. Aber das kann ich doch nicht selbst produzieren!» Eileen: «Sicher kannst du das. Wir sind unseren Gefühlen nicht hilflos ausgeliefert. Wir können unsere Gefühle beeinflussen. Du entscheidest, ob du über traurige, ungerechte, böse und negative Situationen, Probleme oder Menschen nachsinnen willst oder ob du über Dinge nachdenkst, die gut, schön und erfreulich sind. Entscheidend dabei ist die Dankbarkeit. Wenn du glücklich und fröhlich für deinen Ehemann sein möchtest, dann beherzige das zweite Kilimanjaro-Prinzip: *Denke positiv von eurer Ehe und deinem Ehepartner.* Sei dankbar für eure Ehe. Sei dankbar für deinen Ehepartner und denke darüber nach, wofür du ihm gegenüber dankbar sein kannst. Entwickle eine Haltung der Dankbarkeit gegenüber allem, was gut in deinem Leben ist. Dies wird deine Gefühlswelt positiv beeinflussen.

Es gibt noch etwas anderes Wichtiges, wie du erreichen kannst, dass dein Ehemann gerne mit dir verheiratet ist. April Wheeler hatte diesen Tipp nicht beherzigt und die Ehe hat darunter gelitten: *Weise deinen Mann nie zurück, egal wie und wo!* Lerne zwar Nein zu sagen, wo seine Annäherungen den guten Geschmack, die Sitten oder das Gesetz verletzen. Aber sei grundsätzlich positiv auf die Annäherungen deines Ehemannes eingestellt. Ich meine sexuell, aber auch sonst. Wenn er mit dir über etwas sprechen möchte, dann zeige ihm nicht die kalte Schulter. Wenn er dir einen Liebesbeweis geben möchte, wenn er dir durchs Haar fährt, dir Blumen schenkt oder sonst wie auf dich zukommt, dann weise ihn nicht ab. Gerade durch Abweisungen in der Öffentlichkeit demütigst du deinen Ehemann. Dies ist für Männer sehr schlimm. Sie möchten stolz auf ihre Frauen sein können. Habe also folgende Einstellung auf die Annäherungsversuche deines Mannes, egal wie es dir gerade geht: ‹Mal schauen, wie es sich entwickelt. Was mich betrifft, lege ich alle Zeichen auf positiv, damit sich ein gutes Zusammensein entwickeln kann.› Auch wenn ich nicht soweit bin, wenn ich nicht offen genug bin für ein Gespräch, auch wenn ich nicht genug erregt bin für Sex, schaue ich einfach einmal, wohin es führt. Gerade bei der Sexualität entwickelt sich die Erregung bei uns Frauen oft erst im Laufe des Liebesspiels.

Das ist normal und darf auch so sein.

Also zusammengefasst: Mache dich als Frau ganz wertvoll für deinen Ehemann. Sei eine Perle für ihn. Sei fröhlich und gut aussehend. Lass ihn in eurer Ehe Bedeutung und Anerkennung erlangen. Tue dies alles für ihn, auch wenn er es nicht verdient. Setzt alles daran, dass er stolz auf dich sein kann. Unterstütze deinen Ehemann in den guten Gedanken über sich selbst, seinen Job, seine Ehe und sein Umfeld. Dies alles bedarf einer großen Portion Demut. Aber diese kannst du bei Gott erhalten. Er gibt uns Frauen die Kraft, gute Ehefrauen zu sein. Und glaube mir: Dies tust du nicht nur für ihn, sondern für euch beide. Und später auch für eure Kinder. Gute Ehefrauen machen die Hälfte der ganzen Ehe aus – wenn nicht sogar noch mehr! Denn eine gute Ehefrau beeinflusst ihren Mann auch zum Guten. Es macht mich traurig, wenn ich sehe, wie die Gleichstellung von Mann und Frau – was im Grunde etwas Gutes wäre – dazu führt, dass Frauen nicht mehr Frauen sein wollen und damit auch keine Ehefrauen mehr. Es soll nur noch Ehe-*Partner* geben – beide genau gleich. Aber Männer und Frauen sind nicht gleich. Dieses Denken hat schon viele Ehen in den Ruin getrieben. Ich bin überzeugt, dass die Gleichstellung auch möglich ist, ohne *gleich* werden zu müssen. Eine Ehe funktioniert bis ins hohe Alter nur glücklich und gut, wenn die Frau ganz Frau sein darf und ein Mann ganz Mann – beide vollkommen wertvoll und geliebt von Gott, der sie geschaffen hat.»

Nur für ihn: Sei ihr Held und Gentleman!

John und Roger machten einige Schritte den Berg hinauf. Der Ältere schaute zum Jüngeren hinüber und begann: «Die Bibel sagt, dass jeder Mensch sich dem anderen unterordnen soll. Darin steckt ein großes Geheimnis. Wenn du es schaffst, dich deiner Ehefrau unterzuordnen, dann ist sie gerne mit dir verheiratet. Paulus führt anschließend aus, was dieses Unterordnen für die Männer konkret bedeutet: Die Männer sollen ihre Frauen so lieben, wie Jesus seine Gemeinde geliebt hat (Epheser 5,25f). Mit *Gemeinde* sind die Menschen gemeint, die mit Gott in Gemeinschaft treten möchten. Jesus hat für diese Menschen sein Leben hingegeben. Er ist am Kreuz gestorben und hat alle ihre Schuld auf sich genommen. All das, was zuvor trennend zwischen ihnen und Gott stand, hat er entfernt. Jesus hat sein eigenes Leben für diese Menschen hingegeben. Die gleiche selbstlose Liebe soll ein Mann seiner Ehefrau entgegenbringen. Stelle deine eigenen Wünsche und Ideen in den Hintergrund. Lasse deine Frau zur Geltung kommen.

Sei ein Held und Gentleman für Anja, auch wenn sie es nicht verdient hat. Behandle sie wie eine wertvolle Perle. Sieh in ihr die Schönheit, die sie sich wünscht, und sage ihr immer wieder, wie schön sie ist. Ein Gentleman behandelt seine Frau bevorzugt. Sie bekommt den besten Platz in seinem Leben. Ihr gewährt er am meisten Aufmerksamkeit. Habe immer ein offenes Ohr für sie. Setze dich hin, schaue ihr in die Augen und höre wirklich zu. Interessiere dich für sie und für das, was in ihr drin abläuft. Zeige auch Interesse für das, was sie empfindet. Frauen nehmen ihre Empfindungen intensiver wahr als wir Männer. Daher lassen sie diese auch in ihre Entscheidungsfindung einfließen. Ihre Gefühle beeinflussen sie auch unbewusst in ihrem Handeln und Reden. Wir Männer können die weibliche Intuition mit unserem rationellen und logischen Denken oft nicht nachvollziehen. Ein Gentleman versucht, die Sache trotzdem auch aus ihrer Sicht zu sehen. Auch wenn ich mit Hilfe der Logik erklären kann, warum sie Unrecht hat, ist ihre persönliche Wahrnehmung trotzdem real. Für sie ist es so, wie sie es sagt. Sie empfindet das so. Was denkst du, wann deine Frau gerne mit dir verheiratet ist? Wenn du auf deiner Logik beharrst und deine Entscheidung gegen ihre Empfindung durchboxt oder wenn sie sich von dir in ihren Eindrücken ernst genommen fühlt? Wenn du mit deiner Logik Konflikte analysieren und erklären kannst, warum du rational gesehen recht hast, oder wenn sie spürt, dass du demütig genug bist, deinen Teil der Schuld einzugestehen?

Für eine Frau ist es wichtig, dass sie immer wieder von ihrem Ehemann hört, dass sie die Einzige für ihn ist. Sage ihr immer wieder, dass du mit niemand anderem als ihr verheiratet sein möchtest. Lass es sie wissen, dass sie alles an sich hat, was du dir als Mann wünschst. Zeige ihr dies auch in deinem Verhalten. Schaue nicht anderen Frauen nach. Dies sagt ihr nämlich, dass sie dir nicht genügt. Halte dich von Pornographie fern. Das Signal an deine Frau ist klar: Du kannst mir nicht genügend Befriedigung geben. Durch Pornographie machst du zudem die Beziehungssexualität kaputt, indem du realitätsfremde Frauen kennenlernst, deren Wünsche und Bedürfnisse denen deiner Frau überhaupt nicht ähnlich sind. Du steigerst mit Pornographiekonsum falsche Erwartungen an deine Frau und an die Sexualität. Dies macht das Zusammenleben schwierig. Aber dieses Kilimanjaro-Prinzip heißt ja: Arbeite du an eurer Ehe. Es ist eine Investition, die sich allemal lohnt! Wenn sich deine Frau wertvoll, schön und einzigartig fühlt, dann wird sie eine immer bessere Ehefrau, was eurer Ehe sehr gut tut.

Sage deiner Frau auch immer wieder, dass du sie liebst. Wir Männer denken, dass wir dies nun schon so oft gesagt haben, dass sie es jetzt ein für alle Mal wissen sollte. Doch Frauen funktionieren anders. Sie müssen sich immer wieder vergewissern, dass sie geliebt sind. Zeige ihr also deine Liebe, so oft du kannst. Tue dies unbedingt in ihrer Liebessprache! Denn nur so fühlt sie sich auch wirklich geliebt. Wenn sich der Liebestank deiner Frau durch *Zärtlichkeiten* füllt, dann berühre sie so oft du kannst! Wenn deine Frau die Liebessprache *Zweisamkeit* hat, gib ihr so oft wie nur möglich ungeteilte Aufmerksamkeit. Lege alles bei Seite und sei ganz auf sie konzentriert. Wenn sie sich geliebt fühlt, wenn du sie beschenkst, so finde immer wieder neue Wege, wie du ihr *Geschenke* geben kannst, die von Herzen kommen. Wenn sie sich wertvoll und geliebt fühlt, wenn sich jemand die Zeit nimmt, um ihr zu helfen, dann lege täglich Hand an und unterstütze sie praktisch, wo du kannst.

Laufe nicht vor Problemen weg! Leider ist dies bei vielen Männern die einzige Art, wie sie auf Schwierigkeiten reagieren können. Sie verlassen den Raum oder sogar die Wohnung. Stelle dich dem Problem. Sei bereit darüber zu reden. Dadurch gibst du deiner Frau ein Gefühl der Sicherheit: ‹Mit meinem Mann muss ich nicht Angst vor der Zukunft haben. Er geht mit mir durch dick und dünn. Wenn Probleme auftreten, muss ich nicht alleine damit fertig werden. Er steht mir zur Seite. Gemeinsam sind wir stark.› Hier kannst du beweisen, dass du ein ganzer Mann bist! Einer, der da ist, wenn er gebraucht wird. Einer, der demütig genug ist, um auch eigene Fehler einzugestehen und um Vergebung zu bitten. Sei auch dann bereit über ein Problem mit deiner Frau zu sprechen, wenn es in deinen Augen unwichtig oder bereits erledigt ist. Wenn es für sie wichtig ist, solltest du es auch als wichtig betrachten. Wenn du wieder einmal das Gefühl hast, am liebsten weglaufen zu wollen, dann kehre den Spieß um: Nimm deine Frau einfach in den Arm.

Beziehe deine Frau in die Lebensplanung und in die Entscheidungsfindung mit ein. Gehe nicht einfach deinen Weg, sondern nimm deine Frau bewusst mit. Frage sie bei Entscheidungen, wie sie dabei empfindet. Finde heraus, was ihre Wünsche und Bedürfnisse sind. Gehe nicht davon aus, dass alles, was für dich gut ist, automatisch auch für die anderen das Beste sei.

Wir Männer haben oft Mühe, uns zu öffnen. Tue es trotzdem. Öffne deine Seele für deine Frau. Ich weiß, dass du dich dadurch verletzlich machst. Du begibst dich in Gefahr, dein Gesicht zu verlieren. Aber das einzige, was wir höchstens verlieren, ist unser Stolz. Was wir gewinnen können, ist aber viel wertvoller: Meine Frau erhält einen Einblick in mich. Sie lernt mich auf einer ganz anderen Ebene kennen. Wenn du deiner Frau deine Gefühle zeigst, dann weckt dies in ihr Gefühle für dich! Wage es einfach.

Hier auf dem Kilimanjaro ist der letzte Punkt gar nicht so einfach umzusetzen und vermutlich hast du damit im Alltag keine Probleme. Aber es gibt Männer, denen man sagen muss, dass ihre Frauen noch viel lieber mit ihnen verheiratet wären, wenn sie sich etwas mehr pflegen würden. Regelmäßiges Duschen hilft da schon viel. Vor allem wenn die Männer Sex möchten, tun sie ihren Frauen einen großen Gefallen, wenn sie sich zuvor frisch und sauber machen.

Dies alles führt dazu, dass deine Frau gerne mit dir verheiratet ist. Sie wird sagen, dass du das Beste bist, was ihr passieren konnte. Es ist klar, dass dies einiges an Einsatz erfordert. Aber wenn du gute Früchte von deiner Ehe ernten willst, musst du erstens Gutes säen und zweitens diese Pflanzen auch regelmäßig hegen und pflegen. Man hört immer wieder, dass Frauen so kompliziert seien. Es ist sicher so, dass sie komplizierter sind als wir Männer. Jedenfalls werden wir sie nie ganz verstehen können. Aber das soll uns nicht davon abhalten, ein Gentleman zu sein. Verhalte dich so, dass deine Frau von dir sagt, dass du ihr Held seist! Gib ihr mit deinem Verhalten allen Grund dazu. Sie wird dir dafür unendlich dankbar sein.» Danach gingen sie wieder zurück und trafen in der Gemeinschaftshütte ihre beiden Ehefrauen.

Arbeitet gemeinsam an der Ehe

Es tat gut, ein wenig die Beine zu vertreten. Nun saßen alle vier wieder auf Bänken um einen dunklen Holztisch. Da fuhr John fort: «Wir kommen zur dritten Möglichkeit, sich in die Ehe zu investieren: Nämlich dass beide Ehepartner zusammen an der Ehe arbeiten. Natürlich kann sich jeder auch alleine dafür einsetzen. Dies ist besser als gar nichts. Nur ist es umso besser, wenn beide mitanpacken. Wir steigen mit Eileens Lieblingsthema ein: *Geplante Romantik*. Gibt es das überhaupt?»

1. Plant gemeinsam die Romantik

Eileen begann: «Romantik tut der Ehe sehr gut. Romantische Erlebnisse bereichern die Ehe und vertiefen die Freundschaft. Ich erinnere mich zusammen mit John gerne an verschiedene romantische Erlebnisse, die wir hatten.» Anja unterbrach sie: «Wie macht man das? Am Anfang unserer Bekanntschaft war es von alleine immer wieder romantisch. Aber dann immer weniger.» Eileen antwortete: «Genau deshalb muss man die Romantik planen und nicht einfach dem Zufall überlassen.» Anja schaute ungläubig zu Eileen: «Aber ist geplante Romantik nicht unecht und gespielt?»

Eileen lächelte: «Diese Frage habe ich erwartet. Viele Menschen glauben, dass Romantik nur echt sei, wenn sie spontan und zufällig geschieht: Plötzlich finde ich mich zufällig auf einer Pferdekoppel wieder und zufällig ist da auch mein Ehepartner, der eng an mich gekuschelt neben mir sitzt. Und ganz zufällig ist es Zeit für den Sonnenuntergang, den wir nun mit Pferden im Vordergrund betrachten. Wenn so etwas geschieht, ist wohl nicht gleich alles Zufall, oder?» Anja warf dazwischen: «Du glaubst das vielleicht nicht, aber uns ist das einmal tatsächlich so ähnlich passiert. Als wir noch nicht verheiratet waren, fuhren wir an einem schönen Herbsttag durch die Schweizer Alpen. Gegen Abend hatte unser Auto eine Panne. Während wir auf die Pannenhilfe warteten, haben wir uns etwas oberhalb der Passstraße auf eine Wiese gesetzt. Vor uns weideten Ziegen und Schafe und im Hintergrund sahen wir zwischen den Bergspitzen einen wunderbaren Sonnenuntergang. Dies war wirklich sehr romantisch.» Eileen: «Wow, das glaube ich dir. Zufällige romantische Momente kann es also durchaus geben. Zufall war jedoch nur, dass ihr wegen der Panne gezwungen gewesen wart, genau an dieser Stelle zu warten. Aber dass ihr beide gemeinsam mit dem Auto in die Berge gefahren seid, das war wohl kein Zufall, oder?» Anja: «Nein, natürlich nicht. Wir hatten einen schönen Ausflug mit einer kleinen Wanderung geplant und auch durchgeführt.» Eileen: «Bei ungeplanten romantischen Begegnungen ist meist nur ein Puzzleteil Zufall. Alles andere ist auch in diesen Fällen geplant. Wenn du nicht mit deinem Ehepartner zusammen bist, dann könnt ihr zusammen auch nichts Romantisches erleben. Wenn ihr zwar zusammen seid, aber nur zu Hause vor dem Fernseher sitzt und von einer Sendung zur anderen springt, dann werdet ihr wohl auch kein romantisches Erlebnis machen. Fazit: Wenn man die Romantik in der Ehe öfters erleben will, muss man dem Zufall nachhelfen! Romantische Begegnungen mit dem Ehepartner tun der Ehe sehr gut.»

Anja entgegnete: «Aber wie macht man das? Ich kann doch nicht romantische Gefühle erzwingen.» Eileen: «Zuerst müssen wir einmal verstehen, was Romantik überhaupt ist. Ich meine natürlich nicht die Zeitepoche, sondern das, was zwei verliebte Menschen in einem besonderen Moment zusammen erleben. Es gibt drei verschiedene Dinge. Romantisch ist entweder das Zusammentreffen von bestimmten Umständen oder eine Handlung einer Person. Wenn dein Mann dir ein selbst geschriebenes Liebesgedicht vorliest, dann ist das eine romantische Handlung. Wenn Kerzen brennen, der Song *There you'll be* von Faith Hill im Hintergrund läuft und ein mehrgängiges Menü nur für euch beide aufgetragen wird, dann ist das ein Zusammentreffen von Umständen, die gemeinsam einen romantischen Augenblick ergeben. Und als drittes gibt es eben noch die romantischen Gefühle. Wer romantische Handlungen und Umstände mit den romantischen Gefühlen gleichsetzt, der wird öfters enttäuscht werden. Denn die romantische Handlung und der romantische Augenblick alleine muss bei dir noch überhaupt keine romantischen Gefühle auslösen. Deine Gefühle werden nämlich noch von ganz anderen Dingen beeinflusst. Deine persönliche Verfassung, die Qualität der Beziehung und etwaige frühere Erlebnisse spielen eine ebenso große Rolle. Die Umstände können noch so romantisch sein, wenn du in tiefen Problemen steckst, Streit mit einer anwesenden Person hast oder der letzte Freund genau bei diesem Song mit dir Schluss gemacht hat, dann kann es sein, dass du trotz der Umstände keine romantischen Gefühle erlebst.» Anja: «Ja, das leuchtet mir ein.» Eileen: «Deine Gefühle kannst du nicht direkt beeinflussen, nur indirekt. Du kannst dafür sorgen, dass du deine Ehe pflegst und deinem Ehepartner immer wieder vergibst. So steht nichts zwischen euch und du hast gute Voraussetzungen, dass auch deine romantischen Gefühle mitmachen. Wenn ich sage, dass ich Romantik planen will, dann meine ich damit nicht, dass ich meine Gefühle auf Kommando auf Romantik umstellen kann. Ich kann aber planen, dass die Umstände und meine Handlungen romantisch sind. Dadurch erschaffe ich die Chance, dass auch meine Gefühle mitmachen werden.»

John: «Eileen und ich planen seit vielen Jahren immer wieder romantische Momente. In mehr als der Hälfte der Fälle haben sich auch tatsächlich romantische Gefühle eingestellt. In den übrigen Fällen hatten wir trotzdem einen wunderbaren Tag oder Abend zusammen, der unserer Ehe gut getan hat.» Roger: «Was war bei den Abenden schief gegangen, als keine Gefühle aufkamen?» Eileen: «Das kann ich dir nicht sagen. Wir waren zuvor vielleicht zu gestresst und hatten zu wenig Zeit, um abzuschalten oder wir waren einfach zu müde. – Aber egal was der Grund war, wir ließen uns davon nicht den Moment verderben. Wenn der Funke einmal nicht springt, lassen wir uns davon nicht stressen. Wir sind ja nicht die Sklaven unserer Gefühle.» Roger: «Wie meinst du das?» Eileen: «Für das Aufkommen von Gefühlen können wir oft nichts. Aber wir können sehr wohl etwas dafür, wie wir auf diese Gefühle reagieren und wie wir sie weiter beeinflussen. Es ist doch schade, wenn man den ganzen Abend schmollt, nur weil die romantischen Gefühle nicht kommen wollen, oder? – Gut, die Gefühle wollen nicht kommen, aber ich genieße den Abend trotzdem! Sonst ist mein Glück immer von meinen Gefühlen abhängig. Das bringt's nicht. Die Gefühle sind immer nur Reaktionen auf Umstände und Ereignisse. Die Gefühle haben kein Hirn, das sich vornehmen kann: ‹So, jetzt mache ich mal den Roger glücklich.› Aber wir können die Umstände beeinflussen. Wer wie gesagt zu Hause passiv vor dem Fernseher hin und her zappt, aktiviert kaum schöne Gefühle. Du kannst aber aufstehen und aktiv etwas tun. Es ist erwiesen, dass Leute, die aktiv sind, schönere Gefühle erleben, als solche, die passiv sind.»

John: «Noch ein Tipp: Die geplante Romantik funktioniert am besten, wenn das Paar gelernt hat, die *Romantik des Alltags* wahrzunehmen.

Wenn man während der Woche vor lauter Arbeit und Verpflichtungen einander kaum sieht und wenn man einander nur gehässig Vorwürfe macht, wird eine geplante Romantik kaum romantische Gefühle auslösen können. Wenn man aber täglich die Gelegenheiten für die kleinen romantischen Begegnungen wahrnimmt, legt dies ein wunderbares Fundament der Romantik in der Ehe. Dies sind oft nur kleine Dinge: Ein tiefer Blick in die Augen. Den Kopf seiner Frau mit beiden Händen zu halten und ihr einen Kuss auf die Stirn geben. Oder sogar ein kurzer Blick oder ein kleines *Hallo,* wenn man sich in der Wohnung begegnet. Es können auch kleine Nachrichten sein, die man einander an den unmöglichsten Orten hinterlässt. Je mehr solche romantischen Momente im Alltag stattfinden, desto größer ist die Chance, dass auch größere Events tatsächlich zum romantischen Date werden.» Eileen: «Was die romantischen Gefühle auch unterdrücken kann, sind unausgesprochene Erwartungen. Plane und investiere mit großen Erwartungen an das gemeinsame Erlebnis, aber steck deine Erwartungen nicht zu hoch, was deine Gefühle betrifft. So kannst du das gemeinsame Erlebnis auch genießen, wenn die Gefühle nicht deinen romantischen Vorstellungen entsprechen. Dazu kommt noch: Genau durch diese Gelassenheit und Unabhängigkeit von den eigenen Gefühlen erhalten die schönen Gefühle erst recht gute Chancen, entstehen zu können.»

John: «In Internetforen liest man immer wieder davon, dass es dem einen oder anderen in der Ehe langweilig geworden ist. Es heißt dort, dass er oder sie aus Langeweile fremdgegangen oder in eine Sucht geraten ist. Denjenigen möchte ich sagen: Du bist kein Sklave der Langeweile! Tue etwas dagegen. Plane die Romantik in deiner Ehe. Sucht euch ein anregendes Hobby. Und für alle, die einfach nichts finden: Hilf anderen Menschen! Es gibt bestimmt ältere Personen, die froh wären um etwas Hilfe im Garten, im Haushalt oder bei den Einkäufen. Egal was, tue einfach etwas gegen die Langeweile! Du bist deines Glückes eigener Schmied.» Eileen: «John, du kennst Gott und er stillt dir deine tiefsten Bedürfnisse. Ich könnte mir vorstellen, dass es Menschen gibt, die eine Leere verspüren und mit noch so viel geplanter Romantik und Aktivitäten diese Langeweile nicht wegbringen. Sie versuchen viel und können doch die Leere nicht füllen. Ich bin ja kein Psychiater, aber ich habe es selbst erlebt. Als ich noch keine Beziehung zu Jesus Christus hatte, spürte ich diese Leere und Sinnlosigkeit immer wieder. Aber ich habe erlebt, wie Gott mir begegnet ist und mich berührt hat. Ich habe ihm gesagt, dass er von jetzt an Herr über mein Leben sein soll und ich ihn als meinen Gott anerkennen will. Da habe ich einen tiefen Frieden in mir gespürt, der seither nie mehr verschwunden ist. Manchmal ist er mehr und manchmal weniger spürbar. Aber ich weiß jetzt, dass ich in Gottes Hand geborgen bin. Ich muss meine innersten Bedürfnisse nicht durch geplante Romantik und verschiedene Events befriedigen. Die romantischen Dates mit dir, die kann ich nun genau so genießen wie sie gedacht sind: nämlich zu unserer gegenseitigen Freude. Wer auf der Suche nach diesem inneren Frieden ist, der setzt seine Hoffnung in ein romantisches Date und wird enttäuscht.» John nickte: «Ja, da hast du recht, mein Schatz.»

Anja: «Wie plane ich die Romantik nun ganz praktisch?» Eileen: «Ganz einfach: Überlege dir, was für dich und deinen Ehepartner romantisch wäre. Und dann versucht euch diesen Wunsch zu erfüllen. Was ist für dich ein romantischer Ort?» Anja dachte nach: «Unten an einem Wasserfall zu stehen, wenn es schon dunkel ist.» Eileen nickte zustimmend den Kopf, als würde sie sich die Szene vorstellen: «Okay, auf die Idee wäre ich nicht gekommen, aber was meinst du John, könnten wir das auch mal ausprobieren?» John: «Von mir aus gerne.» Eileen: «Gut, nun plane mit Roger zusammen einen Trip zu einem Wasserfall, wo ihr auch noch dort sein könnt, wenn es bereits dunkel geworden ist. Bestimmt gibt es bei euch in der Schweiz viele solche Wasserfälle.» John: «Oder ganz einfach: Verabredet euch für ein gemeinsames Date. Tragt dies in die Agenda ein. Dann geht in ein schönes Restaurant und esst dort. Oder richtet euch in eurer Stube ein romantisches Nachtessen ein.» Eileen: «In diesem Fall stimmt das Sprichwort: ‹Jeder ist seines eigenen Glückes Schmied.› Ihr habt es in der Hand, immer wieder gemeinsame romantische Erlebnisse zu machen. Reserviert euch immer wieder Abende oder Tage, wo ihr zusammen oder abwechselnd füreinander die Romantik plant.» Eileen: «Übrigens gilt die ganze Planungssache auch für den Sex. Auch den kann man planen. Dies funktioniert aber meistens nur mit Beziehungs-Sex. Adrenalin-Sex benötigt Unerwartetes und Spontanes. Beziehungs-Sex hingegen lebt geradezu von Romantik! Man kann durch Kerzen und Musik, allenfalls einem Glas Wein oder sogar einem feinen Dinner die Romantik geplant ins Schlafzimmer holen.»

2. Pflegt Ehe-Rituale

John: «Ein zweiter Punkt für das Arbeiten an der Ehe sind gemeinsame Rituale. Sie stärken das Zusammengehörigkeitsgefühl und die Freundschaft. Das Gute daran: Es sind meistens ganz einfache, leicht umsetzbare Dinge, die aber dem Ehepartner zeigen, dass man zusammengehört. Ein sehr effektives Ritual ist einander bei jedem Abschied zu küssen. Wie viel mehr wert ist doch eine Berührung als lediglich ein *Tschüss* von ferne!» Eileen: «Wir halten dieses kleine Abschiedsritual schon seit Beginn unserer Ehe. Mir fehlt immer etwas, wenn John morgens aus dem Haus geht, während ich noch schlafe. Er will mich vielleicht nicht wecken und geht ohne Abschiedskuss. Manchmal hinterlässt er mir stattdessen eine kleine Notiz. Das gleiche Ritual pflegen wir auch, wenn wir wieder zusammen kommen. Wir küssen uns zur Begrüßung. Jedes Mal spüre ich für kurze Zeit, dass John da ist und wir zusammengehören. Dies tut mir sehr gut und hilft mir, John und die Ehe positiv zu sehen.» John: «Wir haben uns auch angewöhnt, einander vor dem Einschlafen zu küssen. Wir haben uns vorgenommen, nie mit einem Streit zu Bett zu gehen. Der Gutenachtkuss ist ein Ausdruck dafür, dass wir versöhnt sind.»[18]

Eileen: «Abgesehen von den verschiedenen Kuss-Ritualen gibt es ganz unterschiedliche wiederkehrende Dinge, die man als Ehepaar tun kann. Jedes Ehepaar muss selbst herausfinden, was zu ihnen passt. Vor dem Essen oder vor dem Einschlafen gemeinsam zu beten, kann ein solches Ritual sein. Ich schätze es sehr, dass John sich jeden Abend dafür Zeit nimmt. In einfachen Worten legen wir den vergangenen Tag in Gottes Hände und danken ihm für alles Gute, das wir erleben und haben durften. Wenn etwas Schwieriges ansteht oder einer von uns krank ist, bitten wir Gott auch um Hilfe in diesen Dingen. So weiß ich mich bei Gott geborgen und kann friedlich schlafen. Zudem fühle ich mich auch auf geistlicher Ebene mit John verbunden, was unserer Ehe eine weitere Dimension hinzufügt.»

Anja: «Ich habe auch mal von einem Ehe-Ritual gelesen. Das Ehepaar hatte sich vorgenommen, nie am Morgen das Haus zu verlassen, ohne dass sie von mindestens einer Sache wussten, die an diesem Tag beim

Ehepartner passieren würde. Dies kann zum Beispiel eine Person sein, die der Ehepartner treffen wird oder ein Termin, den der Ehepartner wahrnehmen muss oder eine spezielle Arbeit, die er oder sie heute erledigen wird.[19] Dies fand ich noch schön.» Eileen: «John, das gefällt mir. Wollen wir das bei uns auch einführen?» John: «Von mir aus gerne. Ich weiß ja meistens, was bei dir so läuft.» Eileen: «Ja, aber auch nur, weil ich dir immer alles erzähle. Ich muss dich halt auch bewusster fragen, was bei dir am nächsten Tag ansteht.»

John: «Es ist gut, wenn jedes Ehepaar seine eigene kleine Kultur entwickelt. Genau wie Länder oder Regionen unterschiedliche Kulturen, unterschiedliche Essgewohnheiten und unterschiedliche Musikstile pflegen, so soll auch jede Ehe für eine eigene Kultur stehen. Insider-Witze, das gemeinsame Verständnis über die Rollenverteilung, aber auch ein Ehe-Song – zum Beispiel der, der beim ersten Kuss im Hintergrund gespielt wurde – stärken die Ehe. Es macht nicht nur Spaß, diese zu pflegen, sondern hält auch das Ehepaar zusammen.[20] Die Familie meiner Eltern und Eileens Familie unterscheiden sich in vielen Dingen. Beide haben ihre eigene Traditionen und Rituale: Die Art wie wir Weihnachten feiern, was wir tun, bevor wir zu Bett gehen, wie ein Geburtstagsfest aussieht, wie der Hochzeitstag begangen wird.» Eileen: «Wir müssen uns bewusst von der alten Familie lösen. Aus der Familie der Eltern wird langsam eine Verwandtschaft. Jede neue Schwägerin und jeder neue Schwager bringt seine eigene Kultur in diese Verwandtschaft mit ein. Dadurch entwickeln sich die Geschwister unterschiedlich weiter und haben nun nicht mehr alle die genau gleiche Familienkultur. Wichtig für die Freundschaft in der Ehe ist es, dass die Kultur der eigenen Ehe wichtiger genommen wird als die Kultur der alten Familie und der Verwandtschaft.»

John: «Lasst es also zu, dass ihr als Ehepaar zu einer eigenen Kultur werdet, mit eigenen Essensvorlieben, Ausflugstraditionen, einem eigenen Wohnungseinrichtungsstil und so weiter. Redet darüber, wie ihr Geburtstage, Feiertage und Hochzeitstage feiern wollt. Ihr dürft euch dabei auch von euren Freunden unterscheiden. Es ist gut für eine Ehe, wenn sie eine ganz eigene Kultur findet. Dies muss aber nicht krampfhaft geschehen. Sie soll natürlich im Laufe der Zeit wachsen und darf sich auch wieder ändern. Ihr müsst nicht einen gemeinsamen Song suchen. Sondern lasst es zu, wenn ein Song euch beide fasziniert. Wenn ihr beide eine Begebenheit witzig findet, erinnert euch ab und zu wieder daran und lacht gemeinsam darüber. Dies stärkt die Freundschaft.»

Eileen: «Ehe-Rituale geben der Ehe ein Gerüst und tun einfach gut. Sie setzen einen gewissen Einsatz von beiden voraus. Aber diese Investition lohnt sich!»

3. Schafft klare Verhältnisse

Eileen: «Eine weitere Baustelle in Ehen sind unausgesprochene Wünsche. Als ich geheiratet habe, hatte ich die romantische Illusion, dass John mir alle Wünsche von den Augen ablesen würde. In meiner Familie hatten wir kaum offen über Anliegen gesprochen. Wenn Salat oder ein Stück Fleisch übrig blieb und gefragt wurde, wer es gerne haben möchte, sagte niemand ehrlich ja. ‹Nein, nein, nimm es nur›, hieß meistens ‹ja, ich möchte es gerne.› In unserer Familie war dies so eingespielt und oft spürten wir auch, was der andere meinte – jedoch längst nicht immer. Als ich erwachsen wurde, merkte ich, dass auf diese Weise keine tiefe Gemeinschaft entstehen kann. Im Umgang mit Bekannten und Freunden ist diese bescheidene Zurückhaltung angemessen. Aber in der Familie und erst recht in der Ehe verhindert diese Geheimnistuerei die tiefe Nähe. Bei John habe ich gelernt, dass allen viel mehr gedient ist, wenn jeder seine Wünsche ehrlich sagt.» Anja wandte ein: «Aber wirkt dies nicht sehr egoistisch?» John erklärte: «Nicht das Äußern der Wünsche ist egoistisch. Das Verhalten danach kann es sein. Wir machen das so: Wenn ein Stück Kuchen übrig bleibt, kann jeder ehrlich seinen Wunsch äußern. Dann ist für jeden klar, was der andere möchte. Erst jetzt hat man eine gute Grundlage, um über das Stück Kuchen zu verhandeln. Nun kann ich höflich sagen: ‹Also gut, wenn du es auch haben möchtest, will ich es dir gerne überlassen.› Der Egoist sagt an dieser Stelle hingegen: ‹Es ist mir egal, dass du es auch haben möchtest. Ich will es trotzdem unbedingt haben.›

Ohne dass beide ehrlich sagen, was sie möchten, ist es gar nicht möglich, es dem anderen von Herzen zu schenken. Denn wenn ich Eileen dazu dränge, das Kuchenstück zu nehmen, ohne dass ich weiß, ob sie es tatsächlich auch haben will, kann es ja gut sein, dass ich ihr damit gar keinen Gefallen tue. Nur wenn beide voneinander wissen, was der andere wirklich will, kann man einander glücklich machen.»

Eileen: «Nehmen wir ein anderes Beispiel: John und ich gehen auf das Auto zu und er fragt: ‹Willst du fahren?› Ich sage: ‹Nein, nein, fahre du.› Weil John weiß, dass ich nicht immer die Wahrheit über meine Wünsche sage, antwortet er: ‹Nein, du kannst gerne fahren.› Ich: ‹Nein, nein. Du fährst doch so gerne.› Er: ‹Bist du sicher?› Ich: ‹Ja, ja.› Dabei öffne ich die Beifahrertür und steige ein. John steigt auf der anderen Seite ein und fährt los. Nun kann es sein, dass John an diesem Tag Kopfschmerzen hat und nicht fahren mag, ich aber sehr gerne gefahren wäre. Weil wir beide unter dem Deckmantel der Höflichkeit nicht die Wahrheit gesagt haben, ist nun keiner von uns beiden wirklich glücklich. John muss fahren und ich darf nicht.» John: «Statistisch gesehen ist also die Wahrscheinlichkeit, dass beide glücklich werden, wesentlich größer, wenn die Verhandlung über eine Sache erst beginnt, wenn beide die echten Wünsche des anderen kennen. So kann derjenige fahren, der will und der andere, der nicht mag, der muss nicht. Aber auch wenn beide lieber am Steuer sitzen würden, ist es besser für die Zufriedenheit beider, wenn sie zuerst die Wahrheit sagen. So kann derjenige, der nicht zum Zug kommt und auf dem Beifahrersitz Platz nehmen muss, von Herzen seinem Ehepartner das Steuern schenken, weil er sicher weiß, dass der andere auch Freude daran hat.»

Eileen: «Das gleiche gilt auch für den Sex. Tauscht euch ehrlich über eure sexuellen Wünsche und Bedürfnisse aus. Es ist nun mal so, dass Männer und Frauen unterschiedlich veranlagt sind. Es ist also schnell geschehen, dass der Mann die Bedürfnisse der Frau nicht erraten kann. Sprecht die Wünsche und Fantasien aus, dann hat der andere eine faire Chance, sich dem Partner ganz zu schenken.» John schränkte ein: «Wobei du natürlich nicht bei allen Fantasien deines Ehepartners mitmachen musst!»

Roger seufzte und sagte: «Man wird aber wohl kaum fertig über all die Dinge zu reden, weil sich die Umstände immer wieder verändern. Solange ich noch studiert habe und Anja arbeiten ging, hat sie das Geld nach Hause gebracht. Ich war an zwei von fünf Arbeitstagen zu Hause. Ich konnte jeweils zwischen dem Lernen auch noch die dreckige Wäsche in die Waschmaschine stecken oder kurz vor zwölf das Mittagessen kochen. Das ist jetzt vorbei. Wir müssen neu über unsere Aufgabenverteilung sprechen.» John nickte zustimmend: «Dieser Punkt bleibt das ganze Leben lang eine Baustelle. Immer und immer wieder muss man seinen Einsatz erbringen und wieder Klarheit zwischen den Ehepartnern schaffen. Nicht nur die Umstände verändern sich, auch der Ehepartner entwickelt sich weiter. Dieser Einsatz lohnt sich aber. Die Beziehung bleibt oberflächlich, wenn man die Wünsche und Vorstellungen des anderen nur erahnt, aber nicht kennt. Schnell lebt man sich auseinander.

Ich weiß, wer seine tiefsten Wünsche dem anderen anvertraut, der macht sich verletzlich. Der andere kann diese Offenbarungen missbrauchen, uns lächerlich machen oder zurückstoßen. Aber es gilt immer: Wenn wir unserem Ehepartner Vertrauen schenken und uns ihm öffnen, kann eine viel tiefere Verbundenheit entstehen. Es ist romantisch, wenn ich nach Hause komme und merke, dass Eileen meine Wünsche kennt und sich die Mühe gemacht hat, diese zu erfüllen.» Eileen: «Oder wenn ich merke, dass John extra Aufwand und Kosten betrieben hat, um mir einen Wunsch zu erfüllen. Dies lässt unsere Freundschaft und Ehe tiefer werden. Aber eben, wer dies dem Zufall überlässt, wird vielfach enttäuscht.»

4. Arbeitet an eurer Gesprächs- und Streitkultur

Eileen: «Seit wir uns kennen, haben wir nun schon sehr viel zusammen gesprochen.» John: «Wir beide haben vor allem viel gesprochen, Eileen.» – «Stimmt. Sprechen ist eigentlich gar nicht so schwer. Jedoch gibt es verschiedene Tiefen von Gesprächen. Erinnert ihr euch an den Abend im Hotel, bevor wir am nächsten Morgen die Wanderung angetreten haben? Beim Abendessen haben wir mit vielen verschiedenen Leuten gesprochen. Die meisten Gespräche waren sehr oberflächlich. Wir fragten einander, woher wir kommen oder welche Route wir auf den Kilimanjaro nehmen. Dies ist alles gute Unterhaltung oder wie man so schön sagt *Smalltalk*. Auf dieser oberflächlichen Ebene spricht man viel in der Ehe. Schließlich muss man sich gegenseitig über aktuelle Dinge informieren sowie Aufgaben und Termine absprechen. Dazu gehört auch der Austausch über Neuigkeiten aus dem Bekanntenkreis oder aus den Nachrichten. Viele Ehepaare müssen lernen, diese alltäglichen Gespräche zu führen und dabei dem anderen auch zuzuhören. Daneben braucht es aber auch Zeiten, in denen das Gespräch tiefer geht. Für uns sind das Zeiten, in denen wir uns von Herz zu Herz austauschen. Wir fühlen uns in diesen Unterredungen wie ein Herz und eine Seele. Damit diese für die Freundschaft sehr wichtige und wertvolle Gesprächstiefe immer wieder erreicht werden kann, braucht es Einsatz von beiden.»

Anja: «Genau das hat mir in unserer Ehe immer öfters gefehlt. Als wir frisch verliebt waren, haben wir stundenlang über so viele Dinge gesprochen. Aber je länger wir verheiratet waren, desto weniger haben wir uns hingesetzt und uns von Herz zu Herz unterhalten.» Eileen: «Das ist tatsächlich eine große Herausforderung. Weil es zu Beginn fast automatisch geht, verpassen viele den Moment, wenn sie an den Horombo Hütten vorbeigehen. Die Ehepartner denken, dass der Austausch auch weiterhin automatisch und ohne große Anstrengung in die Tiefe gehen wird. Wenn Bergsteiger nach den Horombo Hütten mit dem gleichen Maß an Energie und Einsatz weiter wandern, werden sie bald erschöpft umkehren. Sie merken, dass es anstrengend wird, dass sie plötzlich mehr Mühe beim Atmen haben. In der Ehe ist dies genau gleich. Vorher ging vieles automatisch, nachher braucht es Arbeit, um das Gleiche zu erreichen. Leider sind viele nicht bereit, diesen Einsatz zu leisten und ziehen hier einen Schlussstrich. Sie versuchen in einer neuen Beziehung ihr Glück. Sie erleben, dass plötzlich die Gespräche wieder ohne großen Aufwand in die Tiefe gehen. Man hat sich so viel zu erzählen. Aber nach einer Weile erreicht auch diese Ehe die Horombo Hütten, von wo es ohne etwas Aufwand nicht mehr weitergeht. Wer vor diesem Einsatz zurückschreckt und in einer Beziehung nie die Horombo Hütten übersteigt, der lernt die unglaubliche Tiefe der Vertrautheit nie kennen. Diese neue Dimension kommt dank Einsatz und Arbeit zustande. Das Erlebnis, die letzten 1000 Höhenmeter des Kilimanjaro bestiegen zu haben, macht man nicht, wenn man bei den Horombo Hütten umkehrt. Doch es sind genau diese 1000 Höhenmeter, die den ganzen Trip zu einem unvergesslichen Abenteuer werden lassen. Die Tiefe der Ehe, die durch Arbeit erreicht werden kann, ist unbeschreiblich und einmalig – aber der Einsatz muss geleistet werden.»

Wie geht es in die Tiefe?

Roger: «Wie gelangt ein Gespräch in die Tiefe? Das kann man doch nicht erzwingen?» John: «Erzwingen kann man ein solches Gespräch sicher nicht. Aber man kann die entsprechenden Umstände schaffen.

Das Wichtigste – und für mich persönlich auch das Schwierigste – ist, dass ich mich ganz auf Eileen konzentriere. Solange zum Beispiel der Fernseher mit der Übertragung eines Eishockeymatches läuft, kann kein tiefes Gespräch aufkommen – auch wenn niemand direkt drauf schaut. Das Gleiche gilt für den Nachrichtenkanal im Radio oder Zeitschriften und Magazine. Ich muss diese Dinge bewusst ausschalten und zur Seite legen. Uns Männern hilft es bei Gesprächen, wenn wir etwas zu essen oder zu trinken in der Hand halten oder spazieren gehen. Wichtig ist einfach, dass wir uns bewusst vornehmen, uns auf unseren Ehepartner zu konzentrieren. Vielleicht musst du auch das Telefon und dein Mobiltelefon ausschalten, um nicht auf dem Weg in die Tiefe unterbrochen zu werden. Unsere Kinder wussten jeweils, dass sie uns am Freitagabend nach acht Uhr nicht mehr stören durften. Das war unsere Zeit, in der wir uns ganz aufeinander konzentrierten.»

Roger: «Worübersollte man da zusammen sprechen?» John: «In den meisten Fällen hat sich nach einer Anlaufzeit ein Thema automatisch ergeben. Vielleicht etwas, das den einen oder beide zurzeit beschäftigte. In den Ferien war dies nicht immer so. Da hatten wir ja so oder so alles gemeinsam erlebt und beim Autofahren schon ausgiebig miteinander gesprochen.» Eileen: «Aber dann haben wir oft ein Thema gefunden. Zum Beispiel, wie wir unsere Zukunft sahen oder wir haben über Themen des Glaubens gesprochen. Diese spirituelle Ebene hat unserer Ehe auch sehr bereichert.» John: «Genau. Frauen brauchen eine gewisse Zeit, bis sie sich tief innen öffnen können. Wenn sie einmal offen sind, kann man ganz gute Gespräche mit ihnen führen. Man spürt einander auf einer ganz tiefen Ebene von Herz zu Herz. Es sind nicht alle Menschen gleich, aber viele Frauen fühlen sich in diesen Augenblicken besonders geliebt von ihren Männern. Daher sollten wir Männer sensibel genug sein, um immer wieder tiefe Gespräche von Herz zu Herz zu ermöglichen, indem wir uns einfach hinsetzen und uns ganz auf unsere Frauen konzentrieren. – Wie gesagt gehört dies zur Kategorie *Einsatz für die Ehe*. Vielfach wäre es angenehmer und einfacher, den Fernseher anzustellen und belangloses Zeug zu schauen, anstatt sich auf die Ehefrau zu konzentrieren. Vielleicht spürt man den Nutzen dieser Investition nicht während des Gesprächs selbst, jedoch vertieft dies die Freundschaft zum Ehepartner und trägt damit zur Qualität der Ehe bei.»

Konfliktbewältigung

Eileen: «Nun, ein weiterer wichtiger Bauplatz ist die Art und Weise, wie ein Ehepaar mit Konflikten umgeht. Viele Ratgeberbücher zum Thema Ehe gehen vor allem auf dieses eine Thema ein. Da lernst du Zuhör- und Gesprächstechniken. Es ist gut, wenn man diese kennt. Aber ehrlich gesagt konnten John und ich nie viel mit diesen gestellten und genormten Konfliktgesprächen anfangen. Die meisten Konflikte geschehen nicht, wenn man genügend Zeit hat, sich hinzusetzen und in aller Ruhe darüber zu sprechen. In unseren ersten Ehejahren und besonders, als unsere ersten Kinder geboren wurden, hatten wir am meisten Konflikte. Das ist ganz normal. Da mussten wir lernen, fair zu streiten.»

John: «Vielleicht sollten wir noch sagen, dass es unterschiedliche Persönlichkeitstypen gibt, die auch unterschiedlich mit Konflikten umgehen. Es gibt sogenannte *konfliktfähige* und *nicht konfliktfähige* Menschen. Wisst ihr, worum es da geht?» Anja schüttelte den Kopf. Aber Roger wagte einen Versuch: «Vermutlich heißt dies, dass einige gut streiten können, während die anderen gleich ausrasten. Oder nicht?» John klärte sie mit einem Schmunzeln auf: «Nein, ganz und gar nicht. Der Ausdruck *konfliktfähig* in der Persönlichkeitslehre bezieht sich nur auf die Konflikte innerhalb des einzelnen Menschen. Es gibt Leute, die können gut mit Spannungen in ihrem Innern umgehen. Sie wissen, dass eine wichtige E-Mail oder ein brisanter Brief für sie gekommen ist, aber es macht ihnen nichts aus, diesen erst später zu öffnen. Sie können auch gut einen Konflikt mit dem Partner zur Seite legen und erst später darüber sprechen. Dies sind *konfliktfähige* Menschen. Sie können Konflikte in ihrem Innern aushalten, ohne sie gleich lösen zu müssen. Dann gibt es die *nicht konfliktfähigen* Menschen. Sie müssen sofort die Post oder die E-Mails öffnen. Wenn das Ehepaar sich entschieden hat, eine neue Küchenmaschine zu kaufen, kann ein *nicht konfliktfähiger* Mensch nicht bis morgen oder nächste Woche warten. Er muss sofort ins Internet gehen und die verschiedenen Angebote vergleichen. Dies hat nichts mit Ungeduld zu tun. Sie können nur weniger gut ungelöste Spannungen in ihrem Innern aushalten. Für sie ist erst alles wieder in Ordnung, wenn die Spannung gelöst ist. Konflikte mit dem Ehepartner müssen sie immer sofort ausdiskutieren. Vorher haben sie keine Ruhe und geben auch keine Ruhe. Für eine Ehe ist es gut, wenn mindestens einer *nicht konfliktfähig* ist. Denn so werden Konflikte innerhalb der Ehe bald angesprochen und bereinigt. Wir haben die Empfehlung der Bibel dazu schon einmal zitiert: ‹Versöhnt euch wieder und lasst die Sonne nicht über eurem Zorn untergehen› (Epheser 4,26b). Dieser Rat ist für die Ehe sehr wertvoll. Konflikte sollten wenn möglich noch am gleichen Tag bereinigt werden.»

Anja fragte: «In einer Zeitschrift habe ich gelesen, dass eine Ehe ohne Konflikte langweilig sei. Zu einer Ehe gehöre es dazu, gut streiten zu können. Ich habe mich aber gefragt, was *gut streiten* bedeutet? Wie kann man ein Problem *gut* ausdiskutieren?» Eileen nickte: «Dem kann ich zustimmen. Wir haben im Laufe unserer Ehe gelernt, dass es nicht das Ziel ist, keine Konflikte zu haben, sondern sie *gut* auszutragen! *Gut* heißt für uns heute vor allem *fair*. Wenn sich ein Konflikt anbahnt, machen wir uns die vier *Kilimanjaro-Prinzipien der Ehe* bewusst.

- **Die Entscheidung bei Marangu: Ich habe mich entschieden, mit dir mein Leben zu verbringen, also mache ich das Beste aus dieser Situation für dich und für unsere Ehe.**
- **Die Einstellung von Mandara: Ich versuche dich und unsere Ehe in diesem Konflikt positiv zu sehen. Wir sind nicht gegeneinander. Wir sind ein Team!**
- **Der Einsatz ab Horombo: Es lohnt sich, die Zeit und Energie zu investieren, um diesen Konflikt anzugehen, einen Kompromiss zu finden und sich wenn nötig wieder zu versöhnen.**

Dies hilft uns mit der richtigen Einstellung einen Konflikt auszutragen. Damit ist bereits der größte Teil eines Streits gerettet. Wer das Kilimanjaro-Prinzip der Ehe vor Augen hat, der verhält sich in einem Konflikt von selbst meistens fair.»

Roger: «Nun, was heißt fair streiten?» Eileen: «John Gottman hat dies in seinem Buch *Die 7 Geheimnisse der glücklichen Ehe* sehr gut dargelegt. Hier ein paar Gedankenanstöße dazu.»

1. Trete einen Schritt zurück

Eileen: «Manchmal befinden wir uns, ohne dass wir es wollten, mitten in einem Streit. Wir hatten gar nicht gemerkt, wie er begonnen hat. Zum Beispiel machte ich eine unüberlegte Aussage, die John verletzte. Er reagierte beleidigt, gekränkt oder wütend. Ich merkte noch nicht einmal, dass meine Bemerkung anders aufgefasst wurde, als ich es gemeint hatte und doppelte nochmals nach. Oder aber ich merkte es und versuchte zu erklären, wie ich es gemeint hatte, was aber die Diskussion weiter anheizte.

Wenn du merkst, dass sich ein Konflikt anbahnt, solltest du eine kleine Pause machen und sagen: ‹Moment mal! Wir sind da in etwas geraten, das ich gar nicht gewollt habe. Bitte entschuldige. Sage du doch bitte, wie du die Sache siehst.› Eine solche Pause ist ein Innehalten. Mache dazu einen Schritt zurück, äußerlich und innerlich. *Äußerlich* heißt, dass du tatsächlich einen Stritt zurückgehst – aber nicht, dass du davonläufst! Es geht mir darum, dass du dich aus dem unmittelbaren Konflikt herausnimmst und euch beide – also auch dich selbst – von außen anschaust. Überlege dir dabei: ‹Was geht da genau vor?› Dies ist der innere Schritt zurück. Innerlich distanzierst du dich von deinen Emotionen. Nimm dir Zeit, kurz über die folgenden Fragen nachzudenken: ‹Warum bin ich verletzt? Was hat wohl den anderen nun so in Fahrt gebracht? Oder warum muss er sich oder ich mich plötzlich verteidigen?› Dann die alles entscheidende Frage: ‹Was kann ich tun, um die unmittelbaren Emotionen zu glätten und einen Kompromiss möglich zu machen?› Fair zu streiten heißt, sich selbst als Krieger aus der Kampfzone herausnehmen und dadurch versuchen, den anderen nicht noch mehr zu verletzen. Ein Ehepaar hat uns einmal gesagt, dass sie das Problem, das zwischen ihnen steht, sinnbildlich an den Hörnern packen und vor sich hinstellen. Nun steht es nicht mehr zwischen ihnen. Sie stehen nun nebeneinander und können den Konflikt als Team lösen.

Wer eine Beziehung zu Gott hat, der kann sich dabei auch auf Gott konzentrieren: ‹Wie siehst du diese Situation, Gott? Bitte hilf mir, meinen Ehepartner positiv zu sehen und demütig zu sein.› Du kannst deinen Ehepartner auch segnen, das heißt ihm Gutes von Gott wünschen. Gott ist nicht von meinen Emotionen gefangen so wie ich.»

2. Beginne fair

Roger wandte ein: «Aber es gibt auch Konflikte, die nicht plötzlich passieren, sondern bewusst provoziert werden. Zum Beispiel störte mich bei Anja, dass sie das Auto beim Parkieren nicht in den ersten Gang legte. Wenn ich abfahren wollte, fand ich jeweils den zweiten oder sogar den dritten Gang eingestellt vor. Als ich dies vorgebracht hatte, kam es zu einem großen Streit. Wie hätte ich dies fair vorbringen können? Es geht mir nur um die Sicherheit. Wer nicht ganz automatisch eingespielt beim Parkieren den ersten Gang einlegt, tut dies irgendwann auch auf einem Parkplatz an einem Abhang nicht. So kann das Auto schnell ins Rollen kommen ...» John: «Fairness ist hier, wenn sachlich und freundlich begonnen wird. Beginne nie, indem du den anderen kritisierst. Wenn du Anja direkt beschuldigst und kritisierst, hast du in deinen Eröffnungssatz bereits das Dynamit in den Streit mit hineingelegt. Dynamit ist ein schwer zu kontrollierender Sprengstoff. Eine kleine Unachtsamkeit, eine kleine Erschütterung und das Ganze fliegt in die Luft. Wenn ein Streit unfair begonnen wird, braucht es auch nicht viel, bis er eskaliert. Durch Kritik provozierst du regelrecht, dass der andere sich rechtfertigen und dir den genauen Sachverhalt erklären muss. Bringe nie ein Thema auf den Tisch, wenn du deinen Partner in dieser Sache verachtest. Verachtung äußert sich meistens in abschätzigen und verletzenden Aussagen, wie zum Beispiel ‹Das lernst du so oder so nie›, ‹Du bist halt nicht perfekt, aber das kann ich ja auch nicht erwarten›, ‹Du bist darin einfach zum Heulen!› Dies ist erstens überhaupt nicht fair und zweitens verhindert dies eine gute Lösung.»

Anja: «Wie beginnt man aber fair? Dies scheint mir ziemlich schwierig.» John: «Ein fairer Einstieg in ein heikles Gespräch kann so aussehen: Erzähle die Sache, die dich stört, sachlich, ohne zu bewerten und ohne zu richten. Zum Beispiel:

> ‹Du hast den Kehricht gestern nicht nach draußen gebracht, daher stinkt es wieder in unserer Wohnung. Dies ist jetzt das dritte Mal. Ich bitte dich, das nächste Mal daran zu denken.› Anstatt: ‹Du bist einfach so faul und vergesslich. Weil du den Kehricht schon wieder nicht nach draußen gebracht hast, stinkt es wieder grässlich in der ganzen Wohnung. Das hängt mir zum Hals raus. Du lernst das wohl

nie! Denk gefälligst das nächste Mal dran!›

Auf den ersten Satz hat der Beschuldigte die Chance, sich zu entschuldigen. Er kann versprechen, sich zu bessern oder den anderen bitten, ihm dabei zu helfen. Damit ist die Sache erledigt. Dies könnte so tönen:

‹Du hast den Kehricht gestern nicht nach draußen gebracht, daher stinkt es wieder in unserer Wohnung. Dies ist jetzt das dritte Mal. Ich bitte dich, das nächste Mal daran zu denken.› – ‹Oha, das habe ich vergessen. Bitte entschuldige. Ich werde es sofort erledigen.› – ‹Danke.›

Wenn sich der Beschuldigte aber nach der zweiten Variante entschuldigt, muss er sich wie der größte Versager vorkommen. Der andere gewinnt dadurch Macht über ihn, weil er dem fehlbaren Partner ein weiteres Mal aufs Gnädigste vergibt.

‹Du bist einfach so faul und vergesslich. Weil du den Kehricht schon wieder nicht nach draußen gebracht hast, stinkt es wieder grässlich in der ganzen Wohnung. Das hängt mir zum Hals raus. Du lernst das wohl nie! Denk gefälligst das nächste Mal dran!› – ‹Oha. Das habe ich vergessen. Sorry. Es kommt nie wieder vor. Ich verspreche dir, dass ich mich bessern werde. Bitte vergib mir noch dieses eine Mal.› – ‹Das sagst du jedes Mal, aber trotzdem wird es nicht besser. Mir reicht's bald. Immer muss ich alles machen und an alles denken.› – ‹Hmm. Bitte entschuldige.›

Hörst du, wie klein der Schuldige vor dem anderen ist? Aber vermutlich wird es gar nicht so weit kommen. Er spürt, dass es ungerecht war, was der andere über ihn gesagt hat. Er wird sich daher verteidigen.

‹Du bist einfach so faul und vergesslich. Weil du den Kehricht schon wieder nicht nach draußen gebracht hast, stinkt es wieder grässlich in der ganzen Wohnung. Das hängt mir zum Hals raus. Du lernst das wohl nie! Denk gefälligst das nächste Mal dran!› – ‹Also erstens bin ich überhaupt nicht faul. Siehst du denn eigentlich nicht, was ich alles für uns tue? Zweitens bin ich überhaupt nicht vergesslich, ich habe noch nie deinen Geburtstag oder unseren Hochzeitstag vergessen. Drittens stinkt es nicht in der ganzen Wohnung. Und auch die Küche ist nach drei Minuten lüften wieder ganz in Ordnung! Du übertreibst völlig. Das nervt mich. Wenn es dir so wichtig ist, warum trägst du den Kehricht nicht selbst runter?› – ‹Wie soll ich in der Küche etwas Feines kochen, wenn es so stinkt? Da vergeht einem ja der Appetit. Was ist, wenn Besuch kommt? Da muss ich mich ja schämen. Und zudem: Es stinkt nicht nur in der Küche so. Auch im Wohnzimmer und im Gang rieche ich es schon ziemlich deutlich. Wir haben abgemacht, dass du den Kehricht nach unten bringst. Dazu gehört es, dass du ihn rechtzeitig runter bringst. Aber das ist wohl zu viel verlangt!› – ‹Also jetzt übertreibst du wirklich. Wer hat denn seinen Jogurt nicht fertig gegessen und in den Kehrichtsack geworfen? Kein Wunder, wenn es jetzt stinkt. Wenn du keine verderblichen Waren in den Kehricht schmeißen würdest, wäre das Problem auch gelöst.› – ‹Wo soll ich die Küchenabfälle sonst hintun? Wir haben ja keinen Balkon. Würdest du zur Abwechslung einmal deine Prüfungen bestehen und mehr verdienen, könnten wir uns endlich eine bessere Wohnung leisten.› – ‹…›

Es ist wohl klar, dass der Ehemann dies nicht so auf sich sitzen lässt und die Diskussion weiter und weiter geht. Wenn du merkst, dass dein Ehepartner auf dir herumhackt, dann gib nicht zurück. Gestehe deinen Fehler ein und sage, dass du dich bessern willst. Du darfst dabei aber deine Haltung und deinen Wert behalten. Meistens bohrt der Ankläger immer weiter, weil er noch keine Reue und damit auch keine Aussicht auf Besserung sieht. Ihr seht also: Der erste Satz ist entscheidend für den weiteren Verlauf eines Konfliktes. Entweder kann es besprochen werden oder es entsteht daraus ein Streit. Formuliere also dein Anliegen so höflich, so freundlich, so sanft, aber so klar wie möglich!» Eileen: «Wenn mich John in einem Punkt kritisieren muss, dann bin ich ihm sehr dankbar, wenn er mir zu verstehen gibt, dass er mich und meine Situation versteht. Wie soll ich eine Korrektur von ihm annehmen, wenn ich mich nicht verstanden weiß? Zeigt einander also immer Verständnis und dass ihr eure Persönlichkeiten und Eigenarten respektiert.

Zum Thema Anschuldigungen hat Jesus einmal gesagt: ‹Zieh doch erst den Balken aus deinem eigenen Auge, dann kannst du dich um den Splitter in einem anderen Auge kümmern!› (Matthäus 7,5). Er fordert uns auf, zuerst an uns selbst zu arbeiten, anstatt auf den Macken unseres

Ehepartners herumzureiten. Wenn du andauernd an deinem Ehepartner herumnörgelst und hoffst, dass er oder sie sich dadurch bessert, dann bist du auf dem Holzweg. Nörgeln bewirkt oft das Gegenteil und macht die bereits gemachten kleinen Schritte wieder zunichte. Viele machen den Fehler, dass sie vom Ehepartner viel zu große Besserungsschritte erwarten. Besser ist es, den Wunsch zu einer bestimmten Besserung einmal anzusprechen und dem anderen anschließend viel Zeit zu lassen. Weil du das Problem nicht mehr erwähnst, gibst du deinem Ehepartner Zeit, sich in kleinen Schritten zu bessern. Er wird dabei auch immer wieder Fehler machen. Das muss so sein. Niemand lernt, ohne Fehler zu machen. Wenn du diese Fehler jedes Mal wieder ansprichst, bis er es perfekt machen kann, würgst du die kleinen Bemühungen und Erfolge gleich wieder ab. Lass ihm oder ihr viel Zeit. Und: Während du deinem Ehepartner Zeit lässt sich zu bessern, hast du selbst Zeit, an dir zu arbeiten.»

3. Am Ende mit den Nerven

John: «Fair zu streiten beginnt schon vor einem möglichen Streit. Bereits meine Eltern haben dies so gemacht. Es ist wirklich ein guter Tipp: Sage es deinem Ehepartner, wenn du die besten Voraussetzungen mitbringst, um genervt zu reagieren. Vielleicht bist du müde, sind deine Nerven arg strapaziert, hast Kopfschmerzen oder einfach einen schlimmen Tag hinter dir. Das gibt es leider öfters, als einem lieb ist. Es muss deswegen aber nicht immer gleich zum Streit kommen.»
Eileen: «John sagte ab und zu, wenn er von der Arbeit nach Hause kam: ‹Ich stehe gerade ziemlich unter Druck. Bitte gib mir noch etwas Zeit um abzuschalten.› Oder: ‹Ich bin mit meinen Nerven am Ende. Ich halte das Geschrei der Kinder kaum aus. Kannst du mich für 15 Minuten entbehren, damit ich mich kurz hinlegen kann?› So wusste ich jeweils, was es geschlagen hatte. Wenn er dies nicht gesagt hätte, hätte ich es schon noch herausgefunden, dann aber auf die harte Tour. Nämlich indem wir wegen einer Bagatelle aneinander geraten wären. Wer gestresst, sehr müde, unter Druck, vielleicht aufgebracht oder wütend ist, Hunger hat oder ähnliche Dinge, bei dem braucht es nicht viel, um einen Streit vom Zaun zu brechen. Kleinigkeiten, die sonst niemals eine Auseinandersetzung provozieren würden, reichen aus, um

eine gehässige Stimmung aufkommen zu lassen. Deshalb ist es gut, wenn wir selbst merken, dass wir gereizt sind und dies dem Ehepartner mitteilen. So ist er vorgewarnt und provoziert uns nicht unabsichtlich.»

4. Fair bleiben

Eileen: «Es ist nicht fair, wenn du deinen Ehepartner persönlich angreifst, indem du ihm Charakterschwächen vorhältst oder vorwirfst: ‹Du bist einfach so unglaublich vergesslich.› ‹Du kannst dich wohl einfach nicht entschuldigen. Das ist ein grundsätzliches Problem von dir.› Manchmal ist es an der Zeit, den Ehepartner auf Charakterschwächen hinzuweisen. Dies darf aber niemals mitten in einem Streit sein und erst recht nicht während ein anderes Problem diskutiert wird. Wer dies tut, der ist wie ein Fußballspieler, der absichtlich versucht, den anderen zu foulen. Dies verletzt den Ehepartner tief. Dadurch wird das schnelle Finden eines Kompromisses schwierig. Halte deinem Partner auch nicht frühere Vergehen vor, während ihr ein neues Thema diskutiert. Dadurch versuchst du ebenfalls zu foulen und ihn an einer wunden Stelle zu treffen. Aber dein Ehepartner soll nie dein Gegner sein! Ihr seid ein Team. Ihr gehört zusammen. Ihr seid auf der gleichen Seite! Was sollen Aussagen wie ‹Du bist halt nicht perfekt. Aber das kann ich von dir ja auch nicht erwarten› bewirken? Warum sagt man das? Es klingt vielleicht nett gemeint, weil darin enthalten ist, dass niemand perfekt sein muss. Aber hilft das dem Ehepartner während einer Auseinandersetzung? Überhaupt nicht. Die unterschwellige Botschaft ist nämlich: ‹Ich wünsche mir einen perfekten Partner, aber du bist es nicht. Also bist du eigentlich nicht gut genug für mich. Aber weil ich nicht mehr erwarten kann, muss ich mich wohl damit abfinden.› Solche Aussagen tragen nichts zur Klärung des Problems bei, im Gegenteil. Dadurch dass der Ehepartner verletzt wird, wird der Graben zwischen euch umso größer. Fair zu streiten heißt, sachlich zu bleiben, den anderen nicht persönlich anzugreifen und ihn nicht mit Äußerungen zu verletzen.»

5. Nicht manipulieren

Eileen: «Wer unfair streitet, will den anderen unbewusst manipulieren. Ich merkte selbst oft nicht, wenn ich John zu manipulieren versuchte. Manchmal warf ich ihm eine Charakterschwäche an den Kopf oder ich sagte ihm, dass wir wohl doch nicht so gut zusammenpassten. Wenn mich daraufhin jemand gefragt hätte, warum ich das nun gesagt hatte, hätte ich es vermutlich nicht gewusst. Außer natürlich, dass es mich nervte. Heute weiß ich, dass ich damit versucht habe, John zu ändern. Ich hoffte, dass er daran arbeiten und sich Mühe geben würde. Dies war mir selbst gar nicht richtig bewusst. John hat mir vielleicht zu wenig Aufmerksamkeit geschenkt. Ich habe also nicht bekommen, was ich von ihm wollte. Um trotzdem mein Ziel zu erreichen, warf ich ihm Dinge an den Kopf, die unfair waren: ‹Du hast nie Zeit für mich. Du denkst nur daran, was dich interessiert. Du bist ein Egoist!› Was es wirklich hieß: ‹Ich will, dass du Zeit für mich hast und ich mich dadurch wertgeschätzt fühlen kann. Weil du mir die Aufmerksamkeit nicht gibst, sage ich dir ins Gesicht, was für ein Egoist du bist, damit du dich gefälligst besserst und Zeit mit mir verbringst.› Andere manipulieren ihren Ehepartner dadurch, dass sie eingeschnappt sind und nichts mehr sagen. Wenn der Ehepartner fragt, was los sei, antworten sie nur: ‹Nichts, nichts. Es ist alles in Ordnung.› Das Schweigen bedeutet aber: ‹Ich will, dass du Zeit für mich hast – oder sonst ein Wunsch! Weil du es mir nicht gibst, bestrafe ich dich mit Schweigen. Daran sollst du merken, was du getan hast und dich gefälligst bessern. Wenn du dich nicht besserst, dann sollst du auch nichts aus unserer Beziehung erhalten, darum schweige ich jetzt.›

Dann, nach ein paar Jahren Ehe, habe ich in einem Buch über den Unterschied von *Zielen* und *Wünschen* gelesen.[21] Ein Ziel ist etwas, das ich selbst erreichen kann. Ein Wunsch hingegen ist etwas, das ich nicht selbst erfüllen kann. Wir können also nur etwas als Ziel festlegen, das wir selbst ohne das Zutun von anderen erreichen können. Ein Ziel kann sein, die Geschirrspülmaschine auszuräumen. Dies kann ich selbst erledigen. Ein Ziel kann *nicht* sein, dass mein Ehepartner die Geschirrspülmaschine ausräumt. Dies wäre höchstens ein Wunsch. Ich kann zum Ziel haben, meine Agenda so zu planen, dass ich Zeit für John habe. Aber es kann kein Ziel sein, dass auch John Zeit für mich hat. Denn darauf habe ich keinen direkten Einfluss. Es ist mein Wunsch, dass John Zeit für mich hat. Ich kann ihn darum bitten, mir diesen Wunsch zu erfüllen.

Es war zum Beispiel ein Ziel von mir, dass John den Kehrichtsack nach draußen bringt. Kann ich dieses Ziel selbst zum Gelingen bringen?» Anja antwortete spontan: «Nein, natürlich nicht. Ein Ziel könnte sein, dass du den Kehricht nach draußen bringst. Aber dass John ihn bringt, ist lediglich ein Wunsch.» Eileen: «Richtig. Ich hatte also ein Ziel, das ich nicht ohne John erreichen konnte. Als aber John nicht mitmachte, hatte ich ein persönliches Problem: Ich musste nun etwas erreichen, das ich nicht selbst in der Hand hatte. Wie die meisten Menschen versuchte ich daraufhin, John durch Manipulation dazu zu bringen, das zu tun, was ich mir zum Ziel gesetzt hatte. Ich versuchte, John ein schlechtes Gewissen zu machen, indem ich ihn kritisierte. Dies war nicht fair und brachte viel dicke Luft in die Ehe. Das Tragische ist, dass ich in den seltensten Fällen durch die Manipulationsversuche mein Ziel erreicht habe. John fühlte sich schlecht wegen dieses Kehrichtsacks und brachte ihn noch weniger gerne nach draußen.

Oder mein Ziel, dass John mehr Zeit mit mir verbringt: Ich habe John durch meine Kritik verletzt und durch die Nörgelei gereizt. Daraufhin ging er auf Distanz zu mir, um sich zu schützen. Anstatt mehr Zeit mit mir zu verbringen, schob ich durch meine Manipulationsversuche einen Keil zwischen uns. Wir verbrachten noch weniger Zeit in Eintracht zusammen. Ich auf der anderen Seite hatte begonnen, John zu verachten und wurde sogar bitter, weil er nicht nach meiner Pfeife getanzt hat. Dies schadete unserer Ehe stark. Ich habe mich ganz in diesem Manipulationsmuster wiedererkannt. Ich habe gelernt, dass Dinge, die nur John erledigen kann, nie meine Ziele sein dürfen. Ich kann mir diese Sachen wünschen und ich kann John bitten, mir diese Wünsche zu erfüllen. Aber ich bin mir bewusst: Ich habe es nicht in der Hand, dass es jemals soweit kommen wird. Ich bin auf seine Mithilfe angewiesen. Wenn er meinen Wunsch erfüllt, dann kann ich mich daran freuen.

Manipuliert wird nicht nur bei Dingen, die der Ehepartner tun und erledigen sollte, sondern vor allem auch bei den tiefen persönlichen Bedürfnissen. Ich setzte mir unbewusst zum Ziel, dass John meine tiefe Sehnsucht nach ganzheitlichem Angenommen-Sein stillt. Ich hatte es nicht in der Hand, dass John dies tat. Wie schnell war es passiert, dass John müde war und meine Annäherungsversuche zurückwies. Er tat dies nicht böswillig und schon gar nicht, weil er mich als Person zurückweisen wollte. Er war einfach zu müde oder hatte starke Kopfschmerzen oder seine Nerven waren angespannt, so dass er keine Berührung ertrug. Trotzdem fühlte ich mich zurückgewiesen.

Wenn es mein Ziel ist, dass John mein tiefstes Bedürfnis nach Angenommen-Sein stillt, bleibt mir nichts anderes übrig, als ihn zu manipulieren. Ich sagte negative Dinge über mich selbst und spielte auf Selbstmitleid, so dass John Mitleid mit mir bekam und mir bestätigende Dinge sagte. Ähnliches kann man auch bei Kindern beobachten. Sie malen ein Bild und sagen: ‹Schau mal, mein Bild ist hässlich geworden. Ich finde es scheußlich.› Finden sie es wirklich scheußlich? Nein, sie möchten damit nur erreichen, dass die anderen sagen: ‹Das stimmt doch gar nicht. Das ist ein sehr schönes Bild, das du gemalt hast. Du hast Talent!› So ähnlich habe ich mich in unserer Ehe auch verhalten, um Bestätigung und Wertschätzung von John zu erhalten. Aber John wurde mit der Zeit müde, mich immer wieder aufzupäppeln. Er sagte nur noch: ‹Wenn du es sagst.› Dies hat mich wütend gemacht. Ich dachte, ich sei auf John wütend, weil er unsensibel war. Aber in Wahrheit war ich wütend darüber, dass ich mein Ziel nicht erreichen konnte – dass ich John nicht manipulieren konnte. Zum Glück habe ich gelernt, dass es kein Ziel sein darf, dass John mir meine tiefsten Sehnsüchte und Bedürfnisse stillt. Ich kann es mir wünschen und es in vollen Zügen genießen, wenn dieser Wunsch in Erfüllung geht.»

John: «Noch eine Ergänzung zum Schweigen und Eingeschnappt-Sein: Es ist nicht jedes Mal ein Manipulationsversuch, wenn einer plötzlich nichts mehr sagt. Es gibt Menschen, denen es manchmal die Worte verschlägt. Sie brauchen etwas Zeit, bis sie sich selbst im Klaren sind, was eigentlich abgelaufen ist und was sie verletzt hat. Hier ist ein Ehepartner gefragt, der eine feinfühlige Ader hat und merkt, wenn etwas nicht stimmt. Durch mehrmaliges sanftes Nachfragen kann ihm geholfen werden, die Sprache wieder zu finden. Der Übergang zur Manipulation ist aber fließend. Manipulation ist es dann, wenn man sich bewusst vor dem anderen verschließt, um ihn zu bestrafen oder ein Verhalten zu erzwingen. Beobachte dich selbst: Warum nörgelst du? Warum spielst du Eingeschnappt-Sein? Warum greifst du deinen Ehepartner persönlich an? Warum verweigerst du dich ihm?

Warum pflegst du negative Gedanken und Gefühle gegenüber deinem Ehepartner? Was willst du damit erreichen? Welches Ziel hast du dir gesteckt, das du selbst nicht erreichen kannst? Höre unbedingt auf zu manipulieren, dies treibt deinen Ehepartner von dir weg!»

6. Stelle nicht gleich die Liebe in Frage

Eileen: «Weiter ist es nicht fair, wegen eines einzelnen Streitpunktes die ganze Liebe des Ehepartners anzuzweifeln: ‹Ich weiß gar nicht, ob du mich überhaupt noch liebst.› Es ist schon möglich, dass du im Moment die Liebe nicht spürst. Aber das kann hundert andere Gründe haben, als dass dein Ehepartner dich nicht mehr lieben würde. Hat sich dein Ehepartner nach dem ersten Kilimanjaro-Prinzip der Ehe für dich und eure Ehe entschieden, dann steht seine Liebe für dich fest. Er hat sich entschieden, dich zu lieben, bis dass der Tod euch scheidet. Diese Liebe hat nicht in erster Linie etwas mit Gefühlen zu tun. Sie können aber immer wieder der Lohn dafür sein.

‹Ich weiß gar nicht, ob du mich überhaupt noch liebst.› Damit versuchst du deinen Ehepartner zu manipulieren. Er oder sie soll alle Schuld zugeben und dir versichern, dass er dich immer noch sehr liebt. Damit ziehst du den Streit auf eine tiefere Ebene. Erst recht die noch viel perfidere Aussage: ‹Ich weiß gar nicht, ob unsere Ehe so noch funktionieren kann.› Diese Aussage, auch wenn der Streit anschließend nicht in der Scheidung endet, wirkt dennoch zerstörend auf die Ehe. Damit wird ein Same von einem hartnäckigen Unkraut gesät. Er heißt *Unsicherheit*. Man verweigert Sicherheit. Dies ist unfair und sehr manipulierend. Du hast deinen Ehepartner auf diese Weise an der Leine. Wenn ihm noch ein klein wenig an eurer Ehe liegt, dann muss er sich ziemlich ins Zeug legen und sich dir beweisen. Es ist zwar gut, wenn er sich einsetzt, aber es ist nicht gut, wenn er damit von dir abhängig wird. Der Ehepartner wird zum Spielball deiner Aussagen über die Ehe. Findest du die Ehe schlecht, muss er sich anstrengen. Findest du sie gut, kann er sich entspannen. Wer so etwas sagt, der zeigt damit, dass er das erste Kilimanjaro-Prinzip der Ehe nicht verinnerlicht hat: ‹Ich entscheide mich für dich und für unsere Ehe. Egal welche Konflikte wir haben, ich werde alles daran setzen, unsere Ehe zum Gelingen zu führen.› Sage: ‹Wir schaffen das zusammen. Wir werden einen Kompromiss finden und die Ehe gut weiterführen.›»

7. Aus einer Mücke keinen Elefanten machen

Eileen. «Wer verheiratet ist, kennt wohl das Problem, dass der eine oder andere in einer Diskussion ein Problem übergroß darstellt. Fair zu streiten bedeutet, dass man nicht über- oder untertreibt, sondern bei einer realistischen Betrachtungsweise des Problems bleibt. Warum machen manche Menschen aus Mücken Elefanten? Es gibt mehrere Gründe. Ich zum Beispiel wollte John auch damit manipulieren. Ich übertrieb, damit er endlich einsah, dass es für mich wirklich ein Problem war. Alles was ich wollte, war von John verstanden zu werden. Doch er sagte nur, es sei nicht so tragisch. Also begann ich das Problem größer und noch größer darzustellen: ‹Es ist wirklich ein riesengroßer Berg Arbeit, der vor mir liegt. Ich glaube nicht, dass ich es schaffen werde. Wir müssen die Party absagen.› Meine Übertreibung führte aber meistens nicht zum gewünschten Ziel. Anstatt mir Verständnis entgegen zu bringen, spielte John das Problem noch mehr herunter.» John: «Ist ja auch verständlich. Denn je mehr du übertreibst, desto offensichtlicher ist es für mich, dass es nicht ganz so schlimm sein kann. Daher sagte ich jeweils, dass es wohl wirklich nicht so schlimm sei.» Eileen: «Es ist also eine Negativspirale: Je mehr ich übertreibe, desto weniger erhalte ich Verständnis. Dafür artet die Diskussion in einen Konflikt aus. Ich war wütend darüber, dass John mir kein Verständnis entgegenbrachte. John war überfordert, weil er nicht wusste, wie er mit jemandem umgehen muss, der offensichtlich die Probleme übergroß darstellt. Ich lernte, dass ich von John viel eher verstanden werde, wenn ich das Problem so realistisch wie möglich schildere und in Worte fasse, wie wichtig es für mich ist.» John: «Es half mir, wenn Eileen ihre Gefühle in Worten auszudrücken begann und zum Beispiel sagte: ‹Das Problem mit dieser Arbeitskollegin liegt mir wirklich sehr auf dem Magen.› Oder: ‹Ich bin mit dieser Situation überfordert. Kannst du das nachempfinden?› So wusste ich, woran ich war und musste es nicht erraten.»

Eileen: «Es gibt noch eine andere Art Elefanten: Der Ehepartner reagiert überstark auf dein Fehlverhalten. Der Grund kann darin liegen, dass sich ein großer Haufen von Problemen bei ihm angestaut hat. Konflikte einfach unter den Teppich zu kehren, kann dazu führen, dass der Ehepartner später aus einer Mücke einen Elefanten macht. Für dich ist es eine Mücke, aber weil dein Ehepartner die vielen anderen Vorfällen der Vergangenheit auch noch dazu nimmt, ist es für ihn tatsächlich ein Elefant.»

John: «Wenn du das Gefühl hast, dass dein Ehepartner stärker reagiert, als es die momentane Situation rechtfertigt, kann der Grund auch in früheren Verletzungen, wunden Punkten oder an der Herkunftsfamilie liegen. Eileen erlebte in ihrer Schulzeit einige Ablehnung. Deshalb reagiert sie sehr empfindlich, wenn ich sie zurückweise. Ich konnte zu Beginn unserer Ehe ihre starke Reaktion nicht verstehen. Wir stellten aber gemeinsam fest, dass sie bei der kleinsten Zurückweisung an die Ablehnung in der Schulzeit erinnert wird. Die Gefühle von damals wurden wieder aktiviert und führten zu ihrer Überreaktion. Wunde Punkte können zum Beispiel auch Schwächen sein, die einem selbst zu schaffen machen. Ich habe zum Beispiel Mühe, Ordnung zu halten. Wenn Eileen dies anspricht, dann weckt es bei mir auch mehr Emotionen, als dies bei den meisten anderen Menschen der Fall wäre.»

Eileen: «Nicht nur eigene Schwächen können zu Überreaktionen führen, sondern auch Schwächen oder Eigenheiten der Familie, in der man aufgewachsen ist. Vielleicht ist der eine wohlhabend aufgewachsen und der andere eher arm. Wenn es darum geht, ob das Ehepaar nun günstige oder teure Ferien machen will, kann eine kleine Bemerkung über die extravaganten Reisegewohnheiten beim anderen eine Überreaktion auslösen. Vielleicht wurde in der einen Familie großer Wert auf Ordnung im Badezimmer gelegt und bei der anderen nicht. Wie will nun das Ehepaar dies handhaben? Ordentlich oder locker? Wenn sie es einfach passieren lassen, schlummert diese Differenz vor sich hin. Dies ist wie ein Feuer, das wegen zu wenig Sauerstoff nur vor sich hin mottet. Sobald aber Sauerstoff dazu kommt, flammt das Feuer explosionsartig auf. Eine einzige Bemerkung oder ein einziges Mal mit einer großen Unordnung im Badezimmer kann ausreichen und der Partner reagiert heftig. Es ist gut, wenn man über seine Herkunftsfamilien spricht. Vergleicht auch die banalsten Dinge. Wie habt ihr das bei euch gemacht? Eine seriöse Auseinandersetzung über die Unterschiede hilft, viele Konflikte zu vermeiden oder zumindest im richtigen Licht zu sehen.»[22]

8. Faire Entschuldigungen

Eileen: «Zum fairen Streiten gehört es dazu, dass man seine Fehler und seinen Teil des Problems zugibt. Meistens ist es bloßer Stolz und Geltungssucht, dass man die eigene Schuld weit von sich weist. Manchmal ist es gut, wenn man sich schnell entschuldigt. So kann man hohe Wogen glätten und die gereizte Situation entspannen. Aber mit einer schnellen Entschuldigung sollte das Problem nicht vom Tisch sein. Eine Entschuldigung ist nicht fair, wenn sie nur dazu da ist, um das Problem so schnell wie möglich vom Tisch zu haben. Entschuldige dich, aber gehe trotzdem weiter auf den anderen und sein Anliegen ein! Zeige mit Taten, dass es dir ernst ist. Sei zum Beispiel bereit dem Problem auf den Grund zu gehen und mit deinem Ehepartner darüber auszutauschen: Was habe ich dabei empfunden? Wie hast du es erlebt?»

John: «Wir haben den Eindruck, dass es verschiedene Entschuldigungs-Typen gibt. Einigen ist es wichtig, mit Worten um Entschuldigung zu bitten und eine Entschuldigung wörtlich vom anderen zu hören. Anderen ist es viel wichtiger, dass über das Problem gesprochen und eine Lösung für spätere ähnliche Fälle gefunden wird. Bis dies nicht stattgefunden hat, bedeuten ihm Entschuldigungsworte nicht viel. Wieder andere wollen vor allem Taten sehen. Ihnen ist die mündliche Entschuldigung lediglich eine Absichtserklärung. Als Ehepaar muss man einen Weg finden, der für beide Typen passt. Die Wort-Typen müssen lernen, auch die Taten des anderen als Entschuldigung zu erkennen. Die Taten-Typen müssen lernen die Entschuldigung für den anderen in Worte zu fassen.»

Eileen: «Auch hier kann Manipulation ins Spiel kommen. Vielleicht fordert jemand vom anderen eine Entschuldigung und will den anderen dadurch unterwerfen. Dann bedeutet ‹Ich vergebe dir› eigentlich: ‹Ich bin besser als du. Du stehst jetzt in meiner Schuld und musst es wieder gut machen. Du kannst froh sein, dass ich dir nochmals vergebe.› Dies ist keine Vergebung! Dies ist ein Machtspiel, das die Ehe zerstört. Wer den anderen um Entschuldigung bittet, der muss es wirklich auch so meinen. Und auch wer dem anderen vergibt, muss es wirklich so meinen. Jedes Ehepaar sollte einen Weg finden, damit der andere weiß, dass ihm wirklich vergeben ist. Ich muss mich darauf verlassen können, dass John keinen Groll mehr gegen mich hegt.»

9. Faire Kompromisse

John: «Habt ihr schon mal die Karikatur des störrischen Esels gesehen?» Walthers schüttelten verneinend den Kopf. John fuhr fort: «Auf dem ersten Bild sieht man zwei Esel, die am Halfter mit einem Seil aneinander gebunden sind. In einem Abstand liegen zwei große Haufen Futter bereit. Beide Esel steuern auf ihren Futterberg zu. Das Seil ist aber zu kurz, als dass beide an ihren jeweiligen Futterhaufen essen könnten. Beide zerren am Seil und versuchen ihren Haufen zu erreichen, aber sie schaffen es nicht. Nach einer Weile geben sie erschöpft auf und setzen sich. Auf dem nächsten Bild sieht man beide Esel nebeneinander an einem Futterberg essen. Zuletzt stehen sie auch noch miteinander am zweiten Futterhaufen und essen auch diesen zu Boden.

Genau gleich verhalten wir uns oft in der Ehe. Beide haben eine Idee. Nicht selten sind es zwei unterschiedliche Ideen, die nicht beide gleichzeitig umgesetzt werden können. Beide zerren nun am Eheband in der Hoffnung, ihren Futterhaufen oder eben ihr Ziel erreichen zu können. Zum fairen Streiten gehört es dazu, dass man sich nicht wie zwei störrische Esel verhält. Die Lösung besteht darin, gemeinsam einen Kompromiss zu finden. Dazu musst du aber bereit sein, ein Stück weit nachzugeben. So findet ihr einen Weg, mit dem beide leben können. Manchmal ist es nicht der beste Weg. Oft ist es einfach das kleinste Übel. Störrisch ist, wer nicht gelernt hat, das Problem in Teilaspekte aufzuteilen. Die Esel hatten beide das gleiche Ziel: ‹Ich will mein Futter essen.› Als sie sich erschöpft hingesetzt und über einen möglichen Kompromiss nachgedacht hatten, zerlegten sie dieses Ziel in verschiedene Teile: Erstens die Handlung: Was will ich? Die Antwort des Esels: ‹Ich will mein Futter essen.› Bist du bereit in diesem Punkt nachzugeben? Der Esel: ‹Nein. Ich muss mein Essen haben, sonst verhungere ich.› Zweitens die Zeit: Wann will ich das tun? Die Antwort des Esels: ‹So bald als möglich.› Bist du bereit in diesem Punkt nachzugeben? Der Esel: ‹Hmm … es spielt eigentlich keine Rolle, ob ich meinen Berg jetzt oder in zehn Minuten esse.› Dies öffnete dem Esel die Tür für den Kompromiss: Er konnte seinen Futterhaufen für eine Weile vergessen und sich zusammen mit seiner Eselsfrau am anderen Futterhaufen erfreuen. Und dann kam auch sein Futterberg an die Reihe.

Ein Beispiel aus unserem Alltag könnte so aussehen: Wir streiten uns darüber, was wir im Ausgang unternehmen werden. Eileen möchte unbedingt die neue Bilderausstellung betrachten und ich würde lieber ins Kino gehen. Wir finden kaum eine Lösung, wenn wir beide auf unserem Standpunkt beharren. Ich mache also einen Schritt zurück und nehme mir kurz die Zeit, um zu überlegen, ob ich meine Idee in Teilaspekte aufteilen kann. Dann stelle ich mir zu jedem Teilaspekt die Frage: ‹Bin ich bereit in diesem Punkt nachzugeben?› Ich sage zum Beispiel: ‹Wir waren nun schon seit Monaten nicht mehr im Kino. Ich würde sehr gerne wieder einmal gehen. Ich wäre aber bereit einen Film auszuwählen, den du dir gerne ansehen möchtest.› Eileen sagt: ‹Diese Ausstellung können wir uns nur dieses Wochenende ansehen. Ich würde sie sehr gerne besuchen, weil eine ehemalige Arbeitskollegin auch Bilder ausstellt. Von mir aus muss ich nicht lange bleiben, wenn es dich langweilt. Ich wäre auch bereit, morgen meine Schwimmstunde ausfallen zu lassen und dann mit dir ins Kino zu kommen.› Nun wissen wir voneinander, was dem anderen wirklich wichtig ist und was weniger. Ich weiß zum Beispiel von Eileen, dass es ihr nicht darum geht, den ganzen Abend in dieser Ausstellung zu verbringen, sondern dass es ihr reicht, wenn sie für einige Momente dort vorbeischauen kann. Zugegeben, das ist ein einfaches Beispiel mit vielen verschiedenen Möglichkeiten für einen Kompromiss: Wir könnten früher losziehen und sowohl die Ausstellung als auch das Kino besuchen. Wir könnten, wie Eileen vorgeschlagen hat, heute Abend die Ausstellung und morgen das Kino besuchen. Ich könnte für heute aufs Kino verzichten und dies an einem anderen Wochenende nachholen …

Bei solchen banalen Streitpunkten ist es gut, wenn ich mich frage: Wird es in fünf Jahren noch eine Rolle spielen, wie wir uns heute entschieden haben? Wenn es in fünf Jahren keine Rolle mehr spielt, dann sollte man auch heute kompromissbereit sein. Unterliege ich vielleicht sogar dem Druck der Gesellschaft oder dem anderer Menschen? Zum Beispiel: Will Eileen tatsächlich die Bildergalerie besuchen oder fühlt sie sich genötigt zu gehen, weil sie sonst bei ihrer ehemaligen Arbeitskollegin schlecht da steht?»

Eileen: «Jesus sagte auch etwas dazu, dass man auf seinem Recht und seinem Standpunkt beharren möchte: ‹Wenn dich jemand auf die rechte

Wange schlägt, dann halte auch die linke hin. Wenn jemand mit dir um dein Hemd prozessieren will, dann gib ihm den Mantel dazu. Und wenn jemand dich zwingt, eine Meile mit ihm zu gehen, dann geh mit ihm zwei. Wenn jemand dich um etwas bittet, gib es ihm; wenn jemand etwas von dir borgen möchte, sag nicht nein› (Matthäus 5,39-42). Er sagt damit nicht, dass wir keine Grenzen mehr setzen und diese nicht verteidigen sollen. Aber er sagt, dass es uns selbst viel besser geht, wenn wir nicht ständig dafür schauen müssen, dass wir zu unserem Recht kommen. Wir können es uns gerade in der Ehe gut leisten, uns auch mal übervorteilen zu lassen.» John: «Dies gilt vor allem für Menschen, die grundsätzlich gelernt haben, Grenzen zu setzen und ihre eigenen Wünsche zu äußern. Diese sind frei, um auf ihre Wünsche verzichten zu können. Ehepartner, die sich aus einer Unsicherheit heraus übervorteilen lassen, werden dabei keinen Frieden finden. Wenn dies auf dich zutrifft, sind wir wieder bei Punkt eins aus dem Kilimanjaro-Prinzip *Einsatz ab Horombo*: Arbeite an dir selbst. Werde eine ausgeglichene Person, die gesunde Grenzen setzen und sie verteidigen kann. Auf diese Weise wirst du fähig, Kompromisse eingehen zu können.»

Eileen: «Nun gibt es aber auch Streitpunkte, die viel schwerwiegender sind als die Aktivitäten im Ausgang. Wollen wir kirchlich oder nur standesamtlich heiraten? Dulden wir übermäßigen Alkoholkonsum an unseren Geburtstagspartys? Kaufen wir ein Auto oder machen wir beim Car-Sharing mit? Wollen wir Kinder? In welchem Alter will ich schwanger werden? Wie viele Kinder wollen wir? Wie erziehen wir sie? In welcher Konfession erziehen wir sie? Geben wir die Kinder in die Kindertagesstätte oder nicht? Wer bleibt zu Hause bei den Kindern und wer geht arbeiten? Legen wir etwas Geld auf die Seite oder kaufen wir uns lieber die neueste Macintosh-Erfindung? Es gibt ganz viele solcher Fragen. Wie wir zu diesen Fragen stehen, hängt nicht von einer Laune des Tages, sondern entweder von einer Wertevorstellung oder einer Lebensidee ab. Es ist selten, dass Ehepaare in allen Lebensfragen übereinstimmen. Mache auch hier einen Schritt zurück und unterteile deinen Standpunkt in Teilaspekte. Frage dich bei jedem Teilaspekt: ‹Bin ich bereit in diesem Punkt nachzugeben?› Dann teile deinem Ehepartner klar mit, bei welchen Fragen du bereit bist nachzugeben und bei welchen du unter keinen Umständen einen Kompromiss eingehen kannst. Dann sucht einen gemeinsamen Weg.»

Roger: «Was ist, wenn man keine Lösung findet?» John: «Wenn es etwas ist, das man einfach stehen lassen kann, muss das Ehepaar lernen, mit diesem Unterschied zu leben. Ein solches Beispiel könnte die Frage sein, ob die Erde durch Zufall oder durch die Hand eines Schöpfers entstanden ist. Oder vielleicht ist und bleibt der Mann der Ansicht, dass der Deckel auf die Zahnpastatube gehört, die Frau findet dies aber nicht nötig. Es bringt nichts, wenn dieses Problem immer wieder von vorne diskutiert wird. Sie können sich damit abfinden, dass sie in diesem Punkt unterschiedlicher Meinung sind. Die Frau kann ihrem Mann zuliebe den Deckel drauf schrauben und er kann ihn ihr zuliebe auch drauf schrauben, wenn sie es vergessen hat. Aber es macht keinen Sinn, dass dieses Problem ausdiskutiert wird, bis beide gleicher Meinung sind. Wenn die Diskussion mit den immer gleichen Argumenten in regelmäßigem Abstand wieder und wieder geführt wird, wird die Meinungsverschiedenheit zu einem Keil, der jedes Mal tiefer zwischen sie gebohrt wird. Beide fühlen sich in ihrer Andersartigkeit abgelehnt.» Anja: «Was können wir in einer solchen Situation tun?» John: «Setzt euch hin und gesteht einander zu, dass ihr in diesem Punkt unterschiedlicher Meinung seid. Haltet dies wenn nötig sogar schriftlich fest. Dann überlegt, wie ihr euch gegenseitig das Leben erleichtern könnt, ohne dass ihr eure Ansichten aufgeben müsst. Beim Zahnpastatuben-Problem müssen die beiden ihre Ansicht nicht aufgeben, aber können dem anderen trotzdem entgegenkommen.»

Roger: «Gut, aber es gibt auch Fragen, die nicht einfach stehen gelassen werden können. Zum Beispiel wenn er keine Kinder will und sie mindestens vier. Was macht man dann?» John: «Dies ist eine ganz schwierige Frage. Die einfachste Lösung würde vor der Hochzeit liegen: Wir raten allen verliebten Paaren, einen Ehevorbereitungskurs zu besuchen. Dort werden viele Punkte angesprochen, die später zu unlösbaren Konflikten führen könnten. Die Paare werden angeregt, einander ihre Lebensideen und Wertvorstellungen mitzuteilen. Aber wenn man schon verheiratet ist und das Paar auf keinen grünen Zweig kommt, kann eine professionelle Eheberatung hilfreich sein. Manchmal braucht einer auch einfach etwas Zeit, um sich an den neuen Gedanken zu gewöhnen. Obwohl für mich immer klar war, dass ich Kinder haben möchte, musste ich mich trotzdem noch an den Gedanken gewöhnen, als es konkret wurde. Die aktive Auseinandersetzung mit dem Thema hat mir geholfen, mich zu einem ganzen Ja durchzuringen. Dazu benötigte ich aber etwas Zeit.»

Eileen: «Bei moralischen und gesellschaftlichen Fragen, wie zum Beispiel dem Alkoholkonsum oder der Auslegung des Gesetzes ist es gut, wenn sich der Freiere in seinem Verhalten demjenigen anpasst, der mehr Bedenken hat. Das bedeutet noch lange nicht, dass er dem anderen deswegen zustimmt. Bei Fragen, die die eigene Sicherheit oder die der Kinder angeht, wie zum Beispiel Risikosportarten oder Sicherheitsvorrichtungen bei Treppen, sollte sich ebenfalls der Freiere dem Ängstlicheren anpassen.»

10. Fair reagieren

John: «Es gibt verschiedene Arten von Diskussionen. Bei einigen geht es um die Zukunft. Da streitet man darüber, was man tun wird, wie man sein Geld ausgeben wird, wo man in die Ferien will und so weiter. Diesen Fall haben wir schon angeschaut: Trage alles dazu bei, einen fairen Kompromiss zu finden. Es gibt aber auch viele Diskussionen um Vergangenes. Da geht es entweder darum, warum er oder sie etwas getan hat: ‹Warum hast du so viel Geld für die Bluse ausgegeben? Warum hast du das Geschenk nicht so gegeben, wie ich dir gesagt habe? Warum bist du die Kinder nicht abholen gegangen?› Oder es geht darum, wer schuld ist: ‹Du bist schuld, dass gestern der Streit eskaliert ist. Du bist schuld, dass das Licht die ganze Nacht gebrannt hat. Du bist schuld, dass wir an der Börse so viel Geld verloren haben.›

Diese Fragen sind gerechtfertigt, wenn es darum geht, eine möglichst gute Lösung für die Zukunft zu finden. Wie wollen wir dies in Zukunft handhaben? Was können wir tun, um ähnliche Missstände in Zukunft zu vermeiden? Zum Beispiel hat meine Frau eine Bluse für 200 Franken gekauft. Ich war damit überhaupt nicht einverstanden. So haben wir uns darüber unterhalten, wie wir in Zukunft mit großen Geldbeträgen umgehen wollen. Wir kamen zum Schluss, dass wir beide bei Ausgaben über 80 kanadischen Dollars oder 100 Schweizer Franken zuvor miteinander sprechen. Oder ein anderes Mal haben wir zusammen diese Fragen angeschaut, als ich zum wiederholten Male etwas vergessen hatte mitzubringen, obwohl ich es Eileen versprochen hatte. Wenn ein Ehepaar diese Fragen durchgeht, um gemeinsam als

Team eine Lösung für die Zukunft zu finden, ist es sinnvoll.

Doch oft läuft es anders. Anstatt gemeinsam auf eine gute Lösung hinzusteuern, wird ausdiskutiert, wer Recht hat oder wer schuld ist. Diese Diskussionen lösen keine Probleme, sie lassen den Konflikt vielmehr eskalieren und wir verletzen einander. Wir lösen nicht gemeinsam das Problem, sondern sehen uns gegenseitig als Problem an. Mache beim nächsten Streit einen Stritt zurück. Überlege dir: Geht es hier um etwas, das noch in der Zukunft liegt oder etwas, das bereits Vergangenheit ist? Falls es schon geschehen ist: Was ist mein Ziel in dieser Diskussion? Was will ich erreichen? Werde ich angeschuldigt oder bin ich derjenige der anschuldigt? Wenn ich meinen Ehepartner anschuldige, was will ich damit erreichen? Will ich, dass er oder sie sich entschuldigt, oder will ich, dass er oder sie sich bessert? Wenn es um mich geht, was tue ich gerade? Rechtfertige ich mich? Oder entschuldige ich mich und bin bereit, eine möglichst gute Lösung für die Zukunft zu finden?

Rechtfertigung ist ein ganz schwieriger Punkt in Diskussionen. Die Gratwanderung zwischen dem Bedürfnis, vom Ehepartner verstanden zu werden und sich von der eigenen Schuld wegzureden, ist ganz schmal. Nicht alles, was nach Rechtfertigung aussieht, ist auch tatsächlich eine Rechtfertigung. Als wir frisch verheiratet waren, haben Eileen und ich oft unfair gestritten. Wenn Eileen verschiedene Vorfälle vermischte, aus einer Mücke einen Elefanten machte, meine Worte in einem falschen Zusammenhang wiederverwendete oder sogar meinen Charakter anzweifelte, war ich geneigt mich zu rechtfertigen. Durch ihre unfairen Aussagen stand eine Ungerechtigkeit im Raum. Diese wollte ich aus dem Weg räumen. Ich sah keine andere Möglichkeit, als Erklärungsversuche zu starten. Eileen warf mir aber vor, ich würde mich rechtfertigen.» Eileen: «Erst nach ein paar Jahren Ehe habe ich festgestellt, dass es John nicht darum ging die Schuld von sich zu weisen, sondern zu meinen unfairen Aussagen Stellung zu beziehen. Ich lernte also: Wenn John ein sehr starkes Erklärungsbedürfnis hat, muss ich mir folgende Fragen stellen: ‹Was habe *ich* gesagt oder getan, dass sich John nun erklären muss? War ich unfair in meinen Äußerungen? Habe ich ihn angeschuldigt? Habe ich aus einer Mücke einen Elefanten gemacht? Was ist mein Ziel? Was will ich durch diese Diskussion erreichen? Will ich das Beste für John und unsere Ehe oder nur das Beste für mich?› Wenn ich feststellte, dass ich ihn zur Rechtfertigung provoziert hatte, entschuldigte ich mich und gab ihm zu verstehen, dass ich ihn nun verstand. Dies entspannt die Situation sofort.»

John: «Bevor wir da einen Schritt weiter waren, sagte sie manchmal: ‹Du brauchst dich nicht zu rechtfertigen. Lassen wir das Thema bleiben.› Dies half mir wenig. Ich fühlte mich dadurch erst recht nicht verstanden. Wenn jemand sich erklären will, dann lass ihn erklären. Schlucke deine Sicht der Dinge für eine Zeit hinunter und versuche ganz seine Sicht zu sehen. Höre zu. Wenn du merkst, dass du deinen Ehepartner tatsächlich nicht ganz richtig verstanden hast, dann entschuldige dich dafür. So durchbrichst du die Diskussionsspirale.»

Eileen: «John ist ein rechtschaffener Mann. Es gibt aber auch Menschen, die sich herausreden, auch wenn es offensichtlich ihr Fehler war. Bei Kindern ist dies oft anzutreffen. Sie versuchen, zu vertuschen und abzulenken, lügen vielleicht sogar oder lassen jemand anderen als Schuldigen dastehen – oft jemanden, der sich selbst nicht wehren kann, wie zum Beispiel der Hund oder das jüngere Geschwister. Es gibt leider Erwachsene, die nie aus diesem Muster herauskommen. Für sie ist die Rechtfertigung ein Mittel, die Schuld von sich zu weisen. Mit solchen Personen kann das Zusammenleben schwierig sein. Hier empfehle ich, die Hilfe einer Vertrauensperson in Anspruch zu nehmen. Solche Muster gehen oft weiter zurück und liegen tiefer.»

John: «Wenn du aber derjenige bist, der sich rechtfertigt, frage dich: ‹Worum geht es mir? Was will ich damit erreichen? Will ich eine ungerechte Situation aufklären? Oder will ich vielleicht doch einfach nur gut dastehen?› Falls das zweite zutrifft, höre sofort auf, dich zu rechtfertigen. Dies lässt die Diskussion nur weiter eskalieren. Gib zu, was du falsch gemacht hast und bitte um Entschuldigung. Wenn du dich weiter rechtfertigst, hat der andere umso länger das Gefühl, dass sein Anliegen bei dir nicht angekommen ist. Mit Rechtfertigungen treibst du den anderen dazu zu übertreiben. Er fühlt sich gezwungen, Beispiele von früher wieder hervorzunehmen und dir anhand dieser zu zeigen, dass du dort auch falsch gelegen bist. Alte Geschichten auszugraben tut einer Beziehung nie gut. Du hast es also in der Hand, die Diskussion nicht weiter eskalieren zu lassen, indem du dich nicht rechtfertigst. Wenn du aber das starke Bedürfnis hast, dich zu erklären, sage den bekannten Satz als Einleitung: ‹Ich weiß, dies rechtfertigt mein Verhalten nicht, aber darf ich dir meine Sicht der Situation erklären?›

Wenn dein Ehepartner dich bittet, sich begründen zu dürfen, solltest du dies ernst nehmen. Er oder sie möchte sich von dir verstanden wissen. Gegenseitiges Verständnis ist ein wesentlicher Aspekt einer glücklichen und stabilen Ehe. Höre zu!»

Eileen: «Es gibt Menschen, die sind sehr harmoniebedürftig. Damit ist nicht gemeint, dass sie nicht streiten wollen. Im Gegenteil! Sie scheinen öfters in Diskussionen verstrickt zu sein und länger auf einem Streitpunkt herumzuhacken als alle anderen. Sie haben das starke Bedürfnis, mit allen Menschen im Reinen zu sein. Sie ertragen es nicht, wenn Disharmonie herrscht oder wenn sie sich nicht verstanden fühlen. Sie wollen alles so lange ausdiskutieren, bis die Differenz aus dem Weg geräumt ist. Sie brauchen und wollen es, dass beide sich erklären und ganz verstehen. Dies hört sich für den anderen oft wie Rechtfertigung an. Dahinter steckt aber das Bedürfnis, die Unstimmigkeit *weg*zudiskutieren. Wenn du mit einer solchen Person verheiratet bist, dann bemühe dich immer darum, ihre oder seine Sicht zu verstehen. Bekräftige ihr oder ihm, dass alles zwischen euch in Ordnung ist und dass du sie liebst. Zeige dies auch mit entsprechender Körpersprache und Taten.»

John: «Abschließend kann man sagen: Streitet fair! Behandelt einander mit Respekt. Geht auch bei Auseinandersetzungen miteinander um, wie wenn es nicht der Ehepartner, sondern der Pfarrer oder der Stadtpräsident wäre. Fair streiten hat ganz stark mit Demut, Selbstlosigkeit, Vergebung und einem Weitblick zu tun. Muss es wirklich immer für mich stimmen? Muss ich immer gut dastehen? Nein, ich darf gerade vor meinem Ehepartner auch Schwächen zeigen und zugeben – wir sind ein Team. Auch wenn ein Streit ausartet, bleibt dran und versöhnt euch wieder. Investiert euch in eure Ehe, arbeitet an eurer Freundschaft, gebt vollen Einsatz für eure Beziehung. Darum geht es im dritten Kilimanjaro-Prinzip der Ehe: *Der Einsatz ab Horombo*.»

Beim Abendessen

Eileen: «So, das wäre das, was wir euch über das dritte Kilimanjaro-Prinzip erzählen wollten. Um es möglichst gut umsetzen zu können, empfehlen wir euch, dass ihr euch Freunde sucht, die euch ein Vorbild darin sind, sich in die Ehe zu investieren. Verbringt Zeit mit ihnen. Du musst nicht einmal aktiv beobachten, wie sie es machen. Schon nur, dass du Zeit mit diesen Menschen verbringst, wird dir helfen, selbst einiges in deiner Ehe besser zu machen und ein besserer Ehepartner zu werden. Was du von anderen in dich säen lässt, das wirst du später ernten!»

Anja: «Aber woran soll ich nun als erstes arbeiten? Überall gleichzeitig geht wohl kaum, oder?» Eileen: «Das stimmt. Sucht euch für jeden der drei Einsatzpunkte ein dringendes Problem und arbeitet daran. Überlege dir, in welchem Bereich du ein besserer Ehepartner oder allgemein eine bessere Person werden solltest. Lege dir einen Plan zurecht, wie du das erreichen kannst. Mache einen Schritt nach dem anderen und lasse dich nicht durch Misserfolge und Rückschläge entmutigen. Überlege dir als zweites, wie du dich selbst in die Ehe investieren kannst. Solltest du dir mehr Zeit für die Ehe einplanen? Was kannst du alleine für eure Ehe tun? Beginne auch das Schritt für Schritt umzusetzen. Dann setzt euch als drittes zusammen und überlegt gemeinsam, wie ihr beide miteinander die Ehe verbessern könnt. Wo seht ihr am meisten Handlungsbedarf? Macht euch auch da einen verbindlichen Plan und legt verschiedene Zwischenziele fest. Dann arbeitet gemeinsam an eurer Ehe.

Denkt immer daran: Ihr seid ein Team. Gemeinsam seid ihr stark. Wenn ihr zusammenarbeitet, dann könnt ihr jedes Problem überwinden! Wenn ihr die Kilimanjaro-Prinzipien für die Ehe umsetzt, habt ihr beiden eine reelle Chance. Erstens *die Entscheidung bei Marangu*: Entscheide dich für deinen Ehepartner und dafür, dass du alles daran setzt, dass die Ehe euer Leben lang halten soll. Zweitens *die Einstellung von Mandara*: Denke positiv von der Ehe und deinem Ehepartner. Ihr gehört zusammen und steht auf der gleichen Seite! Drittens *der Einsatz ab Horombo:* Arbeite an dir selbst, investiere du dich in die Ehe und arbeitet gemeinsam an eurer Ehe. Der Einsatz lohnt sich! So wird die Freundschaft immer tiefer, der Sex immer schöner und die Ehe immer reicher und stabiler.»

John: «Nun haben wir viel geredet. Ich schlage vor, dass wir hier mal einen Punkt setzen.» Roger: «Ja, nun muss ich mir etwas den Kopf auslüften gehen. Versteht mich nicht falsch, was ihr sagt, ist sehr interessant und ich kann unsere Ehe in vielem wiederentdecken. Ich muss dies jedoch zuerst etwas setzen lassen und darüber nachdenken.»

Damit lösten sie dieses kleine Nachmittagsseminar auf 3720 Meter über Meer auf. John und Eileen gingen zurück in ihre Schlafhütte. Roger wollte noch nicht zurück. Er schlenderte auf den Weg zu, den sie heute Morgen zum Zebra Rock genommen hatten. Anja begleitete ihn. Die Höhenluft machte ihnen zu schaffen. Besonders weil ihr Kreislauf durch das lange Sitzen neu angekurbelt werden musste. Sie gingen schweigend nebeneinander her. Anja fühlte sich überfordert. Wenn ihre Gedanken über die Eckpunkte ihrer Ehe schweiften, sah sie überall Baustellen. An so vielen Punkten mussten sie beide an ihrer Ehe arbeiten. Hatte das überhaupt einen Sinn? Und doch bewunderte sie Roger. Sie hätte nie gedacht, dass er bereit war, sich die Ehe-Ratschläge eines wildfremden kanadischen Paars anzuhören. Erst recht eines Paars, das auch noch andauernd von Gott sprach. Plötzlich wandte sich Roger ihr zu. Er schaute sie nur an. Anja kannte diesen spitzbübischen Gesichtsausdruck, auch wenn sie ihn schon ziemlich lange nicht mehr gesehen hatte. Mit einem fragenden «Ja?» forderte sie ihn auf, zu sagen, was er dachte. Er wandte seinen Blick von ihr ab und schaute zurück zu den Horombo-Hütten. Dann sagte er: «Etwas Gutes hat es schon, dass Eileen und John so gerne und viel reden.» – «Was denn?» – «Wir haben dadurch kaum Zeit, uns zu streiten.»

Anja schmunzelte und genoss sein Grinsen auf seinem Gesicht. Früher lachten sie viel zusammen. Aber mit der Zeit nahmen der Zynismus und der Sarkasmus überhand. Sie gingen schweigend weiter. Beide hingen ihren Gedanken nach. Um halb sieben erreichten sie wieder ihre Hütte. Kurze Zeit später klopfte Saidi an die Tür und rief zum Essen. Sie schlenderten hinüber zur Gemeinschaftshütte. John und Eileen waren noch nicht da. Saidi führte sie an ihren Tisch. Roger schaute sich im Raum um. Er fragte sich, was die anderen Gäste wohl über eine gelingende Ehe wussten. Er selbst hatte bisher kaum eine Ahnung. Eigentlich erstaunlich, dachte er. Er hatte einen Universitätsabschluss, war aber in Bezug auf die Ehe doch ziemlich naiv und blauäugig. Als er über seine Kollegen und Verwandten nachdachte, stellte er fest, dass es ihnen nicht anders ging. Er hatte kaum Vorbilder von gelingenden und glücklichen Ehe. John und Eileen kamen zur Tür herein und schauten sich um. Anja winkte ihnen zu. Als sie sich einen Weg zwischen den Bänken hindurch zu ihrem Tisch bahnten, kicherten die beiden über Johns Ungeschicktheit. Roger sah ihnen zu und dachte: «Jetzt kenne ich immerhin dieses kanadische Ehepaar. Sie sind in der Tat ein Vorbild für eine glückliche Ehe.» Darauf servierte einer ihrer Träger ein reichhaltiges Abendessen. Zuerst gab's Gemüsesuppe mit Omeletten. Auf diese konnten sie entweder Konfitüre oder Honig streichen. Anschließend servierte er ihnen Makkaroni an einer Hackfleischsauce. Zum Dessert tischten die engagierten Träger für alle einen großen Schnitz Melone auf.

Um 20:30 Uhr steckten Roger und Anja in ihren Schlafsäcken. Anja schrieb in ihr Tagebuch: «Obwohl es manchmal recht kalt ist und wir ab und zu Kopfschmerzen haben, fühlen wir uns sehr gut. Unsere Crew bedient und kümmert sich so gut um uns. Sie machen es mit Herz. Das Essen schmeckt den Umständen entsprechend sehr fein und auch die Schlafgelegenheiten sind sauber und angenehm. Zudem konnten wir unseren Alltag in der Schweiz zurücklassen.» Den nächsten Eintrag in ihr Tagebuch machte sie erst vier Tage später, als sie im Safari Beach Hotel in Mombasa, Kenia war. In der Zwischenzeit passierte so viel, dass sie keine Zeit fand, das Tagebuch hervorzunehmen.

Das Ziel: Uhuru Peak

Am nächsten Tag schaltete das Abenteuer Kilimanjaro ein paar Gänge zu. Bereits in der Nacht machte Anjas Magen nicht mehr richtig mit. Sie spurtete drei Mal eiligst auf die Toilette. Dies bedeutete auf 3720 Metern über Meer bei klirrender Kälte einiges an Anstrengung: Schnellst möglich den warmen Schlafsack verlassen, Taschenlampe und WC-Papier suchen, Schuhe anziehen und den Faserpelz-Pullover und die Jacke umwerfen. Dann aus der Hütte raus, wo ihr die eiskalte Luft ins Gesicht wehte, die Treppen hinunter und ungefähr 50 Schritte den steinigen Weg hoch zur WC-Hütte. Anja schrieb in ihr Tagebuch: «Dies ist ja alles noch machbar. Aber wenn man vom Essen Durchfall gekriegt hat und der Körper sich innerhalb von Minuten entladen möchte, ist das wirklich eine super Expressaktion.»

Am nächsten Morgen ging es schon früh los. Anja und Roger hatten sich bereits an den Ablauf gewöhnt. Als erstes rief der Hilfsführer außen vor der Hütte: «Hallo!», bis Roger öffnete. Dann brachte er heißen Schwarztee, der immer sehr gut tat! Als nächstes brachte ein Träger zwei Schüsseln warmes Wasser zum Waschen. Sie nutzten diese wohltuende Wäsche gerne. Aber nur das Wasser war warm, die Luft war immer noch eisig kalt. Nach einer Weile kam Saidi und rief sie zum Frühstück. Eileen rief schon von weitem: «Guten Morgen! Habt ihr gut geschlafen?» Roger winkte den beiden Kanadiern zu und nickte. Eileen fuhr fort: «Ist es nicht spannend! Bereits heute gehen wir so hoch rauf, wie ich noch nie in meinem Leben war!» Anja konnte die Vorfreude nicht teilen: «Ich hoffe nur, dass meine Verdauung sich beruhigt. Ich weiß nicht, wie das sonst gehen soll. Unterwegs hat es wohl kaum alle 500 Meter eine WC-Anlage.» John und Eileen sprachen ihr Mut zu. Dann setzten sie sich an den reich gedeckten Frühstückstisch. Sie stärkten sich mit Porridge, Toast, Würstchen, Eiern, Gurken- und Tomatenschnitzen. Danach putzten sie sich die Zähne, packten alles zusammen und gaben die großen Gepäckstücke den Trägern. In den kleinen Rucksack packten sie die frisch abgefüllten Wasserflaschen. Diese gaben sie jeweils am Abend dem Koch. Am nächsten Morgen erhielten sie sie mit abgekochtem Wasser zurück. Anja und Roger ergänzten das Wasser vorsichtshalber noch mit einer Chlortablette, die alle Keime abtöten soll. Schließlich wurde das Wasser aus Rinnsalen entnommen, die die Träger unterwegs antrafen. Der Nachteil der Tabletten war, dass das Wasser nun stark nach Chlor schmeckte. Aber sie hatten keine Wahl: Um nicht höhenkrank zu werden, mussten sie sehr viel trinken.

Zu sehen war ein strahlendblauer Himmel, aber die Luft roch noch nach Nebel. Die letzten Schwaden mussten sich vor kurzem verzogen haben. Eileen und John standen bereits da, als auch Roger und Anja reisefertig hinzukamen. Während sie auf Saidi warteten, bestaunten sie den Gipfel des Kilimanjaro. Es ragte zwar nur der Gipfel hinter dem Hügel empor. John schüttelte den Kopf und meinte: «Ich kann‘s kaum glauben, dass wir in 24 Stunden dort oben stehen werden.» Eileen lehnte sich an ihn und sagte: «Ich bin mir noch nicht sicher, dass ich es schaffen werde.» Roger entgegnete: «Wissen kann man es nie, aber ich hoffe schon stark, dass wir es packen werden!» Anja klang weniger überzeugt: «Ich bin zufrieden, wenn ich den Gillman‘s Point erreiche.» – «Was ist eigentlich, wenn einige aufgeben und andere von uns weitergehen wollen?», fragte Roger in die Runde. «Genau dafür sind die Hilfsführer da», antwortete John, «so gibt es genügend Guides, falls jemand umkehren muss.» In diesem Augenblick kam Saidi hinzu. Er erinnerte sie nochmals daran, dass sie ganz langsam gehen sollen. «Haben alle Sonnencreme eingestrichen?», fragte er mit einem prüfenden Blick. Alle nicken. «Gut. Die Sonneneinstrahlung ist hier oben sehr stark. Hüte habt ihr alle auch aufgesetzt, sehr gut. Voraussichtlich sind wir morgen Abend schon wieder hier bei den Horombo-Hütten. Also, los geht‘s.» Da Anja auf einem Stein saß, streckte sie Roger mit einem bettelnden Blick ihre Hand entgegen. Er packte diese und half ihr auf. Anja dankte und fügte an: «Ich bin sehr froh, dass wir gestern einen Akklimatisationstag eingeplant hatten. Gestern Morgen ist es mir jeweils noch schwindlig und schwarz vor Augen geworden, wenn ich aufgestanden bin. Dies ist heute bereits viel besser.» Dann marschierten sie los.

Der Weg führte zuerst auf und ab über einige Hügel. Niedere Büsche und Senecien verzierten die Umgebung. Nach ungefähr einer Stunde kamen sie zum Maua-River. Anja begann über Übelkeit zu klagen. Bisher hatte sie nur mit Durchfall-Attacken zu kämpfen gehabt. Nach etwas mehr als zwei Stunden erreichten sie einen schönen Picknick-

Platz mit Toilettenanlagen. Diese kamen für Anja gerade recht. Roger deutete auf ein Schild mit der Aufschrift: *Last Water Point*: «Davon habt ihr uns bereits erzählt. Müssen die Träger tatsächlich für sich und für uns alles Wasser für die nächsten 36 Stunden hinauf schleppen?» Saidi nickte: «Genau. Nur für die letzten 1000 Höhenmeter tragt ihr es ja selbst in eurem Tagesrucksack.» Als Anja zurück kam, ging's weiter. Saidi kündigte nach etwa vier Stunden Wandern an, dass nun eine stärkere Steigung vor ihnen liege: «Danach kommen wir zum Picknickplatz *Jiwe la Bugoyo*. Dort werden wir unsern Lunch essen.» Tatsächlich wurde es steiler. Eileen und Anja machte dieser Aufstieg zu schaffen. Nach etwa einer Stunde sahen sie einige Felsformationen. Dazwischen standen Holztische mit Bänken. Saidi steuerte darauf zu und kündigte die Mittagspause an. Doch die Wanderer konnten die Pause nicht genießen. Es war kalt und der Wind blies stark. Zudem sahen sie, wie Anja fast keinen Bissen herunterbrachte. Eileen redete ihr gut zu: «Versuche wenigstens etwas zu essen. Dein Körper braucht Energie für die nächste Strecke.» Anja gab ihr recht, aber entgegnete: «Ich bin so erschöpft. Mehr als diesen Keks bringe ich nicht hinunter.» Lange konnten sie sich nicht ausruhen. Die kalte Luft kühlte sie zu stark ab.

Nach einer Weile erreichten sie die Alpine Wüste. Noch trotzten einige hartnäckige Flechten der Kälte. Aber je höher sie stiegen, desto kahler und leerer wurde die Landschaft. Der Boden war steinig und staubig. Trotzdem hatte diese Wüste ihren ganz speziellen Reiz. Die Erde und die Steine waren unterschiedlich braun gefärbt. Ab und zu ragten dunkle Stein- und Felsblöcke aus dem Boden. Je höher sie stiegen, desto mehr solche Steine waren über die Ebene verteilt. Zusammen mit dem blauen Himmel und dem Mawenzi oder dem Kibo im Hintergrund ergab die mit dunklen Steinen übersäte Wüste eine wunderbare Kulisse für Fotos. Roger schloss zu Saidi auf und fragte: «Wurden diese Steine beim Vulkanausbruch hierher geschleudert?» John versuchte es sich vorzustellen: «Das muss einen fürchterlichen Krach gegeben haben. Bei uns richten kleine Hagelkörner bereits großen Schaden an. Wenn aber wie hier riesige Steine und Felsblöcke vom Himmel fallen, geht die Post ab.» Saidi winkte ab: «Nein, die sind nicht vom Himmel gefallen. Das ist eine natürliche Erosion. Wegen der Kälte, des Windes und vor allem wegen der starken Regenfälle während der Regenzeit, zerfällt der

Boden langsam. Diese dunklen Steine und Felsen bestehen aus einem härteren Material als der Rest. Deshalb sind sie ganz geblieben und liegen hier, während der übrige Boden zu Sand und Staub zerfallen ist.» Eileen kam aus dem Staunen nicht mehr hinaus: «Ist es nicht wunderbar? Wir wandern mit unserem Ziel, dem Kibo, vor Augen über diese einmalige Landschaft! Wie sagt man dieser Ebene noch mal?» – «Dies ist der Sattel», berichtete Saidi: «Diese Ebene erstreckt sich zwischen dem Kibo und dem Mawenzi-Gipfel.»

Nach einer Wanderung von gut sieben Stunden erreichten sie die Kibo Hütten auf 4700 Meter über Meer. Alle waren sehr erleichtert. Anja hatte gekämpft und auf die Zähne gebissen. Die Kibo Hütten bestanden aus zwei Steinhäusern mit mehreren Zimmern zu je zwölf Betten. Draußen stellten einige Bergsteiger ihre Zelte auf. Diese gelangten über andere Routen hierher. Anja legte sich sofort ins Bett. Ein französisches Ehepaar war gerade vom Gillman's Point zurückgekehrt. Sie durften sich noch etwas ausruhen, bevor sie weiter zu den Horombo Hütten absteigen mussten. Sie konnten mit Anja mitfühlen. Auch ihre Mägen spielten verrückt. Sie hatten beide bereits erbrochen. Die Frau machte Anja nicht großen Mut: «Wir sind letzte Nacht bis zum Gillman's Point hochgestiegen. Weiter schafften wir es nicht. Es war sehr anstrengend und hart! Ich habe schon einmal ein Kind zur Welt gebracht. Ich muss sagen: Das hier war schlimmer als die Geburt!» Zum Glück rief Saidi Roger und Anja in den Speisesaal. Anja war kurz davor zu sagen, sie wolle heute Nacht hier bleiben und auf den Gipfelsturm verzichten. Aber Saidi verstand es, sie aufzumuntern. Bereits um 17:00 Uhr gab's Abendessen. Anja aß trotz Übelkeit tapfer einige Toastbrote mit Honig. Saidi erklärte ihnen alles Wichtige für den Gipfelsturm: «John und Eileen werden morgen mit ihrem Führer und Hilfsführer separat wandern. Sicher werden wir sie oben oder unterwegs sehen. Ich wecke euch um Mitternacht. Dann essen wir einige Kekse und laufen los. Zieht euch sehr warm an, es kann ziemlich kalt werden. Wir werden langsam gehen, aber wir werden fast keine Pausen machen. *Ich* sage, wann wir anhalten und wann wir weitergehen. Wenn wir eine Pause machen, wird sie höchstens drei bis fünf Minuten lang sein.» Roger: «Wieso denn das? Wäre genügend Ruhe nicht besser für den Körper?» Saidi: «Nein. Der Kreislauf deines Körpers darf sich unter keinen Umständen zu stark absenken. In dieser Höhenlage bringst du deinen Körper ansonsten nicht mehr auf Touren und musst umkehren. Eine Pause machen wir bei den Hans Meyer Höhlen. Ein Drittel aller Touristen kehrt hier wieder um. Eine andere Pause machen wir kurz vor Sonnenaufgang oben beim Gillman‘s Point. Wer diesen erreicht, erhält ein grünes Zertifikat. Hier kehrt das zweite Drittel aller Touristen um. Anschließend wandern wir noch zum höchsten Punkt des Kilimanjaro, dem Uhuru Peak. Wer dies schafft, erhält das goldene Zertifikat. Dort oben dürfen wir nicht lange bleiben. Wir werden schnell hierher zurückkehren. Hier könnt ihr euch ein wenig ausruhen und das Mittagessen zu euch nehmen. Dann steigen wir weiter ab bis zu den Horombo Hütten. Mike-i, unser Hilfsführer, wird uns begleiten. Alles klar?» Eigentlich heißt der Hilfsführer Mike, aber wie bei fast jedem Wort hängen die Einheimischen auch bei ihm ein *i* an. Anja und Roger stellten noch einige Fragen, die Saidi geduldig beantwortete. Nicht nur Anja, sondern auch Roger sah nicht sonderlich fit aus. Saidi meinte aber, dass dies normal sei: «Ihr dürft nicht vergessen, dass wir uns hier auf 4700 Meter über Meer befinden. Der Körper braucht mindestens zwei Wochen, um sich an diese Höhe zu gewöhnen und um ganz leistungsfähig zu sein. Und wir sind erst angekommen! Aber legt euch jetzt etwas schlafen. Dies wird euch gut tun. Ich werde euch rechtzeitig wecken.» Saidi ließ die beiden alleine. Roger schaute Anja an und fragte: «Wie fühlst du dich?» – «Es geht, danke. Ich werde einfach sehen, was ich machen kann. Du kannst ja auch alleine hochgehen.» – «Nein, wir machen das zusammen. Wir gehen jetzt schlafen. Vielleicht geht es dir anschließend schon wieder besser.» Sie erhoben sich und verließen den Speisesaal. Draußen bewunderten sie nochmals die Naturkulisse und das emsige Treiben der Träger und Köche. Aber die Kälte trieb sie bald zurück in ihre Hütte. Um 18:00 Uhr legten sie sich ins Bett.

Um 22:00 Uhr wachte Anja auf. Ihr Herz schlug wie wild. Nicht vor Aufregung, sondern wegen des niedrigen Sauerstoffgehalts in der Luft. Sie atmete heftig, als hätte sie eben die Treppe eines Hochhauses bestiegen. Vergeblich versuchte sie wieder einzuschlafen. Sie lag wach im Bett, während Roger friedlich schlief. Um 23:30 Uhr kam Saidi und weckte auch Roger auf. Sie zogen sich warm an und packten alle Sachen zusammen. Anja und Roger hatten aus der Schweiz für diesen Aufstieg Trockenfrüchte, schwarze Schokolade und Traubenzucker mitgebracht. Sie hatten gelesen, dass eine regelmäßige Nahrungsaufnahme wichtig sei. Sie steckten sich diese griffbereit in die Jackentasche. Ein Träger brachte warmen Tee und Kekse ins Zimmer. Saidi schaute genau, dass die beiden davon aßen und tranken. Um halb eins in der Nacht forderte Saidi sie auf herauszukommen. Während Roger sich vom Tisch erhob, sagte er: «Das ist jetzt die Stunde der Wahrheit. Schaffen wir den Uhuru Peak oder nicht?» Anja war so darauf konzentriert, von Anfang an alles richtig zu machen, dass sie Roger nicht antworten konnte.

Langsam setzten sie einen Fuß vor den anderen. Zum Glück war es fast windstill, dadurch war die Kälte gut zu ertragen. Die Kibo Hütten hinter ihnen wurden im Mondschein immer kleiner. Saidi lief voraus. Dann folgten Anja, Roger und zuhinterst Mike-i. Links von ihnen sahen sie ganz schwach die Umrisse des Kibo. Der Weg führte sie zuerst durch felsiges Gebiet nach oben. Langsam verloren Anja und Roger in der Dunkelheit ihr Gefühl für die Zeit. Sie folgten einfach ganz langsam ihrem Guide Saidi. Als Anja auf die Uhr schaute, war bereits eine Stunde vergangen. Der Magen machte bis hierher erstaunlich gut mit. Sie machten keine Pausen. Ein gemächlicher Schritt folgte dem anderen. Sie erreichten nun eine unendlich scheinende Geröllhalde. Saidi führte sie in einem Zickzackkurs empor. Nach gut zwei Stunden erreichten sie den Williams-Point auf 5000 Metern über Meer. Anja spürte langsam die Erschöpfung. Sie musste sich einfach hinsetzen und atmen und atmen. Roger redete ihr immer wieder gut zu: «Du musst unbedingt etwas essen. Schokolade, ein Getreideriegel, Traubenzucker oder was auch immer.» – «Mir wird bereits beim Gedanke daran schlecht.» Sie versuchte es trotzdem mit einem Getreidestängel. Den halben brachte sie runter und später unterwegs den Rest. Saidi forderte sie bereits nach zwei Minuten wieder auf weiterzugehen. Bis zum *Halfway to Gillman's Point* (Halber Weg bis Gillman's Point) kam es Anja wie eine Ewigkeit vor. Jeder Schritt schmerzte sie im Bauch. Endlich erreichten sie die Hans-Meyer-Höhle. Anja ließ sich in der Höhle erschöpft nieder. Saidi erklärte: «Bereits haben wir die Hälfte bis zum Gillman's Point geschafft. Hier machen wir fünf Minuten Pause.» Es war etwa drei Uhr in der Nacht. Anja aß ein Stück Schokolade. Mike-i verteilte aus einer Thermosflasche heißen Schwarztee. Anja nahm einen kleinen Schluck und bedankte sich: «Das tut sehr gut. Vielen Dank!» Plötzlich musste sie dringend auf die Toilette. Eine weitere Durchfallattacke meldete sich an. Schnell verließ sie die Höhle. Sie hatte noch ein radikales Anti-

Durchfallzäpfchen dabei. Für diesen Moment hatte sie es aufgespart. Als sie zurück zu den anderen in die Höhle kam, fühlte sie sich so elend und schlecht, dass sie zu Roger in vollem Ernst sagte: «Ich komme nicht mehr weiter. Ich kann nicht mehr. Ich kehre um.» Roger antwortete: «Nein, das kannst du nicht machen! Wenn du jetzt aufgibst, hast du nichts! Kein grünes und kein goldenes Zertifikat!» Anja: «Doch! Ich hab den Williams Point auf 5000 Meter über Meer erreicht!» – «Ja, aber schau: Jetzt haben wir schon die Hälfte geschafft. Den Rest schaffen wir auch noch.» Roger schaute Anja an. Sie las in seinen Augen etwas, das sie schon lange nicht mehr gespürt hatte: «Ich bin bei dir. Wir machen das zusammen.» Er sagte in eindringlichem Ton: «Ich lasse dich sicher nicht hier zurück. Wir schaffen es mindestens bis zum Gillman's Point.» Sie ließ sich ermutigen.

Die Pause war viel zu schnell vorüber. Anja stemmte sich in ihre Wanderstöcke. Ihren Rucksack nahm Saidi zu sich und rief: «Hakuna matata!» Dann marschierte er weiter. Die Pause hatte Anja gut getan. Es ging ihr schon wieder etwas besser. Sie wanderten in der Dunkelheit weiter im Zickzack durch unendlich scheinenden Sand den Berg hinauf. Das Treten auf diesem rutschigen Untergrund war schwierig. Manchmal rutschten sie den halben Schritt wieder zurück. Dies kostete zusätzliche Kraft. Da sie nichts sahen und monoton immer gleich wanderten, verloren sie nun ganz das Zeitgefühl. Sie liefen einfach hinter Saidi her. Nach einer weiteren Ewigkeit wurde Anja wieder müder und ihre Glieder erschöpfter. Saidi spürte dies. Er begann zu singen. Das tat ihr gut und lenkte sie ab. Obwohl sie immer schwacher wurde, konnte sie nichts essen. Ab und zu schluckte sie eine Traubenzuckertablette. Dann kamen sie aus der Sandgeröllhalde hinaus in einen felsigen Abschnitt. Bereits waren sie fünf Stunden unterwegs. Die Steine ließen in dieser Dunkelheit kein regelmäßiges Gehen mehr zu. Jeder Tritt und Handgriff forderte sie sehr heraus. Nach einigen Klimmzügen machte Anjas Körper nicht mehr mit. Sie ließ sich auf den Boden fallen und rief erschöpft: «Ich kann nicht mehr. Ich *muss* eine Pause machen!» Sie hörte Saidi von weiter oben rufen: «Komm noch bis hier hoch. Da werden wir eine Pause machen.» Sie nahm ihre ganze Kraft zusammen und schleppte sich die wenigen Meter hoch. Dann kam die Überraschung: Saidi umarmte sie und sagte: «Herzliche Gratulation zum Gillman's Point!» Anja konnte es kaum glauben. Erschöpft ließ sie sich auf einen

Felsen fallen. Roger kam nach und auch ihm gratulierte Saidi. Er nahm seine Fotokamera aus der Tasche und versuchte, ein Erinnerungsbild zu schießen. Doch die Kamera ließ sich nicht einschalten. Saidi sagte etwas von Kälte und Kondenswasser bei der Batterie. Roger hatte aber zu kalte Finger, um an der Kamera herumzuhantieren. Kurzerhand ließ er sie wieder in der Tasche verschwinden und nahm stattdessen Anjas Kamera. Diese funktionierte. Anja war sehr glücklich, es bis hierher geschafft zu haben. Sie waren nun auf der obersten Plattform des Kilimanjaro auf 5681 Meter über Meer angelangt. Von hier führt der Weg weiter bis zum höchsten Punkt, dem Uhuru Peak.

Nach kurzer Zeit stand Saidi auf und sagte: «Okay. Lasst uns weitergehen.» Für Anja kam dies nicht in Frage: «Nein. Ich kann und will nicht mehr weiter. Der Gillman‘s Point ist schon viel mehr, als ich zu träumen gewagt hatte. Ich muss zurück.» Saidi: «Nein, nein. Alle Leute fühlen sich hier oben so wie du. Das ist kein Hindernis um weiter zu gehen. Ab hier ist der Weg sehr einfach. Es dauert nur noch etwa eine oder anderthalb Stunden bis zum Uhuru Peak.» Anja verstand das gebrochene Englisch von Saidi nicht richtig. Sie ging davon aus, dass der weitere Weg noch eine halbe Stunde dauern würde. So ließ sie sich überreden: «Also gut. Wir sind bis hierher schon fünf Stunden gewandert. Eine halbe Stunde schaffe ich auch noch. Aber wenn ich nicht mehr kann, kehre ich um und gehe zurück.» Sie rafften sich auf und marschierten los. Tatsächlich führte der Weg sehr angenehm und ohne große Steigung zwischen Felsen hindurch weiter. Es dauerte nicht mehr lange, bis der Himmel langsam hell wurde. Unterwegs hielten sie an, um den wunderschönen Sonnenaufgang zu fotografieren. Die Aussicht war umwerfend. Ein weites Wolkenmeer reichte bis an den Horizont, wo die Sonne daraus emporstieg. Nun sahen sie auch die Umgebung und den äußeren Kraterrand. Saidi erzählte von anderen Touristen, die höhenkrank geworden waren. Einer verlor dabei den Verstand und wollte allen Ernstes den direkten Weg zum Uhuru Peak einschlagen. Dieser führte aber durch den Abgrund. «Mein Hilfsführer und ich konnten ihn zum Glück davon abhalten.» Mit diesen Geschichten lenkte er Anja und Roger ab.

Die vermeintlich halbe Stunde kam Anja wie eine Ewigkeit vor. Nach einer Weile ging es wieder bergauf. Dies setzte Anja erneut sehr zu. Für jeden Schritt musste sie zwei Mal atmen. Ganz langsam setzte sie einen Fuß vor den anderen. Am liebsten wäre sie einfach abgesessen und dort geblieben. Doch sie wusste, dass dies nicht ging. Selbst wenn sie umkehren würde, dürfte sie sich zuvor nicht ausruhen. Als sie über einen Stein klettern musste, blieb sie einfach sitzen. Sie war unfähig, selbst wieder aufzustehen. Später schrieb sie in ihr Tagebuch: «Mein Körper weigerte sich, mir zu gehorchen. Wenn man das so liest, könnte man meinen: ‹Hey, komm schon! Da beißt man doch auf die Zähne für die paar Meter.› Doch das ging nicht! Jeder Schritt war für mich die äußerste Anstrengung. Bei jeder Bewegung schmerzte mich der Bauch, die Beine, die Arme, die Lunge, das Atmen …» Saidi erkannte den Ernst der Lage, doch er gab nicht so schnell auf. Ohne ein Wort zu sagen packten Saidi und Mike-i Anja unter den Armen und zogen sie hoch. Sie stützten sie beim Gehen rechts und links. So gingen sie weiter.

Nach anderthalb Stunden erblickten sie weiter oben andere Wanderer. Saidi deutete hoch: «Noch ein paar Schritte.» Dann endlich erreichten sie den Uhuru Peak. Eine kahle Anhöhe mit einer Holztafel. Dort steht in Englisch: «Gratulation. Sie sind jetzt am Uhuru Peak, Tansania, 5895 m.ü.M. Afrikas höchster Punkt und der höchste freistehende Berg der Welt, einer der höchsten Vulkane der Welt. Willkommen.» Anja setzte sich auf einen Vulkanstein. Tränen der Freude und der Erschöpfung liefen ihr über die Wangen. Sie sagte zu Roger: «Wir sind da.» Roger setzte sich neben sie und küsste sie flüchtig auf den Mund. Trotz der Kälte durchströmte sie eine wohlige Wärme – genauso flüchtig wie der Kuss. Es war 7:35 Uhr. In dieser Nacht waren sie sieben Stunden unterwegs gewesen und hatten drei Mal eine Pause von höchstens fünf Minuten gemacht. Anja gab anerkennend zu: «Gratuliere. Du hast es ganz alleine geschafft.» – «Nein, ich gratuliere dir. Ich habe genug gegessen, geschlafen und mein Körper ist gesund. *Du* hast eine riesige Leistung vollbracht. Du hast seit gestern Morgen kaum etwas gegessen, hast letzte Nacht nur vier Stunden geschlafen und hast einen verdorbenen Magen und Darm. Trotzdem hast du es hier hoch geschafft. Du bist meine Heldin! Ich bin stolz auf dich, dass du das durchgehalten hast.» Saidi unterbrach sie und bot an, von ihnen beiden vor der Holztafel ein Foto zu machen. So gut es ging, standen sie vor die Tafel und lachten in die Kamera. Nun hatten sie noch etwas Zeit, die Umgebung zu bewundern. Auf der einen Seite war der große Krater und weit hinten der kleine Krater zu sehen. Auf der anderen Seite fiel der Berg steil ab zu einem Überrest des vormals großen Kilimanjaro-Gletschers.

Anja fragte Roger: «Und wie geht's dir?» – «Ich habe plötzlich Kopfschmerzen. Es fühlt sich wie ein fester Druck über dem ganzen Kopf an. Vermutlich von der Höhe und der Entspannung.» Saidi ließ sie nicht lange die Aussicht genießen. Er forderte sie auf zurückzukehren. Bis zum Gillman's Point ging es leicht nach unten. Anja konnte wieder selbst gehen. Saidi blieb aber stets in ihrer Nähe. Nach etwa einer Stunde erreichten sie die Stelle. Von dort ging es zuerst wieder über die Felsbrocken nach unten. Vor ihnen sahen sie die ganze Ebene des Sattels und im Hintergrund majestätisch der Mawenzi. Etwa 1000 Meter weiter unten erblickten sie die Kibo Hütten. Das war ihr nächstes Ziel. Der größte Teil des Weges war die steile Sand- und Geröllhalde, die sie in der Nacht hochgestiegen waren. Was sich für den Aufstieg als sehr mühsam erwiesen hatte, war nun eine große Freude für Roger. Er benutzte seine Schuhe als Skier und die Wanderstöcke als Skistöcke. So rutschte er mehrere hundert Meter hinunter. Saidi und Mike-i stützten Anja sicherheitshalber für diese Rutschpartie wieder auf beiden Seiten. Ziemlich schnell erreichten sie die Hans-Meyer-Höhle. Bei Tageslicht sah alles ganz anders aus. Es ist eine felsige und trostlose Umgebung. Die braunen Farbverläufe auf dem Sattel und dem Mawenzi waren jedoch trotzdem sehr schön. Mit jedem Höhenmeter, den sie weiter unten waren, ging es ihnen merklich besser. Rogers Kopfschmerzen ließen nach und auch Anja hatte wieder genug Kraft, um am Ende der Geröllhalde zurück zu den Kibo Hütten zu wandern, obwohl sie wiederum kaum eine Pause gemacht hatten.

Um 10:30 Uhr erreichten sie die Kibo Hütten. Der Koch brachte ihnen Tee und ein Träger Wasser zum Waschen. Saidi erklärte ihnen: «Ihr könnt euch nun eine Stunde ausruhen. Um halb zwölf gibt es Mittagessen. Anschließend wandern wir zurück zu den Horombo Hütten.» Roger: «Warum muss man so schnell nach unten?» Saidi: «Es ist nicht gesund für den Körper, so lange in dieser Höhe zu sein. Je nach dem, wie es den Leuten geht, dürfen wir hier eine Rast machen oder auch nicht. Ihr seht gut aus, deshalb dürfen wir hier eine Stunde Pause machen. Wenn jemand Anzeichen der Höhenkrankheit hat, muss man sofort weiter zu den Horombo Hütten. Wenn es dort nicht bessert, muss man noch am gleichen Tag bis zu den Mandara Hütten oder sogar bis ganz nach unten absteigen. Das ist das Gute an der Höhenkrankheit; durch das Absteigen kann man sehr viel zur Besserung beitragen. – Ich werde euch also holen kommen.»

Roger und Anja schlüpften erleichtert in ihre Schlafsäcke. Sie konnten zwar nicht schlafen, aber das war auch gar nicht nötig. Da liegen zu dürfen, war genau die Erholung, von der sie seit Stunden geträumt hatten. Da stellten sie fest, dass sie John und Eileen unterwegs gar nicht angetroffen getroffen hatten. Anja fragte: «Wie ist es ihnen wohl ergangen?»

Nach einer Stunde fanden sie es heraus. Saidi holte sie zum Mittagessen. Dort saßen John und Eileen bereits zu Tisch. Es war ein freudiges Wiedersehen. Anja und Roger erzählten, wie schlecht es Anja erging, aber dass sie den Uhuru Peak mit Hilfe von Saidi und Mike-i doch noch erreicht hatten. «Und wie war es bei euch?», wollte Anja neugierig wissen. «Wir waren nicht ganz so erfolgreich wie ihr», gab Eileen zu. «Wir gönnen es euch von Herzen, dass ihr es bis oben geschafft habt.» John erzählte: «Schon als wir losmarschierten, klagte der Hilfsführer, er fühle sich krank. Bei der Hans-Meyer-Höhle kehrte der Hilfsführer um. Unser Führer meinte, er habe vermutlich Malaria. Wir gingen weiter, aber Eileen war sehr erschöpft. Als wir den Gillman's Point erreichten, wollte sie auf keinen Fall weiter gehen. Da wir keinen Hilfsführer mehr hatten, musste ich halt mit ihr zurückkommen.» Roger drückte sein Mitleid mit einer Frage aus: «Warst du sehr enttäuscht?» – «Nein. Wer den Gillman's Point erreicht, der hat den Kilimanjaro bestiegen. Ich wollte so oder so lieber mit Eileen den Rest der Wanderung gemeinsam erleben. Es hat uns auf jeden Fall großen Spaß gemacht!» Eileen protestierte: «Spaß ist wohl das falsche Wort. Mir hat es keinen Spaß gemacht. Es war ganz sicher ein Erlebnis und ein Abenteuer. Ich bereue es ganz und gar nicht. Aber Spaß?» John wandte sich an die Walthers: «Was ist mit euch? Werdet ihr später nochmals hochgehen?» Roger überlegte kurz. Dann nickte er: «Ich kann es mir schon vorstellen, zum Beispiel mit den Kindern nochmals hier hoch zu kommen.» Anja hingegen gab zu: «Ich bereue es nicht. Aber ich glaube, einmal reicht mir.»

Nach dem Essen packten sie die Schlafsäcke zusammen und gaben ihr Gepäck den Trägern. Dann führte Saidi sie zurück zu den Horombo Hütten. Anja fühlte sich schon viel besser, obwohl sie noch von Magenbeschwerden geplagt wurde. Das Ausruhen und das Mittagessen hatten ihr sehr gut getan. Seit Mitternacht waren sie auf den Beinen. Nach total vierzehn Stunden wandern erreichten sie die vertrauten Horombo Hütten. Sie wuschen sich und breiteten die Schlafsäcke aus. Um 17:00 Uhr gab es das Abendessen. In der Aufenthaltshütte sahen sie neue Gesichter. Roger sagte zu Anja: «Diese werden übermorgen die gleiche Anstrengung auf sich nehmen.» – «Lieber die als ich.» Kurze Zeit später gingen sie sehr früh zu Bett. Sie schliefen sehr tief und gut.

Die Führung am Kibo

Am nächsten Morgen weckte sie der Koch um 5:50 Uhr mit Schwarztee. Zehn Minuten später servierte ein Träger das Frühstück. Zwei der Träger verabschiedeten sich schon früh und marschierten zurück. Saidi erklärte: «Die beiden möchten früh los, damit sie sich noch heute einen neuen Job besorgen können.» John wunderte sich, ob die beiden nicht vielmehr gezwungen wurden, so früh zu gehen, damit ihnen weniger Lohn bezahlt werden musste. Um Viertel vor sieben traten sie ihre letzte Kilimanjaro Wanderung an. Sie kamen wieder an den verschiedenen Vegetationsarten vorbei bis in den Regenwald. Unterwegs passierten sie die Mandara Hütten. Anja sagte zu Roger: «Mit den Kilimanjaro-Prinzipien hatten sie recht. Wer sich beim Marangu Gate nicht dafür entscheidet, den Uhuru Peak erreichen zu wollen, der wird ihn auch nicht erreichen. Ab den Mandara Hütten muss man die richtige Einstellung zu diesem Unterfangen mitbringen. Wer es sich gerne bequem macht oder alles negativ sieht, der wird frühzeitig umkehren.» Roger: «Und dann erst recht der Einsatz ab den Horombo Hütten. Gestern und vorgestern haben wir tatsächlich etwas geleistet. Ohne diese Einsatzbereitschaft wären wir nie oben angekommen.» Anja: «Mein Einsatz war aber nicht genug. Ohne Saidi und Mike-i hätte ich es nicht geschafft.» Roger wunderte sich: «Was bedeutet wohl das vierte Kilimanjaro-Prinzip der Ehe: Die Führung am Kibo?» John: «Anja hat es schon verraten. Ohne den Guide hätte sie es nicht bis zuoberst geschafft. Ich habe es auch nicht bis nach oben geschafft, weil ich keinen Guide hatte, als Eileen umkehren wollte.» Anja: «Um was geht es da genau?» John: «Ich würde es dir gerne erklären, aber ich glaube nicht, dass ich das während des Wanderns tun kann. Seid ihr einverstanden, wenn wir euch das letzte Kilimanjaro-Prinzip der Ehe im Hotel erzählen?» Anja und Roger stimmten zu.

Sie wanderten weiter. Sie staunten darüber, wie freundlich und geduldig Saidi die ganzen sechs Tage mit ihnen gewesen war. Sie waren sich alle vier einig, dass sie wohl einen der besten Guides erhalten hatten. Diese Dankbarkeit drückten sie später bei der Verabschiedung im Trinkgeld aus. Im Regenwald zogen Wolken auf und es begann zu nieseln. Dies störte die vier in keiner Weise. Ihre Haut sehnte sich sehr nach Feuchtigkeit. Auf dem Berg war es sehr trocken und staubig. Sie konnten sich zwar täglich mit einem Becken voll Wasser waschen, aber den feinen braunen Staub waren sie nie ganz los geworden. An einem Rastplatz im Wald standen ein Holztisch und Bänke. Hier war alles für ihr Mittagessen bereit gestellt. Anja sagte etwas verlegen: «Das Essen ist wirklich gut. Darüber habe ich sehr gestaunt. Aber – ehrlich gesagt – es schmeckt trotzdem anders, als ich es mir von zu Hause gewohnt bin. Jetzt ist der Zeitpunkt gekommen, wo ich gerne wieder mal etwas essen würde, das ich kenne.» Die anderen drei versicherten ihr, dass es ihnen genauso gehe. «Als erstes, wenn wir im Hotel ankommen, gehen wir ein Coca Cola trinken», schlug ihr Roger vor. «Dies ist ein vertrauter Geschmack, den man überall bekommt.» Anja war einverstanden.

Nach dem Essen wanderten sie weiter und staunten wieder über die vielfältige Natur im Regenwald. Anders als am ersten Tag war heute alles gespenstisch mit Dunst und Nebelschwaden durchzogen. Nach sieben Stunden auf den Beinen erreichten sie das Marangu Gate. Als erstes mussten sie im offiziellen Register das Datum und die Zeit eintragen, an dem sie nun den Kilimanjaro-Nationalpark verliessen. Ein Bus wartete auf sie, den sie gerne bestiegen. Sie waren froh absitzen zu dürfen. Diesmal machte ihnen der beißende Geruch der einheimischen Männer nicht mehr viel aus. Während der Fahrt fragte Roger Saidi: «Weiß jemand, wie es dem Mann geht, den sie am ersten Tag auf der Bahre runter getragen – oder besser gesagt – gefahren hatten?» Saidi gestand: «Ich habe euch nicht die ganze Wahrheit gesagt. Ich wollte euch keine Angst einjagen. Der Mann auf der Bahre war schon tot. Er ist trotz Asthma auf den Berg gestiegen und daran gestorben. Es ist leider oft so, dass die Menschen viel für die Reise bezahlen und bei den Mandara Hütten nicht einfach umkehren wollen. Deshalb verschweigen sie, dass sie Asthma oder sonst etwas haben. Sie können sich vermutlich nicht vorstellen, dass es auch bei ihnen persönlich um Leben und Tod gehen kann. Sie sind es sich gewohnt, dass man immer die Ambulanz rufen kann und es meistens ein Happy End gibt. Ich habe gehört, dass in euren Ländern nur wenige Menschen die Erfahrung eines Todesfalles in der Familie machen. Bei uns ist das anders. Wir wissen, dass es sehr schnell um Leben und Tod gehen kann.» Betroffen dachten die vier Touristen über das Gehörte nach. Während der Fahrt schliefen Anja und Roger fast ein.

Im Hotel überreichte Saidi ihnen die Urkunden. Eileen und John erhielten eine mit einer grünen Umrandung, Anja und Roger eine mit einer goldenen. Anschließend gaben Anja und Roger Saidi Trinkgeld für ihn, den Hilfsführer Mike-i, den Koch und die vier Träger. John tat dasselbe für ihre Mannschaft. Dann verabschiedeten sie sich von den Einheimischen und bedankten sich nochmals ganz herzlich. So verschwanden die dienstbereiten Männer. John und Eileen bezogen sofort ihr Zimmer. Anja und Roger bestellten wie besprochen an der Hotelbar eine Coca Cola und tranken diese im Hinterhof. Roger genoss es in vollen Zügen: «Das tut gut! Endlich wieder ein Geschmack auf der Zunge, den ich kenne!» – «Machen wir noch eine Foto mit den Zertifikaten, bevor wir uns umziehen gehen?», schlug Anja vor. Roger erhob sich und antwortete: «Gute Idee. Ich hole den Fotoapparat.» Sie stellten sich genauso dreckig und ungepflegt, wie sie von ihrem Abenteuer noch waren, mit den Zertifikaten in den Händen vor den Apparat. Danach freuten sie sich, unter die Dusche stehen zu können und sich frisch anzuziehen. Als Roger die Hände wusch, konnte er es kaum glauben: «Anja, ich bringe meine Hände nicht sauber. Der braune Staub sitzt zu tief in den Ritzen!» – «Halb so schlimm. Dies sind Spuren eines Abenteuers!»

Das vierte Kilimanjaro-Prinzip der Ehe

Frisch und sauber trafen sich Anja und Roger später mit John und Eileen zum Abendessen. Das Buffet war reichhaltig gedeckt. Sie schlugen herzhaft zu. Nach dem Essen erklärte John das vierte Kilimanjaro-Prinzip der Ehe. Er begann: «Das letzte Prinzip heißt *Die Führung am Kibo*. Obwohl es zwar verboten ist ohne Führer den Kilimanjaro zu besteigen, wäre dies theoretisch bis zu den Kibo Hütten möglich. Der Weg ist breit und gut auffindbar. Doch beim Aufstieg am Kibo ist dies nicht mehr möglich. Der Weg führt in der Nacht eine riesige Geröllhalde hinauf. Touristen finden den Weg in der Dunkelheit nicht. Sie können sich verlaufen oder sogar in gefährliche Situationen geraten. Anja, du hast erzählt, dass du ohne die Ermutigungen von Saidi, seinem Singen in der Nacht, ohne dass er dir den Rucksack getragen und gesagt hätte, dass du es schaffen kannst, schon viel früher umgekehrt wärst. Das kann man auch auf die Ehe übertragen. Eine Freundschaft und auch eine Ehe kann lange Zeit gut ohne fremde Hilfe funktionieren. Aber es kommt in jeder Ehe ein Punkt, wo man es alleine nicht mehr schafft. Früher war dies viel einfacher. Damals war in gewissem Sinne die ganze Gesellschaft der Guide der Ehe. Es war klar, dass eine Ehe zusammenbleiben sollte. Dies wurde auch vom Umfeld so gelehrt. Heute kann eine Ehe keine große Hilfe aus der Gesellschaft mehr erwarten. In den Medien wird immer wieder die trügerische Freiheit propagiert: ‹Höre auf deine Gefühle! Tue was dein Herz dir sagt. Lass deinen Mann endlich gehen, mit einem anderen bist du sicher glücklicher!› Gefühle können stark täuschen. Woher sollen deine Gefühle wissen, was das Beste für dich in zehn Jahren sein wird? Wer eine glückliche, lebenslange Ehe anstrebt, der braucht Unterstützung von außen. Andere Menschen können dir deine Sicht ergänzen und erweitern. Sie können dir Ratschläge geben. Du kannst aus ihren Fehlern und Siegen lernen. Sie können dich ermutigen.»

John sah Rogers skeptischen Blick und fragte: «Dies passt dir nicht?» – «Meinst du Eheberatung und so? Ich sitze gar nicht gerne hin und rede über unsere Ehe. Das ist doch etwas für Weichlinge.» John schmunzelte: «Das Gefühl kenne ich gut. Ich dachte genauso. Bei mir hatte es vor allem mit Stolz zu tun. Wir Männer sind so veranlagt, dass wir das Leben selbst im Griff haben wollen. Hilfe anzunehmen bedeutet, Schwäche zu zeigen. Für einen Mann ist es schlimm, wenn er mit dem Auto unterwegs ist und jemanden nach dem Weg fragen muss. Lieber fährt er noch einige Male im Kreis und sucht die Adresse selbst. Genauso dachte ich, ich hätte versagt, wenn ich jemanden für unsere Ehe um Hilfe bitten müsste. Aber dann sagte ein Freund einmal eindringlich, dass ich ein Depp sei. Er sagte: ‹Du willst es lieber auf halber Strecke zum Kilimanjaro noch ein paar Meter selbst probieren und dann aufgeben, als die Hilfe eines Führers in Anspruch zu nehmen? Ist dir dein Stolz wichtiger, als das Erreichen des Gipfels? Oder auf die Ehe übertragen: Ist dir dein Stolz wichtiger, als dass deine Ehe erhalten bleibt?› Damit hatte er bei mir genau ins Schwarze getroffen. Ich war wirklich zu stolz. Mein Ehrgefühl ließ es nicht zu, von jemandem Rat anzunehmen. Ich wollte lieber meinen Stolz und mein Ehrgefühl retten als meine Ehe. Zum Glück führte er mir dies damals so deutlich vor Augen. Wenn ich jetzt sehe, wie schön ich es mit Eileen habe, muss ich zugeben, dass mein Stolz mir dies nicht hätte bieten können. Mein

Leben ist viel einfacher geworden, seit ich mich immer wieder bewusst dafür entscheide, meinen Stolz zu überwinden und für meine Ehe Hilfe in Anspruch zu nehmen.»

Eileen: «Ehepaare, die nach den Kilimanjaro-Prinzipien leben, wissen bei Problemen: Wir stecken da beide mit drin. Es ist keine Lösung wegzulaufen, also machen wir das Beste daraus. Wir können einiges bewirken, aber mit der Hilfe von anderen wird es noch besser! Lassen wir uns also von anderen in unseren Bemühungen unterstützen.»

Menschen, die eine lebenslange Ehe anstreben

Eileen: «Das erste haben wir euch bereits am Ende der anderen Prinzipien gesagt. Gleichzeitig ist es wohl der Tipp, der am schwierigsten umzusetzen ist: Sei mit Menschen zusammen, die dich positiv beeinflussen. Verbringe so viel Zeit wie möglich mit Leuten, die ebenfalls eine glückliche, lebenslange Ehe anstreben. Lade Ehepaare zu dir nach Hause ein, die schon viele Jahre verheiratet sind. Du kannst sie darüber ausfragen, warum ihre Ehe so lange gehalten hat. Aber schon wenn du mit ihnen Zeit verbringst, werden sie dich positiv beeinflussen. Unbewusst nimmst du wahr, wie die beiden miteinander umgehen und dass es möglich ist, so lange verheiratet zu sein. Unsere älteste Tochter musste sich dazu ein trauriges Beispiel mit ansehen. In ihrer Schulzeit hatte sie eine sehr gute Freundin. Sie hieß Emmeline. Sie unternahmen viel zusammen und teilten auch viele Ansichten. Nach dem College trennten sich ihre Wege. Als sie sich nach mehreren Jahren an einer Klassenzusammenkunft wieder sahen, erschrak unsere Tochter. Das war nicht Emmeline, mit der sie viele Jahre befreundet gewesen war. Sie kannte sie als eine fröhliche Optimistin, doch nun strotzte Emmeline nur so von Zynismus und Sarkasmus. Sie war unterdessen bereits einmal geschieden. Als Emmeline von den letzten Jahren erzählte, dämmerte es unserer Tochter. Sie erhielt nach dem College eine Stelle in einer weit entfernten Stadt. Sie fühlte sich dort einige Monate lang sehr einsam. Eine Arbeitskollegin sah dies und nahm sie nach der Arbeit jeweils mit in ein ehemaliges Studentencafé. Dort lernte sie endlich Menschen kennen. Auch ihr erster Mann war dabei. Nach zwei Jahren heirateten sie. Das Café schien aber immer mehr nur noch von Pessimisten besucht zu werden. Jeden Abend nach der Arbeit saß Emmeline dort und hörte sich Geschichten über schlechte Ehepartner und Trennungen an. Sie hörte, dass es unlösbare Differenzen gibt und dass man sich so stark auseinanderleben kann, dass es besser sei, getrennte Wege zu gehen. Sie hörte auch, dass eine Scheidung manchmal als notwendige oder mögliche Lösung in Betracht gezogen werden müsse. Es sei in gewissen Fällen auch für die Kinder besser, wenn die Eltern einen Schlussstrich zögen und damit die Familie von den immer wiederkehrenden Streitereien befreiten. Sie dachte sich lange Zeit nichts dabei. Aber ihre Gedanken wurden schleichend beeinflusst. Emmeline wusste durch unsere Tochter einiges über die Kilimanjaro-Prinzipien der Ehe. Doch wurden das erste und zweite Prinzip langsam untergraben. Es war immer weniger klar, dass sie sich für ihren Ehemann und für die lebenslange Ehe entschieden hatte. Die negativen Dinge an ihrer Ehe und die Schwächen ihres Mannes wurden immer wichtiger in ihrem Denken. Als Folge davon begann sie, das dritte Prinzip zu vernachlässigen. Als ihre Probleme immer schwerwiegender wurden, fragte sie sich, ob sich die Arbeit und die Investition in diese Ehe überhaupt noch lohnen. Und das nur, weil sie zugelassen hat, dass sie von außen mit negativen Gedanken über die Ehe berieselt wurde. Kurz vor der Klassenzusammenkunft hatte sie ihre Scheidung abgeschlossen. Sie war in ärztlicher Behandlung wegen einer Depression. Eigentlich wollte Emmeline für die Klassenzusammenkunft nur einen Tag in der Stadt bleiben. Doch daraus wurde eine ganze Woche. Wir erlebten mit, wie Emmeline in dieser einen Woche durch das Zusammensein mit unserer Tochter wieder an ihre alten Werte erinnert wurde. Plötzlich kehrte ein kleiner Funke ihrer früheren Heiterkeit und Unternehmungslust zurück. Sie versuchte später, ihre verflossene Ehe nochmals zu retten, doch ihr Ex-Mann war nicht mehr dazu bereit. Er hatte bereits an einem anderen Ort Wurzeln geschlagen. Bestimmt hatte die Scheidung noch andere Gründe als nur die negativen Einflüsse von außen. Aber diese blockierten bei Emmeline die ersten drei Kilimanjaro-Prinzipien. Und ohne diese ist es schwierig eine Ehe zu führen.»

John: «Schwierig umzusetzen ist dieser Tipp, weil man nicht von heute auf morgen die Kollegen auswechseln kann. Zudem ist man an die Arbeitskollegen gebunden. Trotzdem: Wo ein Wille ist, da ist auch ein Weg. Wir haben die Erfahrung gemacht, dass wir in engagierten

Kirchen solche Menschen gefunden haben. Natürlich gibt es auch dort Miesepeter, die alles negativ sehen. Aber wir haben dort auch immer wieder Menschen kennengelernt, die glücklich verheiratet sind und vor allem eine glückliche, lebenslange Ehe anstreben.

Wenn dich also gute Vorbilder der lebenslangen Ehe beeinflussen, dann wird dies die Kilimanjaro-Prinzipien der Ehe stärken: Du kannst immer überzeugter sagen, dass du dich für deinen Ehepartner und die lebenslange Ehe entschieden hast. Automatisch wirst du die schönen Seiten der Ehe und die Stärken deines Ehepartners immer klarer im Vordergrund sehen. Du wirst in den schönen, anstatt in den schlechteren Erinnerungen schwelgen. Bei Konflikten und Problemen bist du überzeugt, dass es einen Weg geben wird. Ihr fühlt euch als Team, das es gemeinsam schaffen wird. Du bist überzeugt, dass sich die Arbeit für deine Ehe lohnt, denn du siehst, wie glücklich andere Ehepaare sind. Du freust dich darauf, dass es mit eurer Ehe noch besser werden wird.»

Ehevorbereitung, Ehewochen, Ehekurse, Ehebücher und Ehevorträge

John füllte am Buffet seinen Teller nochmals auf. Mit einem Lächeln auf dem Gesicht setzte er sich wieder an den Tisch: «Ich muss schon sagen, das Essen hier im Hotel ist gut. Ich weiß nicht, ob dies auch auf die Köche in dieser Küche zutrifft: Auch gute Köche besuchen immer wieder einen Kochkurs, um ihre Kreativität und ihr Know-how auszuweiten. Auch die besten Computerprogrammierer müssen sich immer wieder ein neues Buch kaufen oder einen Kurs belegen, damit sie auf dem neuesten Stand der Technik bleiben. So ist es auch in der Ehe. Es gibt viele gute Angebote, in denen Ehepaare wertvolle Impulse, Tipps und Ermutigung erhalten. Die Ehe durchlebt verschiedenste Situationen. Die Beziehung und ihre Mechanismen sind vor der Hochzeit ganz anders, als wenn man zusammen wohnt. Wenn Kinder dazukommen, ändert sich das Eheleben wieder dramatisch. Später werden die Kinder selbständiger und ziehen aus. Auch dies bringt ganz neue Aspekte in eine Ehe. Gleich verhält es sich bei einem Stellenwechsel oder der Pensionierung eines Ehepartners. Deshalb kann niemand sagen, er habe die Ehe durchschaut. In jeder Lebenslage kann man neue Anregungen zur Ehe gebrauchen.

Beginnen wir ganz zuvorderst. Für die meisten wichtigen Dinge im Leben macht man eine Ausbildung. Wer Auto fahren lernt, muss eine Prüfung ablegen. Niemand darf ohne Ausbildung ein Linienflugzeug steuern. Aber alle dürfen ohne Ausbildung eine Ehe beginnen. Es gibt aber Heiratswillige, die einen Ehevorbereitungskurs besuchen. Wir möchten dies allen herzlich empfehlen. Ihr seid schon verheiratet, aber empfehlt es doch anderen unverheirateten Paaren weiter. Dort werden hauptsächlich Themen angesprochen, über die ein Paar vor der Hochzeit schon mal gesprochen haben sollte. Es ist wichtig, dass man vom anderen weiß, wie er zum Thema Kinderkriegen steht. Wer viele Kinder will, sollte nicht jemanden heiraten, der keine Kinder großziehen möchte. Aber auch weniger entscheidende Themen werden angesprochen. Dies hilft, Probleme in der Ehe zu entschärfen. Zum Beispiel spricht man über das Thema Geld. Wie wollen wir unsere Finanzen handhaben? Führen wir ein gemeinsames Konto oder will jeder sein eigenes Geld verwalten? Darf jeder, ohne den anderen zu fragen, Geld ausgeben oder vereinbaren wir eine obere Grenze, ab der wir zuerst miteinander sprechen, bevor wir etwas kaufen? So werden ganz viele Dinge besprochen, die ansonsten später zu Konflikten führen könnten. Wir haben schon viele Ehen gesehen. Wir sind überzeugt, dass einige besser verlaufen wären, wenn sie vor der Hochzeit einen Ehevorbereitungskurs besucht hätten.

Zudem kannst du mit einem Ehevorbereitungskurs deinen zukünftigen Ehepartner testen! Ist dieser bereit, mit dir diesen Kurs zu besuchen, hast du große Chancen, dass er oder sie auch bereit sein wird, bei Schwierigkeiten in der Ehe Hilfe von außen in Anspruch zu nehmen. Dass dein Verlobter bereit ist mitzumachen, zeigt, dass er bereits etwas vom dritten Kilimanjaro-Prinzip begriffen hat: Er ist bereit an eurer Beziehung zu arbeiten! Anders ausgedrückt: Wenn dein zukünftiger Ehepartner nicht bereit ist, mit dir einen Ehevorbereitungskurs zu besuchen, solltest du aufhorchen! Er weigert sich, das dritte und vierte Kilimanjaro-Prinzip der Ehe anzuwenden. Ich sage dies nicht gern, aber es entspricht leider der Wahrheit: Du heiratest jemanden, der nicht bereit ist, an eurer Beziehung zu arbeiten, der vermutlich auch bei Ehekrisen nicht bereit sein wird, mit dir zu einer Eheberatung zu gehen. Daher empfehlen wir allen ganz eindringlich, einen Ehevorbereitungskurs zu besuchen.»

Eileen: «Nun für Verheiratete: Es gibt viele gute Angebote, die die Ehe bereichern und stärken. Wir besuchten einmal ein Ehe-Wochenende, an dem es spannende Vorträge gab. Zum Beispiel sprach ein Redner über die Kommunikation in der Ehe, einmal waren die Männer und Frauen getrennt und wir hörten Tipps und Tricks für die Sexualität. Dazwischen hatten wir auch viel Zeit zum Ausspannen, für Wanderungen oder Städtebummel. Am Abend gab es ein ganz spezielles Candlelight-Dinner mit inspirierenden Beiträgen. Das hat unserer Ehe sehr gut getan. Mir wurde dort wieder neu bewusst, wie wertvoll es ist, eine gute Ehe zu haben. Solche Angebote gibt es auch als ganze Ferienwochen. Wir können euch also herzlich empfehlen, solche Ehe-Verwöhn-Zeiten zu besuchen.»

John ergänzte: «Weiter gibt es auch einzelne Vorträge, Bücher, CDs und DVDs zum Thema Ehe. Das Spektrum an verschiedenen Unterthemen ist riesig. Es lohnt sich, sich immer wieder neue Tipps und Anregungen zu Gemüte zu führen. Das bereichert die Ehe.»

Eheberatung vor und in Krisensituationen

Eileen: «Nicht erst wenn es schon ganz schlimm um die Ehe steht, sollte man eine Eheberatung in Anspruch nehmen. Es ist manchmal auch in *guten Zeiten* sinnvoll, mit einem erfahrenen Ehepaar, einem Pastorenehepaar oder einem Seelsorger zusammen zu sitzen und über Wünsche oder kleine Probleme zu sprechen. Aber natürlich erst recht sollte man sich nicht zu schade sein, eine Eheberatungsstelle aufzusuchen, wenn sich Probleme und scheinbar unlösbare Konflikte auftun. Auch wenn man die drei ersten Kilimanjaro-Prinzipien umsetzt, können noch Probleme auftauchen. Das vierte Prinzip besagt aber, dass man in diesem Fall unbedingt Hilfe von außen in Anspruch nehmen soll. Die gute Nachricht ist, dass Ehepaare, die sich die Kilimanjaro-Prinzipien der Ehe zu Herzen genommen haben, sehr große Chancen haben, dass mit Hilfe einer Eheberatung die Probleme überwunden werden können! Denn: Diese Ehepaare sind fest entschlossen, dass die Ehe in jedem Fall zusammenbleiben soll. Dies ist eine Grundvoraussetzung dafür, dass das Problem konsequent und radikal angegangen wird. Wer sich entschieden hat, zusammen zu bleiben, der wird alles daran setzen, dass eine Lösung gefunden wird. Wer sich zudem immer wieder die guten Seiten des Ehepartners und der Ehe vor Augen führt, der kommt nicht in die Negativspirale der Gedanken hinein. Diese führt ansonsten unweigerlich hinab in die Trennung, weil man die vielen Notausgänge aus der Krise nicht mehr sieht. Wer aber positiv von seinem Ehepartner denkt, der hat die Augen für Lösungen offen. Er ist bereit, an der Ehe zu arbeiten. Er weiß, dass sich die Investition in die Ehe lohnt, auch wenn es ihn einiges kostet. Die finanziellen, aber auch die psychischen Kosten, die durch eine Trennung entstehen, sind so oder so immer viel höher. Kilimanjaro-Ehen haben also gute Chancen, eine Krise erfolgreich zu meistern.»

Gott als Dritter im Bund

John: «Nun kommen wir zu meinem Lieblingsthema. Zum vierten Kilimanjaro-Prinzip der Ehe *Die Führung ab Kibo* gehört, dass man Gott die Führung für die Ehe überlässt. Dies mag für euch eine merkwürdige Aussage sein. Unser Pastor, der uns die Kilimanjaro-Prinzipien gelehrt hat, ist überzeugt davon, dass dies eines der wichtigsten Dinge für die Ehe überhaupt ist – ist ja klar, er ist ein Pastor. Das mit Gott ist sein Beruf. Aber ich muss sagen, dass auch für mich ein spezielles Geheimnis in diesem Punkt liegt.» Eileen: «Wir haben die Anregungen, die wir euch gleich erklären werden, versucht in unserer Ehe umzusetzen. Wir sagen mit Überzeugung, dass es funktioniert. Uns hat es sehr geholfen, Gott in unsere Ehe miteinzubeziehen.» John: «Ich habe schon viele Bücher zum Thema Ehe zur Hand genommen. Da habe ich vieles gelesen, das mir geholfen hat. Aber wirklich tief verändert haben mich diese Bücher nicht. Ich habe gelernt, wie ich meiner Frau besser zuhören kann. Ich habe gelernt, wie man einen Konflikt angehen kann, wie ich in einem Streitgespräch auf Rettungsversuche meiner Frau reagieren sollte, wie die Sexualität einer Frau funktioniert und was die Unterschiede zwischen Frauen und Männern sind. Es ist sehr gut, dass ich all diese Dinge weiß! Aber ich konnte diese Ratschläge nur bis zu einem bestimmten Punkt umsetzen. Leider kamen mir meine Selbstsucht und mein Stolz immer wieder in die Quere. In diesen Büchern lernte ich nie, wie ich mit meinem Egoismus umgehen kann. Meistens wusste ich ganz genau, was das richtige Verhalten wäre, aber ich konnte es nicht tun. Zum Beispiel wollte Eileen am Abend gerne einen Spaziergang machen, aber da lief gerade ein Eishockeymatch im Fernsehen. Ich wusste, dass es für Eileen und unsere Ehe gut wäre, wenn wir etwas Zeit zusammen verbringen würden. Aber irgendetwas in mir sträubte sich dagegen. Ich war nicht fähig, das Gute zu tun. Ich ließ mich auf das Sofa fallen und schaltete den Fernseher ein. Eileen zog alleine los. Oder ein anderes Beispiel: Wir hatten eine Auseinandersetzung. Ich wusste genau, wie man *Ich-Botschaften* sendet und dass Rechtfertigungen den Streit nur weiter entfachen. Trotzdem fühlte ich mich gedrängt, Eileen zu kränken und mich zu rechtfertigen, nur um selbst gut dazustehen. Mein Stolz und mein Egoismus waren mir im Wege, die guten Ratschläge aus den Ehe-Büchern anzuwenden. Ich war ein Gefangener – von mir selbst. Ich wollte das Gute tun, aber konnte es längst nicht immer.

Dann habe ich vom vierten Kilimanjaro-Prinzip der Ehe gehört: Gott möchte der Führer unseres Ehe-Trekkings sein. Ich las daraufhin Bücher von christlichen Autoren, die nebst den guten Tipps auch von Gott als Dritten im Ehebund erzählten. Ich war erstaunt, wie diese Bücher mich tief berührten. Ich spürte, dass es für unsere Ehe Hoffnung gab. Ich las, dass Gott mir das Herz, das unfähig war, das Gute zu tun, wegnehmen wollte. Das Herz, in dem sich die Liebe zu Eileen nicht richtig entfalten konnte, weil ich selbst darin zu viel Platz einnahm. Dafür bot er mir ein neues Herz an. Eines, das fähig ist zu lieben und Liebe zu empfangen. Fähig, das Gute zu tun, auch wenn dies nicht unbedingt das Beste für mich selbst war. Zudem wolle dieser Gott mir Kraft geben, eine gute Ehe zu führen. Übernatürliche Kraft. Dies brachte mich zum Nachdenken: Wenn das stimmen würde, dann läge es ja nicht mehr alleine an mir, dass unsere Ehe gelingt. Vorher hing alles von meiner Umsetzung der guten Ratschläge ab. Der Erfolg war oft zweifelhaft. Nun aber schöpfte ich Hoffnung, dass es eine höhere Macht gab, die zu mehr fähig ist als ich. Das Erstaunlichste für mich war, dass dieser Gott unserer Ehe unbedingt helfen wollte!»

Anja: «Warum sollte er das wollen?» John: «Gott hat uns gewollt und geschaffen. Er liebt uns – mehr als Eltern ihre Kinder lieben können. Daher liegt ihm sehr viel an uns. Er hat auch die Ehe erfunden. Er sah, dass es nicht gut ist, dass der Mensch alleine ist (1. Mose 2,18). Er erschuf die Menschen als Mann und Frau und erfand so die Ehe. Wenn also Eileen, ich und die Ehe von Gott gewollt und erfunden sind, dann wird er doch auch seine Hilfe anbieten.» Roger: «Das kann ich nicht recht glauben. Schließlich sieht die Realität ganz anders aus. Vielen Menschen geht's beschissen und viele Ehen enden in der Scheidung.» John: «Da hast du recht. Leider wollen viele Menschen Gottes Hilfe nicht annehmen. Nachdem Gott alles sehr gut gemacht hatte, haben sich die Menschen gegen Gott entschieden. Sie wollten lieber selbst darüber entscheiden, was gut und was schlecht für sie ist. Aber Gott will niemandem seine Hilfe aufzwängen. Als Konsequenz davon zog er sich zurück. Sein Wunsch ist es, von den Menschen geliebt und verehrt zu werden. Wenn er die Menschen zwingt, ihn anzubeten, dann tun sie dies nicht aus Liebe. Daher lässt Gott uns den freien Willen. Heute ist es noch genau gleich. Weil wir uns Gott nicht unterordnen wollen, gibt es viel Chaos und Schuld auf der Erde. Aus den meisten Bereichen unserer Gesellschaft werden Gott, das Gebet und die biblischen Werte verdrängt: Aus der Schule, der Arbeitswelt, aus den Medien ... Dafür müssen wir Menschen selbst die Verantwortung übernehmen. Ich kann die Frage nicht beantworten, warum Gott nicht aktiver in Ehen eingreift und die Menschen zwingt, miteinander auszukommen. Aber eines weiß ich: Er hat die Möglichkeit geschaffen, dass jeder Mensch diese Hilfe für seine Ehe haben kann!»

Anja fragte verwundert: «Wie komme ich zu dieser Hilfe?» John antwortete: «Das erkläre ich euch am Schluss. Zuerst möchte ich euch noch die weiteren Vorteile aufzählen, warum es gut ist, wenn Gott die Führung unserer Ehe übernimmt. Also konkret: Warum brauchen Eileen und ich Gott in unserer Ehe?»

Gott als Vorbild

Eileen: «Gott ist uns in vielen Dingen ein großes Vorbild. Von ihm lerne ich, was tiefgehende Vergebung bedeutet. Von ihm lerne ich auch, was echte Liebe und Annahme ist. Von ihm habe ich gelernt, wodurch ein Mensch wertvoll ist. Ich habe seine Vergebung, seine Liebe und seine Annahme selbst erlebt. Wenn Gott vergibt, dann ist es vergeben. Die Schuld ist weg, versenkt im tiefsten Meer. Wenn ich John vergebe, soll ich das genauso machen. Gott liebt mich über alles. Weil er die Menschen so sehr liebt, hat er seinen Sohn Jesus auf die Erde geschickt. Aus Liebe zu uns Menschen hat Jesus unsere Schuld auf sich genommen. Niemand liebt so sehr, wie jemand, der sein Leben für seine Freunde hingibt. Gott liebt mich nicht, weil ich gut bin oder weil ich etwas besonders Gutes getan habe. Er hat sich entschieden, mich zu lieben, deshalb kann diese Liebe nichts erschüttern. Dieser großen Liebe will ich nacheifern, wenn ich John, aber auch meine Kinder liebe. Gott nimmt mich an, so wie ich bin. Er will mich zwar nicht belassen, wie ich bin. Vielmehr will er mir helfen, ein besserer Ehepartner zu werden. Aber ich muss nicht zuerst ein besserer Ehepartner sein, um zu ihm kommen zu können. Ich kann als erstes zu ihm kommen, genauso wie ich bin – mit allen meinen Fehlern. Dann kann ich ihn bitten, mir zu helfen, ein besserer Ehepartner zu werden. Genauso möchte ich auch John annehmen. Ich nehme ihn, wie er ist und freue mich über jede positive Veränderung, die er durchmacht.» John: «Seit ich Gott suche und von ihm in vielerlei Weise beschenkt werde, kann ich es ihm nicht nur nachmachen, sondern für diese Dinge auch direkt aus seiner Quelle Kraft schöpfen.»

Aus Gottes Quelle erhalten und weitergeben

Eileen: «Gott ist eine große und unerschöpfliche Quelle für meine tiefsten Bedürfnisse. Bei ihm bekomme ich Liebe. Bei ihm fühle ich mich geborgen und sicher. Durch ihn erhält mein Leben Sinn. Weil ich dies bei Gott erhalte, bin ich nicht gezwungen, es aus unserer Ehe herauszupressen. Ich muss mir nicht die Frage stellen: ‹Kann mir John meine Bedürfnisse stillen?› Daher belaste ich unsere Beziehung nicht mit überhöhten Forderungen. Meine Bedürfnisse sind gestillt aus der großen Quelle Gottes. Wenn John meine Bedürfnisse zusätzlich stillt, dann freue ich mich sehr darüber und genieße es in vollen Zügen. Weil John seine Bedürfnisse ebenfalls von Gott stillen lässt, muss ich diese große Last nicht tragen. Ich wäre nämlich überfordert, Johns tiefste Bedürfnisse stillen zu müssen. Wenn ich mit Jesus verbunden bin, bekomme ich aus seiner Quelle so viel, das ich von Gott an John weitergeben kann. Ich muss nicht aus mir heraus Liebe für John produzieren. Ich kann einfach von der großen Liebe, die Gott mir gibt, an ihn weitergeben. Es bedingt aber, dass ich immer wieder die Verbindung zu Jesus Christus suche und mich von ihm erfüllen lasse.

Gott als gemeinsame Grundlage

Eileen: «Weil wir beide Gott als Person über uns anerkennen, haben wir eine gemeinsame Grundlage für unsere Ehe. Das gibt uns Sicherheit und Vertrauen. Ich weiß, dass John so leben möchte, wie es Gott gefällt. Ich weiß, dass er damit rechnet, einmal für all sein Tun Gott Rechenschaft geben zu müssen. So weiß ich, dass es für ihn, zumindest was seine Vernunft anbelangt, nicht in Frage kommt, Ehebruch zu begehen oder mich und die Kinder im Stich zu lassen. Das gibt mir Sicherheit. Das Gleiche gilt auch umgekehrt. Ich weiß, dass Gott immer bei mir ist. Er ist allwissend und allgegenwärtig. Er sieht alles, was ich denke und tue. Dass mir dies bewusst ist, hat mich schon vor einigen Dummheiten bewahrt. Ich will Gott mit meinem Leben Freude machen, deshalb versuche ich so zu leben, wie es ihm gefällt. Durch die Bibel sagt er uns, dass es ihm gefällt, wenn wir unsere Ehepartner lieben (z. B. Epheser 5,22f), wenn ich ihm treu bleibe und eine lebenslange Ehe führe (z. B. 2. Mose 20,14; Markus 10,9). Damit will ich nicht sagen, dass diejenigen, die Jesus Christus als ihren Herrn anerkennen, bessere Menschen wären. Besser ist einzig Jesus Christus und davon können wir profitieren.»

Roger: «Das ist aber eher beängstigend als beruhigend, wenn einer immer zuschaut und alle Gedanken kennt.» John: «Ja, das macht vielen Menschen Angst. Aber ich behaupte, dass der Grund für diese Angst ein falsches Bild von Gott ist. Jesus Christus will niemandem etwas zuleide tun. Er ist kein Polizist, der nur darauf wartet, dass wir etwas Falsches tun und er uns bestrafen kann. Im Gegenteil: Er will uns helfen! Jesus selbst sagte über sich als den Sohn Gottes: ‹Gott sandte den Sohn nicht in die Welt, um die Menschen zu verurteilen, sondern um sie zu retten. Wer sich an den Sohn Gottes hält, wird nicht verurteilt.› (Johannes 3,17-18a). Er sehnt sich danach, die Menschen mit sich zu versöhnen. Dass er das mit viel Liebe tut, hat er schon längst bewiesen. Jesus hat die Strafe für alle unsere Schuld auf sich genommen, als er am Kreuz gestorben ist. In der Bibel heißt es, dass Jesus aber wieder auferstanden ist und sich nun bei Gott als Fürsprecher für uns einsetzt (vgl. Römer 8,34). Das bedeutet also: Wenn Gott uns sieht, wie wir eine Dummheit machen, dann hat er zwei Dinge schon getan: Erstens hat er vor 2000 Jahren seinen Sohn Jesus Christus die Strafe dafür tragen lassen und zweitens sagt Jesus: ‹Wie könnten wir ihm helfen, dass er nicht mehr in Versuchung gerät? Es tut mir weh zu sehen, dass er von dieser Sache abhängig ist. Ich möchte, dass er glücklich und frei leben kann.› Das habe ich jetzt frei erfunden, aber inhaltlich, denke ich, könnte er so etwas sagen. Wir müssen unsere Verfehlungen zugeben und ihn um Vergebung zu bitten, dann ist er treu und gerecht und vergibt uns unsere Schuld (1. Johannes 1,9). Gott hat uns seinen Heiligen Geist gegeben. Dieser Geist gibt uns die Kraft, Dummheiten sein zu lassen und bessere Ehepartner zu werden.

Ehrlich gesagt: Für mich ist es ein großer Trost, dass Gott immer bei mir ist. Weil er immer da ist, kann ich ihm alles sagen, was mich bedrückt. Ich kann die Schwierigkeiten der Ehe bei ihm deponieren oder nach einem Streit mit Eileen ihm mein Herz ausschütten. Oft zeigt er mir dann, wo *ich* Fehler gemacht habe.»

Eileen: «Dank Gottes Wertmaßstäben haben John und ich eine gemeinsame Grundlage für unsere Entscheidungen. Wenn dir plötzlich jemand über den Weg läuft, der schöne Gefühle in dir auslöst, woher willst du wissen, ob du nun mit dieser Person mitgehen sollst? Woher willst du wissen, ob das richtig oder falsch ist? Viele Statements in den Medien sagen dir: ‹Ja, mach es! Du musst auf deine Gefühle hören. Du lebst nur einmal. Lebe deine Gefühle aus.› Deine Verwandten sagen dir vielleicht: ‹Spinnst du? Willst du einfach aufgeben, was du und dein Ehepartner bisher aufgebaut habt? Reiße dich zusammen und werde wieder vernünftig.› Wer hat nun recht? Weil wir beide das tun wollen, was Gott als richtig ansieht, ist für uns die Antwort klar: Gott sagt, dass Ehebruch falsch ist. Was er zusammengefügt hat, das soll man nicht scheiden. Er will vielmehr allen Ehepaaren helfen, dass sie eine erfüllende Ehe haben können.» Anja: «Aber es gibt doch Ehen, die die Hölle für einen der beiden sind!» John: «Ja, das gibt es leider und da sagt Gott auch klar, dass dies nicht richtig ist. Gott hasst es, wenn jemand seinen Ehepartner schlecht behandelt! Was der leidende Ehepartner konkret tun soll, diesen Rat möchte ich einem Ehe-Seelsorger überlassen. Jeder Fall ist anders und eine allgemeingültige Aussage gibt es leider nicht. Es gibt aber viele Beispiele, in denen Gott ein Wunder getan hat. Alkoholiker, Workaholic, Schläger und andere mit Problemen beladene Menschen wurden frei von ihrer Sucht und Zwanghaftigkeit. Dieses Wunder geschieht oft, wenn er Jesus Christus kennen lernt und sich Schritt für Schritt helfen lässt.»

Eileen: «Gott ändert sich nie. Ist er also unsere gemeinsame Grundlage, dann gibt dies unserer Ehe enorme Stabilität. Ohne diesen gemeinsamen Bezugspunkt ist ein Ehepaar dem Zufall ausgeliefert. Je nachdem wie sich die einzelnen Ehepartner entwickeln, entfernen sie sich oder kommen einander näher. Wer gibt die Garantie, dass sich die Welten der beiden nicht plötzlich ganz unterschiedlich entfalten? Dies kann bei Ehepaaren, die auf Gott bauen, auch geschehen. Nur ist dort ein unveränderlicher gemeinsamer Bezugspunkt vorhanden. Die Ehepartner mögen sich verändern, aber wenn Gott als Dritter zur Ehe dazugehört, bleibt ein wichtiger Teil der Ehe stabil.»

John: «Lebenssinn bekomme ich aus meiner Beziehung mit Gott. Dies gilt auch für die Ehe. Gott möchte deiner Ehe einen tieferen Sinn geben. Psychologen haben herausgefunden, dass Ehepaare, die einen gemeinsamen Sinn in ihrer Ehe sehen, stabiler und glücklicher sind. Frage Gott, welchen Sinn er für eure Ehe vorgesehen hat! Dies kann eine Aufgabe, eine Vision oder sonst etwas sein. Aber es gibt einen Sinn, der für alle Ehen gilt: Unsere Ehe soll Gott Ehre machen. Je mehr die Ehe von Gott geprägt ist und die Ehepartner sich aus der Quelle Gottes füllen lassen, können sie sagen, dass sie dies alles Gott verdanken. Dadurch sehen andere: ‹Aha, so hat sich Gott eine glückliche und erfüllende Ehe gedacht.› Dadurch wird Gott geehrt.»

Gott versorgt und führt

John: «Wir haben immer wieder erlebt, wie Gott uns geführt und die Umstände zu unserem Besten zusammengeführt hat. Wir haben in unserer Ehe und Familie einige Krisensituationen erlebt. Aber das Wissen, dass Gott dabei ist und alles im Griff hat, das hat uns durchgetragen.» Eileen: «Als John einmal arbeitslos wurde, kam ein finanzieller Engpass auf uns zu. Dank Gottes Hilfe konnten wir gelassen bleiben. Wir wussten: Gott ist unser Versorger. Er sagt in der Bibel, dass wir uns keine Sorgen machen sollen. Wir lasen diese Sätze aus der Bibel immer wieder. Dadurch wurden wir ruhig und schöpften Vertrauen zu Gott. John behauptet noch heute, dass diese Gelassenheit ein Grund dafür war, dass er bei einem Bewerbungsgespräch die Stelle aus hunderten von anderen Bewerbern erhalten habe.» John: «Ein

Ehepaar, das bei Schwierigkeiten zusammen beten und die Sorgen bei Gott ablegen kann, hat ein sicheres Fundament. Gerade in Krisenzeiten ist es sehr wichtig, ein gemeinsames Fundament zu haben. Wir kennen Ehepaare, die Kinder durch Krankheiten oder Unfälle verloren haben. Für sie alle war dies ein sehr schmerzhaftes Erlebnis und alle haben einen langen und intensiven Trauerprozess durchgemacht. Wir haben aber beobachtet, dass Ehepaare, die Gott als Dritten im Bund hatten, vereinter durch den Trauerprozess hindurch gingen als die anderen. Ein Paar ließ sich später scheiden. Als Grund gaben sie an, dass sie beide zu unterschiedlich mit der Trauer umgegangen seien. Ein Ehepaar, das Gott als Dritten im Bund dabei hat, kann den Schmerz noch so unterschiedlich verarbeiten, Gott bleibt gleich und gibt diesem Ehepaar ein stabiles Fundament. Wer sich aus Jesu Perspektive sehen kann, der sieht sich eingebettet in einen großen Zusammenhang. Dieser gipfelt in einem Leben nach dem Tod in der Herrlichkeit Gottes. Wenn beide Ehepartner diese Perspektive haben und gemeinsam ihr Leid Gott klagen, trauern und von ihm Trost erleben können, ist dies ein unschätzbarer Wert für die Ehe.» Eileen: «Unser Pastor sagte jeweils: ‹Christen haben kein leichteres Los. Aber sie haben eine starke Hand über ihnen, die hilft, das Los zu tragen.› Wer sich von Gott getragen fühlt, der kann auch viel besser seinen Ehepartner mittragen. Früher fühlte ich mich dem Zufall ausgeliefert. Heute weiß ich aber, dass Jesus Christus einen guten Plan für unsere Ehe hat und dass es einzig an mir liegt, zu diesem Plan ja zu sagen. Nichts anderes kann dies aufhalten.»

Gott macht fähig

John: «Dieser letzte Punkt ist der wichtigste für die Ehe. Ich hatte gesagt, dass ich in keinem säkularen Ratgeber gelesen hatte, wie ich mit meiner Selbstsucht und meinem Stolz umgehen konnte. Aber genau diese beiden Dinge standen mir immer wieder im Weg, wenn ich mit Eileen eine gute und gelingende Ehe aufbauen wollte. Auch heute machen sie mir manchmal Probleme, aber ich habe die übernatürliche Hilfe Gottes kennengelernt. Der Stolz und die Selbstsucht sitzen so tief in jedem Menschen drin, dass man sie nicht mit guten Ratschlägen oder einfachen Therapien überwinden kann. Es braucht eine radikale Veränderung in unserem Leben.

Jesus bietet uns Hilfe an, sagt aber, dass wir dazu *von Neuem geboren werden müssen*. Er sagte dies einem studierten Mann namens Nikodemus. Der verstand natürlich nicht, was damit gemeint war. Er antwortete Jesus, dass es widersinnig sei zu sagen, er müsse zurück in die Gebärmutter. Jesus verdeutlichte: ‹Nur wer von Wasser und Geist geboren wird, kann in Gottes neue Welt hineinkommen. Was Menschen zur Welt bringen, ist und bleibt von menschlicher Art. Von geistlicher Art kann nur sein, was vom Geist Gottes geboren wird› (Johannes 3,5-6). Nikodemus verstand immer noch nicht, obwohl er sich in der Religion sehr gut ausgekannt hatte. Kein Wunder also, wenn wir es auch nicht auf Anhieb verstehen. Jesus lehrt, dass der Mensch zuerst natürlich von seiner Mutter geboren wird. Was von Menschen kommt, das bleibt menschlich. Seit dem Sündenfall, wie er am Anfang der Bibel beschrieben ist, bedeutet dies, dass der Mensch getrennt von Gott ist. Er wird getrennt von Gott geboren, lebt getrennt von ihm und stirbt auch getrennt von ihm. Nach dem Tod lebt der Mensch getrennt von Gott weiter. Dies ist sehr schrecklich, da Gott die Quelle aller Freude, Liebe und von allem Sinn ist. Weil wir von dieser Quelle getrennt sind, haben wir auch nicht die Kraft unsere Selbstsucht und unseren Stolz zu überwinden.

Gott möchte diese Trennung aufheben! Er möchte, dass die Menschen an seiner Quelle angeschlossen sind und das Leben nach dem Tod in seiner Gegenwart verbringen können. Jesus sagte weiter: ‹Gott hat die Menschen so sehr geliebt, dass er seinen einzigen Sohn hergab. Nun werden alle, die sich auf den Sohn Gottes verlassen, nicht zugrunde gehen, sondern ewig leben› (Johannes 3,16). Gott schaffte durch seinen Sohn Jesus selbst die Möglichkeit, dass der Mensch nochmals geboren werden kann. Diesmal nicht mehr menschlich, sondern geistlich. Gott bietet uns an, dass wir zu unserem alten, egoistischen und stolzen Ich ein neues Ich erhalten. Eines, das fähig ist, zu lieben und eine Ehe zu führen, wie Gott sie sich gedacht hat. Dieses neue Ich hat die Voraussetzungen, damit es nach dem irdischen Tod bei Gott weiterleben kann. Jesus sagte, dass dieses neue Ich vom Geist Gottes in uns geboren wird. Seit ich Gott gebeten habe, mein steinernes Herz zu nehmen und mir ein lebendiges Herz zu geben – was eine andere Umschreibung ist für *von Neuem geboren werden* – stelle ich fest, dass es immer mehr wahr wird. Der Geist von Gott gibt mir die Kraft, meine Selbstsucht und meinen

Stolz zu besiegen. Immer öfters spüre ich ein wohlwollendes und liebevolles Gefühl in mir, wo früher eine harte, kaltblütige Empfindung herrschte. Besonders gegenüber Eileen habe ich mich stark verbessert. Dank Gottes Geist wurde ich ein besserer Ehepartner.»

Eileen: «Wir haben während unseres Trips auf den Kilimanjaro auch schon über diesen Satz aus der Bibel gesprochen: ‹Was die menschliche Selbstsucht hervorbringt, ist offenkundig, nämlich: Unzucht, Verdorbenheit und Ausschweifung, Götzenanbetung und magische Praktiken, Feindschaft, Streit und Rivalität, Wutausbrüche, Intrigen, Uneinigkeit und Spaltungen, Neid, Trunk- und Fresssucht und noch vieles dergleichen. Ich warne euch, wie ich es schon früher getan habe: Menschen, die solche Dinge tun, werden nicht erben, was Gott versprochen hat; für sie ist kein Platz in Gottes neuer Welt. Der Geist Gottes dagegen lässt als Frucht eine Fülle von Gutem wachsen, nämlich: Liebe, Freude und Frieden, Geduld, Freundlichkeit und Güte, Treue, Bescheidenheit und Selbstbeherrschung› (Galater 5,19-23). Dieses Zitat des Apostel Paulus zeigt einleuchtend die beiden Seiten auf. Einerseits ist da die menschliche Selbstsucht, die jeder Mensch hat, andererseits, wozu wir durch den Geist Gottes fähig werden. Die guten Eigenschaften sind genau die, die eine lebenslange und glückliche Ehe möglich machen.

Manche Esoteriker glauben, dass wir göttlich und Teil der großen Gottes-Energie seien, wenn wir aus dem Geist Gottes geboren werden. Wir werden durch die *Wiedergeburt* aber nicht göttlich. Unser menschliches Ich wird vielmehr gereinigt und von Gott von der Schuld und Sünde befreit. Er macht uns rein, damit wir dem heiligen Gott begegnen können. Dies können wir jetzt schon, während wir leben, aber vor allem dann nach dem irdischen Tod, wenn wir ihm gegenüberstehen werden.

Stolz und Selbstsucht sind genauso die Beziehungskiller in der Ehe wie in meiner Beziehung zu Gott. Aus Gottes Geist neu geboren zu werden, hat in erster Linie zum Ziel, dass wir mit Gott versöhnt werden. Dass dadurch auch die Ehe besser wird, ist ein guter Nebeneffekt.»

Wie kann ich Gott in unsere Ehe einladen?

Anja: «Ich kann mir das nicht recht vorstellen. Wie wird man *neu geboren*?» Eileen: «Das ist ganz einfach. Wir selbst können nichts Aktives dazu beitragen. Es ist ganz alleine Gottes Geschenk an uns. Er wirkt dies in uns durch den Heiligen Geist. Ich muss einzig mein Denken ändern und Gott bitten, dass er mir dieses große Geschenk gibt. Die meisten Menschen denken: ‹Ich kann mein Leben ohne den Gott der Bibel meistern. Ich bin gut genug. Jedenfalls bin ich besser als viele andere. Ich will nicht, dass der Gott der Bibel mir sagt, was ich tun soll und was nicht.› Dieses Denken müssen wir ändern. Neu heisst es: ‹Ich bin schuldig vor dem Gott der Bibel, weil ich nichts von ihm wissen wollte. Er ist der einzige lebendige Gott. Meine Schuld trennt mich von ihm – hier, aber auch nach dem Tod für immer. Selbst kann ich diese Schuld nicht wegarbeiten.› Gott selbst hat die Möglichkeit geschaffen, dass die Schuld, die zwischen ihm und uns steht, ausgeräumt wird. Er hat Jesus Christus auf die Welt gesandt. Dieser hat die Strafe für alle Schuld auf sich genommen. Er ist stellvertretend für uns gestorben. Nach drei Tagen ist er aber auferstanden und sitzt jetzt an der rechten Seite Gottes. Die Vergebung unserer Sünden erhalten wir, wenn wir daran glauben, dass der Tod von Jesus Christus reicht, um uns mit Gott zu versöhnen. Der Apostel Johannes schreibt: ‹Wer glaubt, dass in Jesus der Sohn Gottes erschienen ist, hat Gott zum Vater› (1. Johannes 5,1a). Der Glaube ist also entscheidend dafür, dass wir aus dem Geist neu geboren werden. Diejenige Person, die ein Baby zeugt, ist die Mutter oder der Vater. Wer also von Gottes Geist neu geboren wurde, ist ein Kind Gottes oder wie unsere Bibelübersetzung sagt: Derjenige hat Gott zum Vater.»

John: «In dieser Sache geht es in erster Linie um die Beziehung zu Gott. Zuerst muss weggeräumt werden, was eine Beziehung unmöglich macht, nämlich unsere Sünde. Da reicht ein Gebet: ‹Gott, ich sehe ein, dass ich bisher ohne dich gelebt habe. Ich gebe zu, dass ich schuldig vor dir bin und mich nicht selbst erlösen kann. Danke, dass du deinen Sohn Jesus geschickt hast und er alle meine Schuld auf sich genommen hat. Bitte vergib mir alle meine Schuld. Du sollst von nun an mein Gott sein und ich will tun, was du für richtig hältst. Danke, dass ich nun dein Kind sein darf.› Wenn du dieses Gebet sprichst oder dies in deinen eigenen Worten ausdrückst, dann kannst du sicher sein, dass du ein Kind Gottes geworden bist. Die Bibel verspricht: ‹Aber allen, die ihn [Jesus] aufnahmen und ihm Glauben schenkten, verlieh er das Recht, Kinder Gottes zu werden. - Das werden sie nicht durch natürliche Geburt oder menschliches Wollen und Machen, sondern weil Gott ihnen ein neues Leben gibt› (Johannes 1,12-13). Niemand kann dies je wieder von dir wegnehmen – außer du selbst. Jesus verglich uns einmal mit Schafen und sich selbst mit dem guten Hirten: ‹Meine Schafe hören auf mich. Ich kenne sie und sie folgen mir. Ich gebe ihnen das ewige Leben und sie werden niemals umkommen. Niemand kann sie mir aus den Händen reißen, weil niemand sie aus den Händen meines Vaters reißen kann. Er schützt die, die er mir gegeben hat; denn er ist mächtiger als alle› (Johannes 10,27-29). Mit dem ewigen Leben meint er das Leben nach dem Tod. Niemand kann uns aus den Händen Gottes reißen. Was für ein Trost!

Wer dieses Gebet von Herzen spricht, der ist von Neuem geboren. Manchmal geschehen dabei bereits große Veränderungen, aber bei vielen ist der Weg der Veränderung hin zu einem besseren Ehepartner ein Prozess, der Zeit in Anspruch nimmt. Schritt für Schritt heilt Gott Dinge in deinem Leben, die dich daran gehindert haben, ein guter Ehepartner zu sein. Er kann dies aber nur tun, wenn du es selbst auch willst und mithilfst. Du musst ihm erlauben, dass er in deinem Leben das Sagen hat, dass er jeden Lebensbereich mit seinem Geist ausfüllen kann. So beginnt der gute Prozess der Veränderung.

Der nächste Schritt ist, dass du Gott besser kennenlernst. Dies kannst du, indem du die Bibel liest. Um zu beginnen eignet sich am besten eines der Evangelien im Neuen Testament. Zum Beispiel das Matthäusevangelium oder das Johannesevangelium. Eine Beziehung wird hauptsächlich durch Kommunikation aufgebaut. Also bete regelmäßig. Das ist eigentlich nichts anderes, als mit Gott zu reden. Du brauchst keine vorgefertigten Gebete zu verwenden. Du kannst ihm einfach sagen, wie du fühlst, wofür du dankbar bist, wie es dir geht, wo deine aktuellen Probleme und Erfolge sind, wie du über ihn denkst und so weiter.»

Eileen: «Ihr seht, Gott in die Ehe einzuladen, ohne ihn in sein eigenes Leben einzuladen, geht nicht. Beide Ehepartner müssen die Entscheidung, von nun an mit Gott zu leben, für sich treffen. Dies ist die Grundvoraussetzung, damit Gott der Dritte im Ehebund sein kann. Dann könnt ihr ihn bitten und ihm erlauben, dass er eurer Ehe Sinn gibt. Für uns hat es sich tausendfach gelohnt.»

Bergführer des Lebens

John: «Unser Pastor hat jeweils anhand des Bergführers, der dich sicher auf den Kilimanjaro bringt, erklärt, was ein Leben mit Jesus bedeutet. Es darf niemand ohne einen sogenannten Guide den Kilimanjaro besteigen, dies hat die Regierung von Tansania so festgelegt. Auch auf unserem Lebensweg wäre es gut, einen Guide zu haben. Klar kann man Gott nicht mit einem Menschen vergleichen. Aber dies soll nur ein Bild sein, das hilft, Gottes Führung in unserem Leben besser zu verstehen. Heute ist es unpopulär, eine Autorität über sich anzuerkennen. Niemand gibt gerne die Zügel aus der Hand. Am liebsten macht man gerade das, wozu man Lust hat und sagt: ‹Es stimmt so für mich.› Es ist auch gar nicht angesagt, wenn man jemandem Rechenschaft für sein Tun abgeben muss. Aber eines ist klar: Wir hätten es nicht auf den Gillman‘s Point geschafft und ihr hättet den Uhuru Peak nicht erreicht, wenn nicht jeder von uns einen Führer gehabt hätten. Wenn man die Scheidungsstatistiken, aber auch die Trennungsraten der unverheirateten Paare anschaut, dann ist die Frage durchaus begründet: Schaffen wir es auf den Uhuru Peak der Ehe ohne einen qualifizierten Guide? Gelingt es uns, ohne die Führung von Jesus Christus eine glückliche und lebenslange Ehe zu führen? Die Statistik macht uns da keine großen Hoffnungen. Aber seit Eileen und ich uns der Führung von Jesus Christus anvertraut hatten, haben wir Hoffnung gefunden.

Der Guide kennt den Berg

Saidi war bereits über 60 Mal auf dem Kilimanjaro. Er kennt den Weg. Er weiß, wo die Gefahren lauern. Er hat die Symptome der Höhenkrankheit schon ein paar Mal gesehen. Er hat im Schulbuch und an praktischen Beispielen gelernt, für wen das Aufsteigen in zu große Höhe bleibende Schäden oder den Tod bedeuten kann.

Der Führer unseres Lebens – Jesus – ist allwissend. Er kennt unseren Lebensweg.

Er weiß nicht nur, was geschehen ist, er sieht auch in die Zukunft. Er ist nicht wie wir an Raum und Zeit gebunden. Er steht über ihnen, weil er sie selbst erschaffen hat. Viele Menschen nehmen ihre Gefühle als Wegweiser. Aber woher sollen Gefühle wissen, was in zehn Jahren das Beste für dich ist? Gott hingegen weiß es sehr wohl. Er weiß, wie sich unser Umfeld entwickeln wird. Er sieht nicht nur, was aus jetziger Sicht das Beste ist, sondern auch was später immer noch das Beste sein wird. Er weiß auch, wo sich Gefahren auf unserem Lebensweg verbergen.

Der Guide weiß, was uns gut tut

Wenn Saidi gebietet, nicht mit Asthma den Kilimanjaro zu besteigen, sagt er dies, weil er erlebt hat, wie radikal die Konsequenzen sind. Wenn Jesus von einigen Dingen sagt, dass sie nicht gut für uns seien, sollten wir besser die Finger davon lassen. Er weiß nämlich, was die Folgen sind. Wenn er also sagt, dass es für einen Mann nicht gut ist, eine andere Frau lüstern anzusehen und sie zu begehren, sagt er dies nicht, weil er den Männern den Spaß verderben will (vgl. Matthäus 5,28). Er tut es, weil er weiß, dass dies für eine glückliche Ehe schädlich ist. Jesus weiß tatsächlich besser als wir selbst, was gut für uns ist, weil er uns erschaffen hat. Es lohnt sich, Jesus zu vertrauen. Saidi ermahnte uns immer wieder, dass wir uns warm anziehen, langsam gehen und genügend trinken sollen. Auf Saidi haben wir gehört. Wir sollten auch auf Jesu Ermahnungen hören. Saidi mahnte uns nicht, weil er selbst einen Nutzen davon gehabt hätte, sondern weil wir nur so unser Ziel erreichen konnten. Jesus ermahnt uns auch nur zu unserem Besten. Auf ihn sollten wir erst recht hören.

Saidi gab uns unterwegs warmen Tee. Er wusste aus Erfahrung, dass dieser den Bergsteigern in der kalten und trockenen Luft besonders gut tut. Er konnte die Wegstrecke abschätzen, die wir pro Tag zu wandern in der Lage waren und wann eine Pause angesagt war. Er passte dies auf unsere Fähigkeiten und unsere Kondition an. Er sagte: ‹Kanadier und Schweizer sind es sich gewohnt zu wandern, die mögen mehr ertragen als andere.› Jesus kennt dich ganz persönlich. Er weiß noch besser, was gut für dich ist und wie viel du ertragen kannst. Er hat versprochen: ‹Aber Gott ist treu und wird nicht zulassen, dass die Prüfung über eure Kraft geht› (1. Korinther 10,13).

Saidi und sein Team haben uns gut mit Essen, Trinken und Wasser zum Waschen versorgt. Sie haben das Maximum aus den zur Verfügung stehenden Mitteln herausgeholt. Auch Jesus möchte unser Versorger sein. Er sagte, dass wir uns keine Sorgen machen sollen, weil wir von Gott geliebt und für ihn sehr wertvoll seien: ‹Wer von euch kann durch Sorgen sein Leben auch nur um einen Tag verlängern? [...] Also macht euch keine Sorgen! Fragt nicht: Was sollen wir essen? Was sollen wir trinken? Was sollen wir anziehen? Mit all dem plagen sich Menschen, die Gott nicht kennen. Euer Vater im Himmel weiß, dass ihr all das braucht. Sorgt euch zuerst darum, dass ihr euch seiner Herrschaft unterstellt, und tut, was er verlangt, dann wird er euch schon mit all dem anderen versorgen. Quält euch also nicht mit Gedanken an morgen; der morgige Tag wird für sich selber sorgen. Es genügt, dass jeder Tag seine eigene Last hat‘ (Matthäus 6,25f). Mit anderen Worten: Schau, dass du dich dem Guide des Lebens anvertraust, und folge ihm nach, dann brauchst du dir keine Sorgen mehr zu machen. Er hat dein Leben schützend und geborgen in seiner Hand. Ihm entgeht nichts. Das bedeutet nicht, dass Himmel auf Erden ist. Die Lebensumstände können wie auf dem Kilimanjaro kalt, steinig und sehr anstrengend sein. Aber Saidi hat uns gut durch diese Umstände hindurchgeführt – wie ein Hirt seine Schafe. König David war in seiner Jugendzeit Schafhirte. Er dichtete in einem seiner bekanntesten Songs: ‹Und muss ich auch durchs finstere Tal - ich fürchte kein Unheil! Du, Herr, bist ja bei mir; du schützt mich und du führst mich, das macht mir Mut‘ (Psalm 23,4).

Der Guide kennt das richtige Geh-Tempo

Am ersten Tag bis zu den Mandara Hütten ließ Saidi uns wandern wie wir wollten. Am zweiten Tag sagte er, dass er nun das Tempo vorgeben werde und wir hinter ihm wandern sollen. Er ging absichtlich so schnell, wie es für uns richtig war. Er selbst ist trainiert und gewohnt, den Kilimanjaro zu besteigen. Er hätte bestimmt mit dem Tempo der Träger mithalten können. Aber er kannte das beste Geh-Tempo für uns. Er weiß aus Erfahrung, dass Menschen, die zu schnell hoch wandern, bald aufgeben und umkehren müssen. Auf dem letzten Abschnitt sagte er immer wieder: ‹Pole, pole.› Wir sollen langsam, langsam gehen. Aber er wusste nicht nur, dass wir langsam gehen mussten, sondern auch, dass Pausen gefährlich sind. Daher sagte er: ‹No stop, stop.› Damit meinte er, dass wir nicht dauernd Pausen machen durften, weil der Körper in dieser Höhe sonst nicht mehr fähig ist, große Leistungen zu erbringen. Dadurch, dass Saidi das richtige Geh-Tempo für uns kannte, waren wir fähig den Kilimanjaro zu besteigen.

Auch Jesus weiß, welches Tempo für unser Leben das richtige ist. Er weiß, wie viele Glaubensschritte und Veränderungen in welcher Zeit gut und tragbar für uns sind. Er überfordert uns nicht, aber er möchte das Maximum herausholen. Er möchte uns helfen, Schritt für Schritt ein besserer Ehepartner zu werden. Das Tempo ist für jeden anders, weil Jesus das beste Geh-Tempo für jeden persönlich kennt. An uns liegt es, ihm hinterher zu gehen und diese Schritte zu tun.

Der Guide ermutigt und stützt

Saidi hat uns immer wieder gut zugeredet. Er hat uns Mut gemacht.» Anja: «Ja, ohne seine Ermutigungen auf dem letzten Abschnitt wäre ich schon lange umgekehrt.» Roger: «Viele andere sind früher umgekehrt, die viel besser dran waren als du. Aber dank Saidi hast du durchgehalten.» John: «Jesus will uns auch immer wieder ermutigen. Wenn wir in der Bibel lesen, bibelfundierte Predigten hören und uns von Gottes Geist leiten lassen, werden wir gestärkt und bekommen neuen Lebensmut. Durch die Worte Gottes werden wir immer wieder ermutigt, unseren Ehepartner gut zu behandeln und unser Ego zurückzustellen.» Eileen: «Und wenn es gar nicht mehr geht, stützt uns der Glaube, wie Saidi und Mike-i Anja gestützt haben. Jesus lässt uns nie allein. Dazu gibt es das schöne Gedicht der Spuren im Sand. Jemand sieht sein Leben anhand von Fußspuren im Sand. Meistens sind zwei Paar Füße zu sehen. Sie weiß, dass dies ihre Fußspuren und diejenigen von Gott neben ihr sind. Aber enttäuscht stellt die Person im Gedicht fest, dass in den schwierigen Lebenssituationen nur eine Spur zu sehen ist. Sie fragt, warum Gott sie gerade da alleine gelassen habe. Aber er antwortet: ‹Ich habe dich nie verlassen. In deinen schwierigen Lebensphasen habe ich dich getragen.›» Roger: «Als es beim nächtlichen Aufstieg über die Geröllhalde lange und anstrengend war, hat Saidi gesungen. Dadurch hat er uns abgelenkt und aufgeheitert.» Eileen: «Das ist ein sehr schönes Beispiel. Auch Jesus tröstet uns in schwierigen Momenten, wenn wir zu ihm kommen. Mich haben oft Texte aus der Bibel getröstet. Jesus gebrauchte mich manchmal auch, um andere zu trösten. Ich schrieb ihnen eine Karte oder habe sie angerufen.»

Des Guides und unsere Interessen

John: «Saidi hatte ein persönliches Interesse daran, dass er uns bis zuoberst bringen konnte. Darum hat er gut zu uns geschaut. Er weiß wohl aus Erfahrung, dass er von erfolgreichen Bergsteigern mehr Trinkgeld bekommt und sie ihm auf dem Qualifikationsbogen bessere Noten geben. Jesus hat natürlich keine materiellen Eigeninteressen, uns gut durchs Leben zu bringen und uns eine glückliche, lebenslange Ehe zu schenken. Seine Interessen sind von ganz anderer Art. Gott möchte von uns Menschen geehrt und angebetet werden. Wenn unsere Ehe gut ist – nicht nur gegen außen, sondern auch im Verborgenen, ehren wir damit Gott. Ich meine damit nicht, dass wir perfekt sein müssen. Es geht vielmehr darum, wie wir mit Problemen und Meinungsverschiedenheiten umgehen. Ein Ehepaar, das sich nach einem Streit versöhnt, ehrt damit Gott genauso wie eines, das gar keinen Streit angefangen hat. Denn Versöhnung ist eine Kernkompetenz von Gott!»

Eileen: «Wir alle vier wollten den Kilimanjaro besteigen. Wir folgten freiwillig unserem Guide Saidi. Wir haben das gewollt. Wären wir ihm nicht freiwillig gefolgt, hätten wir bestimmt aufgegeben und wären zurückgegangen.» Anja: «Wir haben eine Französin getroffen, die ihrem Mann zuliebe mitgekommen war. Sie konnte es kaum glauben, dass ich tatsächlich freiwillig auf diesen Berg geklettert bin.» Eileen: «Jesus nachzufolgen basiert auch auf Freiwilligkeit. Er zwingt niemanden. Aber noch viel mehr als es wert war, Saidi auf den Kilimanjaro zu folgen, ist es wert, Jesus im Leben zu folgen. Er hat uns gemacht und er hat uns mit Gott versöhnt. Da will ich unbedingt mit ihm gehen.»

Wie geht es weiter?

John: «Das vierte Kilimanjaro-Prinzip der Ehe *die Führung am Kibo* kann man am besten umsetzen, wenn man sich Menschen sucht, die dasselbe Ziel verfolgen. Sucht euch Menschen oder eine Kirche, in der der Glaube an Jesus Christus als den Retter gelebt und gelehrt wird. Sucht euch Menschen, die auch Gott als Dritten im Ehebund mit dabei haben wollen. Wenn ihr mit diesen Zeit verbringt, wird euch das garantiert positiv beeinflussen und eure Ehe stärken.

Nach dem Abendessen gingen Anja und Roger früh zurück in ihr Zimmer. Nach sechs Tagen auf dem Kilimanjaro, ungefähr 70 Kilometern zu Fuß bis auf 5895 Meter über Meter, mit vielen Eindrücken und Erfahrungen reicher und den vier Kilimanjaro-Prinzipien der Ehe im Gepäck legten sie sich ins Bett. Anja zog die Decke hoch, es war ein kühler Abend. Roger drehte sich im Bett ihr zu. Er schaute ihr in die Augen und sagte: «Bestimmt muss ich noch einiges genauer begreifen, was John und Eileen gesagt haben, besonders das mit Gott. Aber ich spüre tief in mir, dass sie recht haben. Wenn es den Gott der Bibel wirklich gibt, dann will ich ihn erleben. Wenn ich ihm tatsächlich nicht egal bin, dann will ich nicht länger selbst versuchen, mein Leben zu meistern. Wenn er wirklich so mächtig ist, dann will ich die ganze Kraft, die er für mich bereit hat. Wenn das wahr ist, dann hat auch unsere Ehe vielleicht noch eine Chance. Ich bin bereit, es nochmals zu versuchen. Wirst du es mit mir auch nochmals versuchen?» Anja schwieg eine Weile. Nicht, weil sie zögerte, sondern weil sie davon überwältigt war, dass Roger dies tatsächlich zu ihr gesagt hatte. Dann meinte sie: «Ja … ja, ich will es nochmals versuchen. Aber diesmal nach den Kilimanjaro-Prinzipien der Ehe!» – «Was bedeutet das für dich genau?» Die Frage hing im Raum, während Anja eine Weile ruhig blieb. Dann antwortete sie: «Ich denke darüber nach und gebe dir Bescheid, sobald ich es weiß.» – «Das ist gut. Ich mache dasselbe. Es ist wohl so oder so nicht sinnvoll im Adrenalinrausch eines gemeinsamen Abenteuers überstürzt Dinge zu sagen, die wir später bereuen.» – «Ja.» – «Gute Nacht.» – «Gute Nacht.»

Der Abschied

Am nächsten Tag verabschiedeten sich Anja und Roger von ihren neuen kanadischen Freunden. Walthers wurden von einem Shuttle-Bus zum Flughafen gebracht. Als John den beiden nachwinkte, sagte er: «Sie haben sich in dieser Woche verändert.» Eileen: «Ja, definitiv. Schau nur, wie sie jetzt miteinander umgehen. Das ist wie Tag und Nacht.»

John: «Ein solches Abenteuer mit guter Lehre über die Ehe sollte man allen Ehepaaren mit Problemen verschreiben.» Eileen: «Nicht nur allen mit Problemen. Ich bin überzeugt, dass das Abenteuer Kilimanjaro auch unsere Ehe bereichert hat!» John: «Definitiv! Ich liebe dich noch mehr als zuvor.» – «Nein, ich meine es ernst!» – «Ich auch!»

Einige Wochen später

Anja und Roger genossen noch ihre weiteren Ferien am Strand von Mombasa und auf der mehrtägigen Tiersafari in den Nationalparks Kenias. Verändert flogen sie zurück in die Schweiz. Einige Wochen nach ihrer erfolgreichen Besteigung des Kilimanjaro überraschte Roger seine Frau mit einem Abendessen bei Kerzenlicht. Als sie zur Tür hereinkam, staunte sie nicht schlecht über die Dekoration und den feinen Duft aus der Küche. Er hatte extra den Nachmittag bei der Arbeit frei genommen, um alles einzukaufen und vorzubereiten. «Was ist los?», fragte sie, «heute ist doch nicht unser Hochzeitstag!» Roger umarmte sie und küsste sie zur Begrüßung. «Nein, aber vielleicht fast», antwortete er und überreichte ihr ein Kuvert. «Ich habe dir aufgeschrieben, was die Kilimanjaro-Prinzipien der Ehe für mich in Bezug auf unsere Ehe bedeuten. Bitte lies sie und gib mir anschließend eine Antwort.» Anja war überwältigt. So romantisch hatte sich Roger schon lange nicht mehr gezeigt. Sie öffnete den Umschlag und zog ein festes Stück Papier heraus. Zuerst überflog sie die Zeilen, dann las sie sie nochmals und sog Wort für Wort in sich auf. Tränen füllten ihre Augen und rollten über ihre Wangen. Diese Worte taten ihr sehr gut. Sie spürte, dass nichts was Roger bisher zu ihr und über ihre Ehe gesagt hatte, nicht einmal an ihrer Hochzeit, eine so tiefe Bedeutung hatten wie das hier. Sie spürte tief in sich, dass Roger tatsächlich eine Veränderung durchgemacht hatte. Die gleiche Veränderung, die auch sie in den letzten Wochen erfahren hatte. Sie hatte begonnen in der Bibel zu lesen und zu beten. Sie realisierte, wie leer ihre Versprechen und ihre Liebe bisher gewesen waren. Die Grundlage ihrer Liebe war bisher einfach ein Gefühl gewesen. Sie betete: «Jesus Christus, wenn du wirklich lebst und mich hörst, dann gib du mir bitte deine Liebe, damit ich Roger aus dieser Liebe heraus lieben kann. Ich übergebe dir die Führung meines Lebens. Ich habe bisher viel Mist gebaut und nicht nach dir gefragt. Meine Ehe ist der Beweis, dass ich versagt habe. Danke, dass du am Kreuz für all diesen Mist gestorben bist. Bitte vergib du mir alles, was ich falsch und egoistisch getan habe. Gib du mir bitte die Kraft, Roger in allen Lebenssituationen beizustehen und ihn zu lieben. – Und wenn ich darf … dann möchte ich von jetzt an ein Kind Gottes sein.» Sie kann es auch heute noch nicht genau beschreiben, aber als sie dieses Gebet gesprochen hatte, überströmte sie eine wohlige Wärme. Sie spürte, dass sie nicht alleine im Raum war. Sie fühlte sich geborgen. Vieles verstand sie noch nicht. Aber sie wusste, dass es richtig war. Und nun war sie überglücklich, dass Roger den gleichen Wunsch auch hatte. Sie weinte, als sie sagte: «Ja, Roger. Ja, ich will bis an mein Lebensende deine Frau sein! Auch ich habe mich für dich entschieden. Ich habe mich entschieden, alles daran zu setzen, dass unsere Ehe ein Leben lang hält. Ich möchte uns immer als ein Team sehen und positiv von dir und unserer Ehe denken. Wir gehören zusammen. Auch ich will mich in unsere Ehe investieren, so dass sie immer wieder neu belebt wird.» Sie machte eine Pause und wischte sich die Tränen ab. «Ich habe auch Gott gebeten, der Führer meines Lebens und falls du auch einverstanden bist, der Führer unserer Ehe zu sein. – Roger, ich liebe dich.» – «Ich liebe dich auch, Anja. Ich bin froh, dass du das auch so siehst!»

Dank

Vielen Dank für die vielfältige Hilfe, die ich bei der Entstehung dieses Buches erhalten habe. Große Unterstützung erhielt ich von meiner Frau Domenika. Sie hat sich mit mir auf die Reise gemacht. Die Reise zum Kilimanjaro, aber vor allem auch auf die Ehe-Reise. Sie half mir tatkräftig bei den Recherchen. Gemeinsam interviewten wir Ehepaare, die schon längere Zeit verheiratet sind. Wir fragten sie darüber aus, was ihrer Meinung nach die Gründe für das Gelingen ihrer Ehe sind. Ich danke all diesen Ehepaaren ganz herzlich für ihre Offenheit. Große Unterstützung erhielt ich auch von meinen Eltern. Sie machten mir Mut dieses Projekt zu wagen. Besten Dank auch den Lektoren, die mir wertvolle Hinweise zur Verbesserung des Textes gegeben haben!

David Hollenstein

Über **Rückmeldungen** zu diesem Buch freuen wir uns:
Adonia, Trinerweg 3, 4805 Brittnau, order@adonia.ch.

Literaturverzeichnis

[1] vgl. Seite 174
Wilson Glenn D./McLaughlin Chris 2001. L.Q. – Der Liebes Quotient. Die Geschichte eines einzigartigen Gefühls. Lübbe GmbH & Co. KG, Bergisch Gladbach

[2] Seite 58
Hollenstein David. «Ich liebe dich! Ich liebe mich! Wie du über Liebe denkst, bestimmt den Erfolg deiner Freundschaft!» Adonia Verlag, Brittnau

[3] Seite 66f
Gottman John 2002. Die 7 Geheimnisse der glücklichen Ehe. Ullstein Taschenbuch, Berlin

[4] Seite 186
Meyer Joyce 2006. Traum statt Trauma. Tipps für lebenslanges Eheglück. Joyce Meyer Ministries, Hamburg

[5] vgl. Seite 63ff
Feldhahn Shaunti 2008. Männer sind Frauensache. Was Frauen über Männer wissen sollten. Gerth Medien, Asslar

[6] Für Teenager und junge Erwachsene hat David Hollenstein die Sache mit den Gefühlen ausführlich im Buch **«Ich liebe dich! Ich liebe mich!»** erschienen im Adonia Verlag beschrieben.

[7] Gottman 2002. Seite 11

[8] vgl. Meyer 2006. Seite 187

[9] vgl. Gottman 2003. Seite 188

[10] vgl. Gottman 2003. Seite 44

[11] vgl. Gottman 2003. Seite 116

[12] Gottman 2003. Seite 64

[13] vgl. Gottman 2003. Seite 244f

[14] Seite 105
Dippelreither Reinhard 2008. Tansania: Kilimanjaro, Der Weg ist das Ziel. Conrad Stein Verlag

[15] vgl. Seite 38
Crabb Dr. Larry 1992. The Marriage Builder. Zondervan Publishing House, Grand Rapids

[16] vgl. Meyer 2006. Seite 173

[17] vgl. Gottman 2003. Seite 276

[18] vgl. Gottman 2003. Seite 306

[19] vgl. Gottman 2003. Seite 306

[20] Gottman 2003. Seite 288

[21] Crabb 1992. Seite 73

[22] vgl. **Lehnert Volker A./Lehnert Felicitas A 2005. Ehe und Elternhaus. Mit familiären Prägungen umgehen lernen.** Aussaat Verlag, Neukirchen-Vluyn

Weitere Bücher aus dem Adonia Verlag

Wie war's bei euch?

10 Ehepaare erzählen aus ihrem Liebesleben

David und Domenika Hollenstein

Man hört von vielen geschiedenen Ehen. Aber es gibt auch etliche, die gehalten haben! David und Domenika Hollenstein haben zehn Ehepaare besucht, die schon mehrere Jahrzehnte verheiratet sind. Was ist wohl das Geheimnis ihres Erfolgs? Jedes Paar erzählt ihre ganz spezielle Geschichte und lässt sich dabei in die Karten schauen. Jede Liebesgeschichte ist einmalig - eines haben sie aber alle gemeinsam: Sie beziehen Gott in ihre Ehe mit ein. Profitieren Sie von den gemachten Erfahrungen!

Paperback, ISBN 978-3-03783-000-0

Ich liebe dich! Ich liebe mich!

Wie du über Liebe denkst, bestimmt den Erfolg deiner Freundschaft!

David Hollenstein

Gibt es die Liebe noch, die ein Leben lang hält? Kann man sich als junger Mensch überhaupt für eine lebenslange Liebe entscheiden? Diesen Fragen geht der Autor auf den Grund und findet dabei nicht nur theoretische Antworten! Ein Buch, das alle Teens und jungen Erwachsenen unbedingt lesen sollten.

Paperback, ISBN 978-3-905011-29-6

Kinder brauchen Ordnung

Praktische Grundsätze für die Erziehung

Sonderausgabe im Adonia Verlag, Brittnau

In ihrem Buch schafft Jane Nelsen ein warmes Lagerfeuer für Eltern, Erziehende und Lehrer, die ihren Kindern helfen möchten, Selbstdisziplin, Verantwortungsbewusstsein und positive Fähigkeiten und Einstellungen zu entwickeln. Die in diesem Buch beschriebenen Prinzipien sind sehr praktisch und funktionieren. Sie liefern eine wunderbare Basis zur Bereicherung der Familien- und Schulerfahrung.

Paperback, ISBN 978-3-905011-30-2

www.adonia.ch